KB213915

불교와 여래장(如來藏)

불교와 여래장(如來藏)

초판 1쇄 발행 2020년 11월 16일

지은이 황정원
펴낸이 강수걸
편집장 권경옥
편집 박정은 김해림 윤은미 강나래 최예빈
디자인 권문경 조은비
펴낸곳 산지니
등록 2005년 2월 7일 제333-3370000251002005000001호
주소 부산시 해운대구 수영강변대로 140 BCC 613호
전화 051-504-7070 | 팩스 051-507-7543
홈페이지 www.sanzinibook.com
전자우편 sanzini@sanzinibook.com
블로그 http://sanzinibook.tistory.com

ISBN 978-89-6545-679-7 03220

* 책값은 뒤표지에 있습니다.
* 이 도서의 국립중앙도서관 출판예정도서목록(CIP)은 서지정보유통지원시스템
홈페이지(http://seoji.nl.go.kr)와 국가자료공동목록시스템(http://www.nl.go.kr/
kolisnet)에서 이용하실 수 있습니다. (CIP 제어번호: CIP2020045556)

불교와 여래장如來藏

【마음을 공부하는 능엄경 이야기】

야청 황정원 지음

산지니

머리말

　연전(年前)에 <불교와 마음>을 출간하고는 나름대로 본래면
목인 마음에 대한 <능엄경> 풀이를 마쳤다고 생각했었다. 진심
(眞心)에 대한 논증(論證)은 매듭을 지었다고 보았다. 그런데 시
간이 지나면서 뒤에 나오는 여래장(如來藏)법문도 같이 풀어야
만 이 경(經)에 나오는 논증(論證)법문이 대강이나마 정리가 될
수 있다는 생각이 들었다. 그래서 <능엄경> 제3권 이후에 나오는
여래장(如來藏)법문들을 풀이하여 <불교와 여래장>이라는 제목
으로 엮게 되었다. 이렇게 하면 비로소 진심(眞心)과 여래장(如
來藏)을 논리적(論理的)으로 설명하는 논증(論證)법문이 정리가
된 셈이다.

　송(宋)대 고승인 각범(覺範)대사가 편집한 <임간록>(林間錄)
에 보면 용수(龍樹)보살과 <능엄경>에 얽힌 이야기가 나온다. 용
수보살이 <능엄경> 10권을 외워서 당시 인도(印度) 전역(全域)
에 유포(流布)했다는 내용이다. 용수보살이 <화엄경>을 용궁에
서 찾아냈다는 전설적인 이야기는 누구나 알고 있지만, <능엄
경>을 이처럼 전국적(全國的)으로 송출(誦出)했다는 이야기는
잘 모르고 있다.

　필자(筆者)는 이 이야기를 듣고서 용수보살의 <중론>에 등장
하는 귀류논증(歸謬論證)방식이 <능엄경>에 나오는 논증(論證)
방식과 너무나 흡사(恰似)한 까닭을 비로소 알게 되었다. 나는 평

소에 이 경(經)을 읽으면서 제1권과 제2권에 나오는 칠처징심(七處徵心)·변견지심(辯見指心)법문, 그리고 제3권에서 시작하는 여래장(如來藏)법문에서 불교식 논증(論證)방식의 원형(原型)을 보는 것 같은 생각이 들었었다. 그것이 <임간록>을 읽고서야 <중론>에 나오는 귀류논증(歸謬論證)방식이 <능엄경>의 논증(論證)방식에서 진일보(進一步)한 것이라는 사실을 알게 되었다. 그래서 이해하기 어려운 <중론>의 귀류논증(歸謬論證)법문을 공부하려면 먼저 <능엄경>에 나타난 논증(論證)법문들을 숙지(熟知)하는 것이 적잖은 도움이 될 것이라는 생각이 들었다. 귀류논증(歸謬論證)방식으로 저술한 용수보살의 <중론>은 대승(大乘)의 핵심인 공리(空理)를 정리한 중요한 논장(論藏)이므로 모든 불자(佛子)들이 반드시 독파(讀破)해야 하는 교과서 중의 하나다. 특히 티벳 불교에서는 지금도 <중론>이 가장 중요한 교과서라고 '다라이라마'존자가 강조하고 있다.

원래 불법공부는 문사수(聞思修) 삼학(三學)으로 이루어진다. 학인(學人)들이 불경(佛經)을 정독하고 설명을 듣는 것이 문(聞)공부라면, 법문(法門)들의 이치(理致)를 잘 사유(思惟)하여 그 말씀을 올바르게 이해하는 승해(勝解)를 얻는 것이 사(思)공부이다.

<능엄경> 공부에서 나의 본래면목인 청정각명(淸淨覺明)을 이해하고, 다시 삼라만상의 진상(眞相)인 여래장(如來藏)묘진

　　　　　　　　　　　　　　　　불교와 여래장

여성(妙眞如性)을 공부한다면, 문사(聞思)공부가 제대로 진행되고 있다고 할 수 있겠다. 그 다음은 수행(修行)인데, 만약 문사(聞思)공부가 제대로 되었다면, 마지막 수(修)공부는 저절로 진행된다고 한다.

이 글이 독자들의 여래장(如來藏)에 대한 문사(聞思)공부에서 조금이나마 도움이 되기를 바라면서, 이번 작업을 음으로 양으로 도와주신 도반(道伴)들에게 감사한 마음을 늦게나마 보낸다.

서기 2020년 여름
부산 보림선원(寶林禪院)에서

야청 황정원 합장

차례

머리말   5

제1장 서론(緒論)

제1절 필독서(必讀書)   15

제2절 세속제와 승의제   18

제2장 성상(性相)법문과 여래장(如來藏)

제1절 상망(相妄)과 성진(性眞)   23

제2절 오음(五陰)의 정체(正體)   37

(1) 색음(色陰)은 허망하다   39

(2) 수음(受陰)은 허망하다   46

(3) 상음(想陰)은 허망하다   51

(4) 행음(行陰)은 허망하다   54

(5) 식음(識陰)은 허망하다   57

제3절 육입(六入)의 정체를 밝히다   59

(1) 안입(眼入)은 허망하다   60

(2) 이입(耳入)은 허망하다   65

(3) 비입(鼻入)은 허망하다   68

(4) 설입(舌入)은 허망하다   70

(5) 신입(身入)은 허망하다   73

(6) 의입(意入)은 허망하다   75

제4절 십이처(十二處)의 정체를 밝히다   79

(1) 안근(眼根)과 색진(色塵)은 허망하다   80

(2) 이근(耳根)과 성진(聲塵)은 허망하다   82

(3) 비근(鼻根)과 향진(香塵)은 허망하다   84

(4) 설근(舌根)과 미진(味塵)은 허망하다   86

(5) 신근(身根)과 촉진(觸塵)은 허망하다   88

(6) 의근(意根)과 법진(法塵)은 허망하다   90

제5절 십팔계(十八界)의 정체(正體)를 밝히다   93

(1) 안식계(眼識界)는 허망하다   93

(2) 이식계(耳識界)는 허망하다   99

(3) 비식계(鼻識界)는 허망하다   102

(4) 설식계(舌識界)는 허망하다   106

(5) 신식계(身識界)는 허망하다   109

(6) 의식계(意識界)는 허망하다   111

제6절 칠대(七大)의 정체를 밝히다   116

(1) 진지(眞地)는 성지(性地)다   122

(2) 진화(眞火)는 성화(性火)다   130

(3) 진수(眞水)는 성수(性水)다   134

(4) 진풍(眞風)은 성풍(性風)이다   137

(5) 허공(虛空)은 여래장(如來藏)이다   141

(6) 진견(眞見)은 여래장(如來藏)이다   146

(7) 진식(眞識)은 여래장(如來藏)이다   155

제7절 대중(大衆)들의 오도송(悟道頌)   163

제3장 '부루나'장(富樓那章)

제1절 부루나(富樓那)의 질문   171

제2절 세계(世界)의 성립(成立)   179

    (1) 망상(妄相)의 기원(起源)   179

    (2) 은하세계(銀河世界)의 연기(緣起)   189

    (3) 중생세계(衆生世界)의 연기(緣起)   193

    (4) 업과세계(業果世界)의 연기(緣起)   198

    (5) 업(業)을 따라 나타난다   200

제3절 네 가지 비유(譬喩)   202

제4장 여래장(如來藏)의 정체(正體)

제1절 여래장과 삼라만상(森羅萬象)   217

제2절 합진(合塵)과 멸진(滅塵)   225

제3절 여래장의 내용(內容)   229

제4절 소지심(所知心)과 보리(菩提)   234

제5장 무명(無明)의 정체(正體)

제1절 망성(妄性)을 밝히다   241

제2절 인연(因緣)도 자연(自然)도 아니다   251

    (1) 망광(妄狂)은 자연(自然)이 아니다   254

    (2) 망광(妄狂)은 인연(因緣)이 아니다   255

    (3) 인연(因緣)도 자연(自然)도 아니다   255

제3절 무공용(無功用)과 무루(無漏)   258

제4절 대중이 경안(輕安)을 얻다   267

제6장 수행(修行)과 이결정의(決定義)

제1절 삼마제(三摩提)수행   273

제2절 초심(初心)의 이결정의(二決定義)   277

     (1) 인지(因地)와 과지(果地)는 같다   277

     (2) 번뇌(煩惱)의 근본은 육근(六根)이다   286

제7장 육근(六根)과 각명(覺明)

제1절 육근(六根)의 공능(功能)   293

제2절 육근(六根)의 정체(正體)   300

제3절 육근호용(六根互用)   309

제4절 각명(覺明)을 직지(直指)함   315

제5절 문성(聞性)을 직지(直指)함   322

제6절 진수(眞修)를 밝히다   329

제8장 탈경(脫境)과 해탈(解脫)

제1절 육근(六根)이 탈경(脫境)의 열쇠다   337

제2절 근진(根塵)은 동원(同源)이다   341

제3절 세존(世尊)의 게송(偈頌)   346

제4절 육해일망(六解一亡)과 무아(無我)   356

일러두기

• <능엄경>의 한글번역은 읽기 쉽게 하고자 의역(意譯)을 원칙으로 하였고, 정역(正譯)을 돕기 위해 한문(漢文) 경전(經典)을 번역문 뒤에다 붙였다.

• <번역>은 주로 운허(耘虛)·탄허(呑虛)·각성(覺性) 큰스님들의 역해(譯解)를 참조하였다. 각 장마다 붙인 제목(題目)은 통설을 따랐으나, 간혹 필자(筆者)의 사견(私見)도 있다.

• <풀이>는 각성(覺性) 큰스님의 <능엄경정해>(楞嚴經正解)를 저본으로 하고, 중국 송(宋)나라 온능(溫陵)계환(戒環)대사의 <능엄경요해>(楞嚴經要解)와 명(明)나라 교광(交光)진감(眞鑑)대사의 <능엄경정맥소>(楞嚴經正脈疏)와 동시대의 감산(憨山)덕청(德淸)대사의 <능엄경통의>(楞嚴經通議)를 참고하였다.

• 다른 의미로 오해하기 쉽거나, 중요한 부분이라고 생각되면, 경우에 따라 굵은 글자나 '따옴표' 그리고 밑줄을 사용했다.

• 중요한 단어는 이중(二重)으로 표현하기도 하였으니, 예를 들면 「분명하게 아는 명료심(明了心)」에서 '분명하게 아는'은 '명료(明了)'를 풀이한 것이고, 「알아보는 견(見)」에서 '알아보는'은 '견(見)'을 풀이한 것이다.

제 1 장

서론

제1장 서론(緖論)

제1절 필독서(必讀書)

불교는 고통을 버리고 행복을 찾는 것을 종지(宗旨)로 한다. 이고득락(離苦得樂)을 달성하고자 인생과 우주의 진리(眞理)를 이야기한다. 모든 중생들이 그런 목표를 달성(達成)하도록 가르치고 도와주는 이야기가 싯달타 부처님의 가르침이다. 즉 인생살이가 고해(苦海)임을 체험한 사람들이 마지막으로 의지할 공부다. 고해(苦海)를 건너가자면 먼저 인생(人生)의 실상(實相)을 알아야 하고, 동시에 넘어야 할 세파(世波)의 진상(眞相)도 파악해야 한다.

대승불교에서는 인생(人生)의 실체는 진심(眞心)이라고 하고, 세상(世上)의 진상은 여래장(如來藏)이라고 한다. 그래서 먼저 내 진짜 마음을 가장 자세하게 설명한 심지(心地)법문을 배워야 하고, 이어서 삼라만상의 본체인 여래장(如來藏)의 내용을 제대로 이해해야만 한다. 이 <능엄경>은 우리의 본래면목인 진심(眞心)을 자세하게 설명하고, 나아가 여래장(如來藏)이 원래 묘진여성(妙眞如性)임을 논증(論證)하는 대표적인 경전(經典)이다. 이 경전(經典)의 내용을 제대로 알기만 하면 일단 불교(佛敎)에 바르게 입문(入門)했다고 할 수 있다. 그래서 고려(高麗)시대부터 이 <능엄경>을 불교의 필독서로 존중하여 사교(四敎) 중에서 가장 먼저 가르쳤다.

먼저 이 경(經)에서 진심(眞心)을 설명하는 칠처징심(七處徵心)과 변견지심(辯見指心)법문은 팔만사천법문 중에서도 진심을 가장 곡진(曲盡)히 설명한 법문임을 알고 있어야 한다. 만일 이 심지(心地)법문들을 정독(精讀)하고 사유(思惟)하여, 상주(常住)하는 진심(眞心)인 청정각명(淸淨覺明)과 공적영지(空寂靈知)의 내용을 분명하게 알아차린 불자라면, 벌써 자기의 본래면목(本來面目)을 절반(折半) 이상 해결했다는 칭찬을 받을 만하다.

그 다음에는 만법(萬法)의 실상(實相)과 출처인 여래장(如來藏)을 공부할 차례다. 세상만사가 인연(因緣)이라는 조건으로 연기(緣起)하는 현상은 알아도 그 실상(實相)은 모르고 있다는 사실을 일깨워주는 것이 여래장(如來藏)법문이다. 삼라만상(森羅萬象)은 여래장(如來藏)에서 출현(出現)한 것이며 이 여래장은 바로 묘진여성(妙眞如性)이라는 내용이 법문의 요체(要諦)다. 이 진상(眞相)을 이해하면 우주(宇宙)의 비밀(秘密)을 절반 이상 알고 있는 셈이 된다. 그래서 <능엄경>이 불교 교과서의 대명사가 된 것이다.

그런데 이 <능엄경>을 의심(疑心)하는 무리가 있다. 중국에서 만든 위경(僞經)이라고 주장하는 학자들이 있다. 그런데 인도 나란다 불교대학의 불경(佛經)을 그대로 답습한 티벳의 장경(藏經)에 이 <능엄경>이 있다고 한다. 그렇다면 더 논란(論難)할 것이 없는데도, <대승기신론>과 함께 중국제(中國製)라는 근거가 없는 주장을 고집하는 마구니가 아직도 존재한다는 사실은 지금

불교와 여래장

이 말법시대(末法時代)라는 증거로 보인다.

인도(印度)의 마명(馬鳴)보살이 쓴 <대승기신론>이라는 작은 책자에는 만법(萬法)이 일심(一心)에서 벌어진 사실을 진여문(眞如門)과 생멸문(生滅門)으로 나누어서 논리적으로 잘 설명하고 있다. 특히 진망화합식(眞妄和合識)이라는 아뢰야식(阿賴耶識)을 중심삼아서 각(覺)과 불각(不覺)의 의미내용을 체상용(體相用)이라는 도구를 사용하여 자세하게 설명하고 있다. 그 내용은 <능엄경>에 나온 진심(眞心)과 여래장(如來藏)을 여러 가지로 보완(補完)하고 있다. <기신론>을 정독하면 심(心)생멸문(生滅門) 중에서 각(覺)이 진심(眞心)이고 불각(不覺)이 망심(妄心)인 것을 이해하게 된다. 그리고 각(覺)과 구별하기 어려운 심(心)진여문(眞如門)의 의미를 정확하게 파악할 수 있다. 그래서 불가(佛家)에서는 "차돌 <능엄경>과 깐깐 <기신론>을 배우고 나면 대승불교의 대강(大綱)을 안다"고 말한다. 이 두 권의 경론(經論)은 대승경전들을 일관(一貫)하는 일심(一心)과 여래장(如來藏)을 잘 정리한 필독서(必讀書)이다. 그래서 강원(講院)에서는 지금도 <능엄경> 다음에 바로 마명(馬鳴)보살의 <기신론>을 가르치고 있다.

대승불교(大乘佛敎)의 이론(理論)은 너무 방대하다고 말한다. 경전(經典)마다 가르침이 다양(多樣)하여 경(經)을 따라서 종파를 형성하니, 이른바 화엄종(華嚴宗)·법화종(法華宗)·열반종(涅槃宗)·삼론종(三論宗)들이 그것이다. 삼장(三藏)을 정리한 가야산(伽倻山) 해인사(海印寺)의 팔만대장경(八萬大藏經)을 보면 그 다양성(多樣性)을 짐작할 수 있다. 하지만 총명(聰明)한 사람이라면 이 두 권의 경론(經論)만으로도 대승불교의 심지(心地) 이론을 모두 섭렵(涉獵)할 수 있다고 한다. 그래서 <능엄>과 <기신>은 우리 대승불교의 근간(根幹)이라고 할 수 있으니, 불교를 공부하려면 먼저 필독(必讀)해야만 한다고 하겠다.

제2절 세속제와 승의제

흔히 불법(佛法)은 연기사상(緣起思想)이 핵심이라고 말한다. 인연(因緣)과 결과(結果)를 논리적(論理的)으로 설명하는 것이 연기(緣起)법문의 특징(特徵)이다. 삼법인(三法印)과 사성제(四聖諦)와 12연기(緣起)는 상식만 있으면 논리적(論理的)인 접근이 가능한 세속제(世俗諦)법문들이다. 그러나 <화엄경>에 나오는 '일체유심조(一切唯心造)'나 <능엄경>에 나오는 '식정원명 능생제연(識精元明 能生諸緣)'과 같은 대승법문은 상식적(常識的)인 논리(論理)로는 해설(解說)하거나 이해(理解)하기가 쉽지 않다. 흔히 말하는 '삼계유심(三界唯心) 만법유식(萬法唯識)'도 그 뜻을 제대로 알고 있는 경우가 드물다.

불교에서는 일반(一般) 상식(常識)만 가지고도 논리적(論理的)으로 설명하고 이해할 수 있는 법문은 세속제(世俗諦)라 부르고, 반면에 상식적인 논리(論理)로는 이해하기 어려운 진리는 제일의제(第一義諦)인 승의제(勝義諦)라고 구별하여 부른다. 남방(南方)의 소승(小乘)경전은 세속제가 대부분이지만, 북방(北方)의 대승(大乘)경전에는 승의제가 자주 등장한다. 즉 소승경전은 상식(常識)이 있으면 누구나 알아듣지만, 대승경전은 상식적(常識的)인 논증(論證)이 통하지 않는 법문이 많다. 같은 부처님의 가르침인데도 경(經)에 따라 그 내용에 심천(深淺)의 차이(差異)가 있기 때문에, 그것을 풀이하는 논리구조도 다를 수밖에 없다. 그래서 상식적인 논리와 추리가 통하지 않는 이런 법문들을 대승경전에서 흔히 불가사의(不可思議)법문이라고 말한다. 선종(禪宗)에서는 이런 내용을 흔히 "언어도단(言語道斷)하고, 심행처멸(心行處滅)이다"라고 말한다. 제일의제(第一義諦)인 승의제(勝義諦)라는 단어는 대표적으로 <해심밀경>(解深密經)에서 강조하는데, 용수보살은 <중론>에서 "세속제(世俗諦)와 승의제(勝義諦)를 구분하지 못하면 열반(涅槃)을 얻을 수 없다"고 역설하고 있다.[1]

<능엄경>의 여래장(如來藏)법문에는 이러한 승의제(勝義諦)가 자주 등장한다. 특히 '승의(勝義) 중의 진짜 승의성(勝義性)'이라는 개념이 강조되고 있다. 그래서 이 여래장법문을 제대로 알면 삼라만상(森羅萬象)의 정체(正體)에 대한 세존(世尊)의 설법을 다 섭렵(涉獵)한 셈이 된다.

인도(印度)에서 성립한 마지막 불교이론은 유식학(唯識學)이다. 그 중심은 아라야식(識)이라는 제8식이다. <능엄경>에는 아라야식(識)이라는 단어가 없지만, 제1권에 나오는 '식정원명 능생제연'(識精元明 能生諸緣)과 '제법소생 유심소현'(諸法所生

---

1) 諸佛依二諦 爲衆生說法 一依世俗諦 二第一義諦. 若人不能知 分別於二諦 則於深佛法 不知眞實義. 若不依俗諦 不得第一義 不得第一義 則不得涅槃. <中論> 第24觀四諦品.

唯心所現), 그리고 '여래장 묘진여성'(如來藏 妙眞如性)도 그 내
용은 초기의 유식(唯識)이론이다. <대승기신론>에는 아라야식
(識)이라는 용어가 정식으로 등장하니까 당연히 유식(唯識)이론
이다. 그러나 유식(唯識)에 대한 기본경전은 <능가경>·<해심밀
경> 등이 거론되고 있다. 따라서 사교(四敎)공부를 마친 불자(佛
子)들은 이런 경전(經典)들도 섭렵하여 유식학(唯識學)을 제대
로 익혀야 한다. 그런 연후에야 대승불교이론을 조금 안다고 말
할 수 있게 된다.

제 2 장

성상법문과 여래장

제2장 성상(性相)법문과 여래장(如來藏)

제1절 상망(相妄)과 성진(性眞)

[경(經)] 아난(阿難)아! 네가 아직 일체(一切)의 물질(物質)과 정신(精神)인 환화상(幻化相)이, 당처(當處)에서 생겨나고, 곳에 따라서 사라짐을 알지 못하는구나. 그 환망(幻妄)을 모습[相]이라고 하는데, 그러나 그 성품(性品)은 참으로 묘각명체(妙覺明體)이다.

[阿難 汝猶未明 一切浮塵 諸幻化相 當處出生 隨處滅盡 幻妄稱相 其性 眞爲妙覺明體]

《풀이》 이제부터는 삼라만상(森羅萬象)을 성(性)과 상(相)이라는 개념으로 자세하게 설명하는 성상(性相)법문이 등장한다. 앞에서 진심(眞心)을 설명한 심지(心地)법문은 끝나고, 이제부터 성상(性相)법문이 벌어진다. 성(性)은 본성(本性)이고 상(相)은 모습인 현상(現相)이다. 본성에 대한 설명을 불교이론에서는 실상론(實相論)·본체론(本體論)이라 부르고, 현상에 대한 이론은 연기론(緣起論)·현상론(現象論)이라 부른다. 상(相)을 자세하게 설명하는 상종(相宗)은 소승(小乘)에서 시작하여 대승(大乘)의 유식(唯識)이론에서 매듭을 짓는다. 한편 대승(大乘)종교(終敎)

이후의 성종(性宗)은 법성(法性)을 강조하면서 진(眞)과 망(妄)을 아우르는 성상(性相)법문을 논리적으로 펴고 있다. 유명한 대승(大乘)경전(經典)들은 대부분이 성종(性宗)에 속하는데, 특히 <능엄경>은 성상법문을 길게 펼치고 있다.

흔히 동아시아에서 사물을 설명하면서 외부에 나타난 모습들을 사상(事相)이라고 부르고, 그 내면의 바탕은 성리(性理)라고 부른다. 모든 사물(事物)을 내외(內外)로 분석(分析)하여 그 사물의 의미내용을 안팎으로 자세하게 설명(說明)하는 방식이다. 즉 상(相)이라는 개념은 우리가 인식하는 모습인 빛깔·소리·냄새·맛·촉감과 생각걸이 등(等)인 사상(事相)을 망라하고, 성(性)이라는 개념은 이러한 상(相)의 바탕인 성리(性理)를 가리킨다. 즉 성리(性理)와 사상(事相)이라는 명사(名詞)는 궁극적으로는 사물의 실상(實相)을 분석하고 설명하려고 만든 개념들이다. 즉 성(性)과 상(相)은 서로를 보완(補完)하는 개념이지 결코 상호(相互)배척(排斥)하는 개념이 아니다. 예컨대 물이라는 액체를 설명할 때, 상(相)인 수돗물과 생수와 빗물과 강물과 바닷물이 모두 물의 모습인 윤상(潤相)을 나타낸다면, 그 물의 바탕인 축축하게 젖는 성질(性質)인 습성(濕性)은 성(性)이라고 부른다. 상(相)인 물의 모습은 여러 가지가 있으나, 성(性)인 습성(濕性)은 차별(差別)이 없다.

중국에서 이러한 성상(性相)개념은 공자(孔子)에서 비롯한다. 그는 <주역>(周易) 계사전(繫辭傳)에서 "형이상자 위지도 형이하자 위지기"(形而上者謂之道 形而下者謂之器)라 하여 「무형(無形)을 도(道), 유형(有形)을 기(器)」라고 구별하였다. 그가 말한 "성상근(性相近)하고 습상원(習相遠)하다"는 구절이 장차 성정(性情)이론으로 발전하고, 다시 성선(性善)과 성악(性惡)이라는 주장과 융합하여 성리학(性理學)이란 전통을 이어오고 있다.

이런 성상(性相)이론은 인도(印度)의 대승(大乘)불교에서는 상식(常識)에 속한다. 인생이 윤회(輪廻)를 벗어나서 삼계(三界)를 탈출하고자 하면, 먼저 살고 있는 괴로운 세상(世上)의 진상(眞相)부터 파악해야 할 것이다. 그러자면, 현실(現實)을 정확하게 파악하는 것이 급선무(急先務)다. 우선 세상에 나타나 있는 모습들인 사상(事相)들이 실재(實在)하는 것인지? 아니면 무상(無常)한 모습의 배후에 어떤 실상(實相)이 따로 있는지? 그리고 만약 사상(事相)의 배후(背後)에 성리(性理)가 숨어 있다면 그것은 도대체 무엇이며 어떤 내용인지? 이러한 진상(眞相)을 먼저 잘 알아야만, 비로소 삼계(三界)에서 탈출(脫出)하는 방법(方法)도 시도(試圖)할 수 있기 때문이다.

대승불교에서 사물(事物)을 분석 설명하기 위해서 사용하는 개념에는 성(性)과 상(相) 이외에도 여러 가지가 있다. 대승불교의 교과서로 인정하는 <대승기신론>은 일심(一心)을 진여문(眞如門) 생멸문(生滅門)으로 나누고, 다시 이문(二門)을 체(體)·상(相)·용(用) 삼대(三大)로 분석하기도 한다. 또 <화엄경>은 육상(六相)이라는 총상(總相)·별상(別相)·동상(同相)·이상(異相)·성상(成相)·괴상(壞相)으로 분석 설명하고, 또 <법화경> 방편품(方便品)은 상(相)·성(性)·체(體)·력(力)·작(作)·인(因)·연(緣)·과(果)·보(報)·본말구경(本末究竟)이라는 십여시(十如是)로 만법(萬法)을 분석(分析) 설명(說明)한다. 또 중국 화엄학(華嚴學)에서는 사법계(四法界)라는 이론(理論)을 사용한다. 법계(法界)를 이법계(理法界)·사법계(事法界)·이사무애법계(理事無礙法界)·사사무애법계(事事無礙法界)라는 네 가지로 분석하여 설명하는데, 여기서는 성(性)을 이(理)라고 부르고, 상(相)을 사(事)라고 부른다. 상(相)과 성(性)을 설명하면서, 상(相)은 인연을 따라 기멸(起滅)하므로 환화상(幻化相)이니 상망(相妄)이라고 말하지만, 그것들의 본성(本性)은 각명체(覺明體)로서 성진(性眞)하다고 표현하고 있다.

첫 구절에서 "일체의 환화상(幻化相)이 당처(當處)에서 출몰(出沒)한다"고 하여, 연기(緣起)하면서 연멸(緣滅)하는 모습을 먼저 언급한다. 연기(緣起)연멸(緣滅)하므로 무상(無常)하다는 이야기다. 만법의 모습들은 필요충분조건의 결합(結合)과 해체(解體)에 따라서 기멸(起滅)한다는 불교의 연기설(緣起說)을 먼저 이야기하면서, 상(相)의 허망(虛妄)을 밝히면서, 그런 환상(幻相)이 기멸하는 장소를 "그 당처(當處)"라고 표현했다. 모습이 출몰하는 곳을 인연(因緣)이 갖추어지는 바로 '그 당처(當處)'라고 표현한 것이 특이하다. 그 당처(當處)가 어딘가? 인과 연이 만나는 허공(虛空)이 바로 그 당처(當處)이다.

두 번째 구절은 "그 환망(幻妄)을 상(相)이라고 하는데, 그러나 그 성품(性品)은 참으로 묘각명체(妙覺明體)이다."라고 하여, 상(相)의 바탕인 성(性)을 묘각명체(妙覺明體)라고 표현하고 있다. 모습이 없는 성(性)을 설명하는 이 구절은 상식(常識)으로는 이해하기 어렵다. 물을 예로 들면, 그 성품(性品)은 습성(濕性)이지만, 인연이 구비되기 전에는 관념적(觀念的)인 가능성(可能

性)일 뿐인지라, 감각기관인 오근(五根)으로 습성(濕性)을 파악할 수가 없다. 성(性)이란 결국 우주(宇宙)허공(虛空)에 변재(偏在)하는 잠재성(潛在性)이나 가능성(可能性)으로 이해할 수밖에 없다. 이 성(性)은 모습이 없이 변재(偏在)하는 잠재성(潛在性)을 말하고 있으니, 오관(五官)으로 인식(認識)하기가 쉽지 않다. 다만 지혜(智慧)로 알아차릴 수밖에 없으니, 그래서 상식으로는 불가사의(不可思議)하다고 말한다. 그 잠재성(潛在性)은 일정한 모습이 없으니 당연히 허공처럼 무한(無限)하다. 우주에 변재(偏在)하는 잠재성(潛在性)이므로, 성(性)은 상식으로 알 수 있는 세속제(世俗諦)가 아니다. 그래서 지혜(智慧)로만 알 수 있으므로 제일의제(第一義諦) 또는 승의제(勝義諦)라고 부른다.

우리의 인식(認識)은 반드시 언어문자(言語文字)를 도구로 사용하므로, 만법(萬法)의 바탕인 성(性)도 언어문자(言語文字)로 표현할 수밖에 없다. 즉 승의제(勝義諦)인 진심(眞心)과 여래장(如來藏)을 가르치는 데도 언어문자를 사용하는 방법뿐이고, 다른 표현방법이 없다. 우리가 의사전달 도구로 사용하는 언어문자는 한계(限界)가 있다는 사실이 일찍부터 밝혀졌다. 예를 들면, 학교 물리(物理)시간에 배운 '빛은 입자(粒子)이면서 동시에 파동(波動)이라'는 진리(眞理)가 대표적인 사례이다. 물리학에서는 빛이 가지고 있는 입자와 파동의 이중성(二重性)을 공리(公理)로 인정하고 있다. 하나의 빛을 두 개의 상반(相反)되는 개념인 입자(粒子)와 파동(波動)으로 설명하는 것은 그 자체가 모순(矛盾)이다. 그런데 빛은 이중성(二重性)인 것이 틀림없는 사실이니, 다른 표현방법이 없다. 인간이 사용하는 언어문자의 한계다. 불경(佛經)에도 <능엄경> 제1권에 '상주(常住)하는 진심(眞心)이 청정(淸淨)하면서 동시에 각명(覺明)하다'는 설명이 나온다. 청정(淸淨)과 각명(覺明)은 그 내용이 서로 다른 개념이다. 선종(禪宗)에서는 공적(空寂)과 영지(靈知)로 자성(自性)을 설명한다. 즉 공적(空寂)하면서 영지(靈知)한 자성(自性)이나, 청정(淸淨)하면서 각명(覺明)한 진심(眞心)은 물리학의 빛처럼 이중성(二重性)을 내포하고 있다. 변화하는 상(相)과 불변하는 성(性)을 사용하여 만법(萬法)을 언어(言語)로 설명하지만, 이러한 이중성(二重性)이라는 난점(難點)을 언어문자로는 해결할 수 없다.

　　일반 상식(常識)으로 가르칠 수 있는 세속제(世俗諦)는 언어(言語)문자(文字)를 사용한 논리성(論理性)이 있는 내용들이다. 그러나 성상(性相)법문에서 성(性)의 의미는 상식(常識)으로 표현하거나 이해하기가 힘들고, 다만 비유(譬喩)로 비슷하게 설명할 수 있을 뿐이다.

[경(經)] 이와 같이 오음(五陰)과 육입(六入)과 십이처(十二處)와 십팔계(十八界)가 모두 인연(因緣)이 화합하면 허망하게 생겨나고, 인연(因緣)이 떠나면 허망하게 사라진다.

[如是乃至 五陰 六入 從十二處 至十八界。 因緣和合 虛妄 有生。 因緣別離 虛妄名滅]

《풀이》 이 구절은 삼라만상의 모습인 상(相)이 인연(因緣)의 집산(集散)으로 기멸(起滅)하니 허망(虛妄)하여 무상(無常)하고 무아(無我)임을 설명한다. 이른바 허망(虛妄)이란 단어는 '현상

(現象)은 있으나 실체(實體)가 없다'는 뜻이고, 그 이유는 연기(緣起)연멸(緣滅)하므로 무상(無常)하고 무아(無我)이어서, 고유한 독자성(獨自性)이 없다는 말이다. 즉 삼라만상은 모두 무성(無性)인지라 본래(本來) 있다거나 없다거나 논의할 필요가 없다.

인도사람들은 세상과 삼라만상을 간단하게 물질과 정신으로 대별(大別)하여, 오음(五陰)이나 오온(五蘊)으로 설명한다. 음(陰)은 진상(眞常)을 가려서 그늘지게 한다는 뜻이고, 온(蘊)은 무더기나 덩어리라는 뜻이다. 즉 사람이란 존재를 구성하는 요소(要素)를 다섯 가지로 구별하는데, 물질(物質)로 된 몸을 색음(色陰)이라 하고, 정신(精神)은 식음(識陰)이라 하였다. 그리고 몸과 정신(精神)의 작용(作用)은 수음(受陰)·상음(想陰)·행음(行陰)이라고 셋으로 구분하는데, 수음(受陰)은 육근이 육진을 상대하여 촉경(觸境)하는 작용이고, 상음(想陰)은 수음(受陰)의 내용을 본인의 억지(憶智)를 기준삼아서 대비(對比)요별(了別)하고 생각하는 작용이고, 행음(行陰)은 상음(想陰)에서 나온 결정에 따라 실제로 행동(行動)으로 옮기는 의지(意志)실현(實現)이다.

또 세상만사(世上萬事)를 주객(主客)을 기준으로 설명하는 방법도 있었다. 주체(主體)인 육근(六根), 객체(客體)인 육진(六塵), 그리고 근진(根塵)의 접촉에서 생기는 인식(認識)인 육식(六識), 이렇게 삼육(三六)십팔(十八)이니 십팔계(十八界)로 분류하기도 한다. 여기서 육입(六入)은 감각기관(感覺器官)인 눈·귀·코·혀·몸·뜻이라는 육근(六根)을 말하고, 여기에다 육진(六塵)이라는 대상(對象)인 빛깔·소리·냄새·맛·촉감·생각거리를 합하여 12처(處)라고 한다. 12처(處)에서 일어나는 인식(認識)은 육식(六識)이라 하는데, 안식(眼識)·이식(耳識)·비식(鼻識)·설식(舌識)·신식(身識)·의식(意識)이 그것이다. 삼라만상을 오음(五陰)이나 십팔계(十八界)로 분석(分析)하는 것이 불경(佛經)에 나오는데, 이것이 부처님의 법문(法門)에서 세상(世上)을 세분(細分)하는 방법이다.

"모두 인연(因緣)이 화합하면 허망하게 생겨나고, 인연(因緣)이 떠나면 허망하게 사라진다"는 구절은 연기법(緣起法)을 말하고 있다. 세존(世尊)께서는 일찍이 녹야원에서 사제법(四諦法)으로 인과(因果)라는 연기법(緣起法)을 가르쳤다. 현실인 윤회(輪廻)는 집제(集諦)가 인(因)이고 고제(苦諦)는 과(果)이다. 이상(理想)인 열반(涅槃)은 도제(道諦)가 인(因)이고 멸제(滅諦)는 과(果)이다. 다시 연각(緣覺)에게 12연기법을 가르쳐서 제법(諸法)이란 모두 인연(因緣)조건(條件)의 화합(和合)과 별리(別離)에 따라서 상사상속(相似相續)하므로, 모두가 독자성(獨自性)이 없어서 허망(虛妄)하다고 가르쳤다. 허망(虛妄)하니 제행무상(諸行無常)이고 제법무아(諸法無我)이고 고통(苦痛)이다.

여기서 연기법(緣起法)을 근거로 '허망(虛妄)하다'고 설명하는 공리(空理)라는 세속제(世俗諦)가 등장한다. 공리(空理)의 논리적인 근거는, 대체로 두 가지가 있으니, 하나는 공간적(空間的)분석방법이고 하나는 시간적(時間的)분석방법이다. 공간적(空間的)인 세말방편(細末方便)은 사물을 미시적(微視的)으로 분석(分析)하여 근본물질(根本物質)을 탐색하는 방법이다. 분자(分子)에서 원자로, 원자(原子)에서 전자와 양자로, 다시 쿼크와 렙톤으로, 이렇게 계속 분석하여 들어가는 것인데, 오늘날까지 기본입자(基本粒子)를 찾아내지 못하고 있다. 다른 하나는 시간적(時間的)인 세말방편(細末方便)인데, 만법의 구성조건인 인연(因緣)들을 시간적으로 찰나찰나(刹那刹那)로 쪼개어서 분석(分析)한다. 그런데 찰나간(刹那間)의 모습도 다시 세말방편(細末方便)으로 분석(分析)하여 더 쪼개면 기본입자의 진상(眞相)은 오리무중(五里霧中)이다. 무상한 모습으로 순식간(瞬息間)에 기멸(起滅)하니 고정적(固定的)이고 독자적(獨自的)인 참모습을 파악할 수가 없다. 이런 무상(無常)과 무아(無我)에서 모든 사물(事物)은 '텅 비어서 공(空)하다'는 공리(空理)가 논증이 된다.

세말방편(細末方便)을 사용하는 공리(空理)의 논증은 반야부(般若部)경전에서 강조되는데, 우리가 독송하는 <금강경>(金剛經)에는 '범소유상(凡所有相) 개시허망(皆是虛妄)'이라거나 '일체유위법(一切有爲法) 여몽환포영(如夢幻泡影)'이라고만 표현하고 핵심인 공(空)자는 보이지 않는다. <반야심경>에 와서는 '조견(照見)오온개공(五蘊皆空)'과 '색즉시공(色卽是空)'이 나오면서 공(空)이라는 단어가 등장하는데, 곧 이어서 '무색(無色)무수상행식(無受想行識)'과 '무지(無智)무득(無得)'이라는 무(無)라는 단어로 연결되고 있다. 이러한 공리(空理)를 논리적으로 자세하게 설명한 선덕(先德)은 인도(印度)의 용수(龍樹)보살이 대표적이다. 그는 <중론>(中論)에서 "제법(諸法)은 자(自)에서 생기지도 않고, 또 타(他)에서도 생기지 않고, 공동(共同)으로 생(生)하는 것도 아니고, 또 원인(原因)이 없이 생기는 자연(自然)

도 아니다. 그래서 무생(無生)이라고 한다."고 하면서,[2] "인연(因緣)으로 생기는 제법을 나는 공(空)이고 가(假)이고 중(中)이라고 말한다"고 무생(無生)을 설명한다.[3]

삼라만상(森羅萬象)은 의타기성(依他起性)이라서 연기(緣起)·연멸(緣滅)하니, 무상(無常)하고 무아(無我)인지라 독자성(獨自性)이란 것을 찾을 수가 없다. 즉 기멸(起滅)하는 현상(現象)은 있으나 거기에 상주(常住)하는 주재(主宰)를 찾을 수가 없으니, 무생(無生)이라고 설명한다. 그래서 자생(自生)도 타생(他生)도 공생(共生)도 아니라고 논증(論證)하고 있다.

[경(經)] 그러나 이러한 생멸(生滅)과 거래(去來)가 본래 여래장(如來藏)으로, 상주(常住)하고 묘명(妙明)하며 부동(不動)하고 원만(圓滿)하게 두루한 묘(妙)한 진여성(眞如性)인 줄을 모르고 있다.

[殊不能知 生滅去來 本如來藏。常住·妙明·不動·周圓 妙眞如性]

《풀이》 앞 구절(句節)에서는 '생멸(生滅)하고 거래(去來)하는 변화상(變化相)이 본래 여래장(如來藏)에서 출몰한다'고 선언하여 일체유심조(一切唯心造) 대신에 일체(一切)의 출처가 여래장(如來藏)임을 강조한다. 제1권과 2권에 나온 심지(心地)법문에서는 상주(常住)하는 진심(眞心)을 가리켜서 성정명체(性淨

---

2) 諸法不自生 亦不從他生 不共不無因 是故說無生 <觀因緣品>。
3) 衆因緣生法 我說卽是空(無) 亦爲是假名 亦是中道義 <觀四諦品>。

明體)라고 자세하게 설명하면서, 중간(中間) 중간(中間)마다 '만법(萬法)은 식정원명(識精元明)에서 나왔다'고 하거나, '삼라만상이 유심소현(唯心所現)이라'고 하면서 만법유식(萬法唯識)을 상기(想起)시켰다. 그런데 여기 제2권 끝부분에서 와서는 여래장(如來藏)이 등장하면서, 만법이 모두 여래장(如來藏)에서 나왔다고 이야기하고 있다. 이제부터는 '제법(諸法)의 생멸(生滅)과 거래(去來)가 모두 여래장(如來藏)이다'라는 표현으로 완전하게 바뀌고 있다. 이하(以下)의 모든 법문은 이 사실을 논증(論證)하는 내용이라고 하여도 과언이 아니다.

'여래장(如來藏)'이란 용어는 tathagata-garbha라는 범어(梵語)의 의역이다. 이 단어는 <능엄경>·<여래장경>·<승만경>·<능가경>을 비롯하여 대승(大乘)경전에 두루 등장하는데, <대승기신론>·<불성론>등 후기(後期) 논장(論藏)에도 등장한다. 가장 먼저 한역(漢譯)된 경전은 동진(東晉)의 불타발타라(佛陀跋陀羅:359~429)가 번역한 <대방등여래장경>(大方等如來藏經)이다. 이 <여래장경>은 번뇌(煩惱)에 가리어서 나타나지 못하고 숨어 있는 여래(如來)를 여래장(如來藏)이라고 설명하는데, 사람마다 모두 여래(如來)가 될 잠재성(潛在性)을 간직하고 있다는 뜻이다. <여래장경>보다 후대(後代)에 성립된 것으로 보이는 <능가경>과 <승만경>에도 여래장이란 용어가 자세하게 언급되는데, 이 경(經)들은 서기 435년에 중국에 온 구나발타라(求那跋陀羅)가 번역한 것이다. 논장(論藏)으로는 마명(馬鳴)존자의 <대승기신론>에서 "여래장(如來藏)에 의지하여 생멸심(生滅心)이 생기고, 그래서 진망화합(眞妄和合)인 아뢰야식(阿賴耶識)이 생긴다"는 이야기가 나온다. 여래장을 체계적으로 정리한 내용은 서기 546년에 중국에 온 진제(眞諦)삼장이 번역한 천친(天親)보살의 <불성론>에 자세하게 나온다.

그런데 이삼백년 지나서 서기 705년에 한역(漢譯)된 <능엄경>에서는 여래장(如來藏)의 의미가 '여래(如來)가 될 잠재성(潛在性)'이나 '숨어 있는 여래(如來)'라는 뜻보다는 '만법(萬法)의 성리(性理)를 함장(含藏)한 창고(倉庫)'라는 뜻으로 "제법(諸法)이 여래장(如來藏)에서 나온다"는 의미로 변화(變化)되어 사용하고 있다. 즉 만물(萬物)의 잠재성(潛在性) 내지 가능성(可能性)을 갖춘 창고를 여래장이라고 부르고 있다. 그래서 일반적으로 여래장(如來藏)의 의미를 은복(隱覆)·능섭(能攝)·소섭(所攝)의 세 가지로 설명하고 있다. 이런 주장을 여래장연기설(如來藏緣起說)이라고 부른다.

원래 <반야부>에서는 제법의 연기(緣起)와 성공(性空)을 통하여 공(空)과 무상(無相)과 무원(無願)인 삼해탈문(三解脫門)을 강조한다. <반야심경>(般若心經)에서 불(不)자가 무(無)자로 바뀌는 것도 같은 것이다. 환화상(幻化相)이어서 허망(虛妄)한 환망(幻妄)에 불과하므로 그 실체(實體)가 텅 비어서 무생(無生)이라고 말한다. 그런데 "이 환화상(幻化相)은 어디서 기멸(起滅)하느냐?" 하는 문제가 제기된다. 이렇게 허망(虛妄)한 현상(現相)이 출몰(出沒)하는 근본(根本)자리를 설명할 필요성이 대두하면서, 결국 여래장(如來藏)의 개념이 본체(本體)라는 의미로 변화(變化)한 것으로 보인다. <입능가경>에는 "적멸(寂滅)을 일심(一心)이라고 부르고, 일심(一心)을 여래장(如來藏)이라고 부른다"는 구절이 있고,

불교와 여래장

<대승기신론>에도 제8식인 아라야(阿羅耶)식을 설명할 때에 "심생멸문(心生滅門)은 여래장(如來藏)에 의지하여 생멸심(生滅心)이 전변(轉變)한다"고 설명한 구절이 나온다.

이어서 다음 구절(句節)에 나오는 "이러한 생멸(生滅)과 거래(去來)가 본래 여래장(如來藏)의 상주(常住)하고 묘명(妙明)하며 부동(不動)하고 두루 원만(圓滿)한 묘(妙)한 진여성(眞如性)이다"라는 설명은 여래장(如來藏)의 내용을 구체적으로 설명하고 있다. 그리고는 "여래장(如來藏)은 묘(妙)한 진여성(眞如性)이다"라고 마무리하였다. 모든 것이 여래장(如來藏)에서 기멸(起滅)한다고 말하다 보니, 그 성(性)은 삼라만상의 성리(性理) 전체를 포함하는 본체인 진여성(眞如性)이라는 설명이다. 모습이 있는 상(相)이 아니고, 온갖 가능성(可能性)을 갖춘 성(性)이라는 뜻이다. 따라서 여래장이 갖춘 진여성(眞如性)은 마치 허공에 변재(偏在)하는 잠재성(潛在性) 내지 가능성(可能性)이라는 뜻으로 이해할 수 있다.

만약에 일체 만상(萬象)이 그 모습인 상(相)을 그대로 지니면서 여래장이라는 창고에 같이 들어 있다면, 그건 말이 안 되는 소리다. 그래서 여래장(如來藏)이라는 창고에는 일체 만상(萬象)의 자상(自相)이란 것은 전혀 없고, 오직 변재(偏在)하는 잠재성(潛在性)인 이른바 묘(妙)한 진여성(眞如性)만 있다는 설명이다. 현대의 양자(量子)물리학에서는 "만법(萬法)의 잠재성(潛在性)이 우주에 변재(偏在)한다"고 설명한다. 물을 나툴 잠재성(潛在性)인 습성(濕性)이 우주에 가득하다고 말하면서, 이것을 물의 진정(眞正)한 주소(住所)인 '수퍼포지션(superposition)'이라고 한다. 이런 설명은 <능엄경>의 여래장(如來藏) 묘진여성(妙眞如性)과 그 내용이 일치한다.

감산(憨山)대사는 이 법문을 가리켜 "일심(一心)의 진원(眞源)인 불생불멸(不生不滅)하는 여래장(如來藏)의 성(性)을 직지(直指)하여, 만법(萬法)을 융회(融會)하였다"고 설명하였다. 만법(萬法)이 여래장성(如來藏性)인 일심(一心)에서 나왔다는 이야기다.

[경(經)] 참되고 변하지 않는 진상(眞常)인 그 성(性) 중에는 거래(去來)와 미오(迷悟)와 생사(生死)를 구하여도 끝내 얻을 수가 없다.

_{성 진 상 중 구 어 거 래 미 오 사 생 요 무 소 득}
[性眞常中, 求於去來, 迷悟, 死生, 了無所得]

《풀이》 이른바 여래장연기(如來藏緣起)를 설명하는 법문의 첫 구절이 등장한다. 모든 상(相)이 성(性)에서 출몰하지만, 당처(當處)인 여래장(如來藏) 묘진여성(妙眞如性)에는 변화상(變化相)이 출몰(出沒)하는 그런 모습이나 흔적이 없다고 한다. 즉 상(相)은 출몰(出沒) 거래(去來)가 있으나, 그 정체(正體)인 성(性)은 묘진여성(妙眞如性)이라서 아무런 모습이 없고 여여(如如)하여 항상 불변(不變)이라는 말이다. 마치 물의 모습은 냇물·강물·바닷물·수증기·빗물·안개 등등으로 갖가지 윤상(潤相)으로 나타나지만, 물의 성(性)인 축축한 습성(濕性)은 잠재성(潛在性)이어서 누리에 가득하지만 모습이 없다. 무상(無相)이니 변할 것이 없어 여여(如如)하다고 설명한다. 마치 우리 마음에서 만법을 반연

(攀緣)하는 반연심(攀緣心)이 간단(間斷)없이 일어나고 사라져
도, 본심(本心)인 각명(覺明)은 항상 청정(淸淨)하다는 이야기와
같다. 그렇다고 각명(覺明)에 잠재성(潛在性)이 실제로 존재한다
고 고집하는 것은 상견(常見)이 된다.

　이렇게 상(相)과 성(性)은 다른 개념이지만 관련이 있다. 상
(相)을 설명하는 성(性)이니, 양자(兩者)가 전연 별개(別個)의 개
념도 아니다. 만약에 성상(性相) 두 개념이 별개(別個)라면 아무
관련성이 없으므로, 성상(性相)을 길게 설명할 필요가 없다. 한
편 상(相)과 성(性)이 같은 것도 아니다. 같다면, 상(相)도 성(性)
처럼 불거불래(不去不來)해야 할 텐데 모습은 무상(無常)하여 그
렇지 않다. 그래서 상(相)과 성(性)은 서로 부즉(不卽)이면서, 동
시에 불리(不離)의 관계에 있다고 설명한다. 즉 성(性)인 여래장
(如來藏)이 바로 상(相)인 삼라만상(森羅萬象)과 불일(不一)불
이(不異)의 관계에 있다는 뜻이다.

　이 법문은 성상(性相)법문의 총론(總論)부분이다. 다음부터
삼라만상(森羅萬象)인 오음(五陰)·육입(六入)·십이처(十二處)·
십팔계(十八界)의 진상(眞相)을 파헤치는 자세한 각론(各論)이
이어진다. 그러나 성상(性相)법문의 핵심(核心)은 실제로 여기
총론(總論)에서 이미 완료(完了)된 셈이다.

제2절 오음(五陰)의 정체(正體)

[경(經)] 아난(阿難)아! 어찌하여 오음(五陰)을 본래 여래장(如來

藏)인 묘한 진여성(眞如性)이라고 하느냐?

[阿難 云何五陰 本如來藏 妙眞如性]
<small>아 난 운 하 오 음 본 여 래 장 묘 진 여 성</small>

《풀이》이른바 여래장연기(如來藏緣起)를 설명하는 법문의 첫 구절이 등장한다. 오음(五陰)은 개인의 몸과 마음을 구성하는 색음(色陰)과 수음(受陰)·상음(想陰)·행음(行陰)·식음(識陰)을 말하는데, 흔히 오온(五蘊) 또는 오취온(五取蘊)이라고도 부른다. 지금부터 무상(無常)하고 무아(無我)인 오음(五陰)이 본래부터 상주(常住)인 여래장(如來藏)임을 설명하는 여래장(如來藏)법문에 들어간다. 그리고 계속하여 육입(六入)과 십이처(十二處)를 포함한 십팔계(十八界)까지, 그리고 사대(四大)허공(虛空)과 정신적인 모든 것이 본래는 여래장(如來藏)의 묘한 진여성(眞如性)이라는 법문이 이어진다.

지금 세상만사의 정체(正體)를 밝히는 법문(法門)의 첫머리에서 지금 "오음(五陰)이 본래로 여래장(如來藏)의 묘한 진여성(眞如性)이라"고 선언(宣言)하고 있다. 이것을 총설(總說)이라 한다. 변화무쌍한 상(相)이 모두 변함이 없는 성(性)인 진여성(眞如性)과 부즉불리(不卽不離)의 관계에 있다는 이야기다. 이 다음에는 각설(各說)이 이어진다.

여기서 <u>감산(憨山)</u>대사는 오음(五陰)과 육입(六入)·십이처(十二處)를 거치는 십팔계(十八界)의 정체(正體)를 밝히는 여래장법문이 모두 즉사즉리(卽事卽理)의 이치를 밝히는 법문이라고 설명한다. 즉 화엄학(華嚴學)의 이사무애(理事無礙)도리를 자세하게 설명한 부분과 같다고 말한다.

(1) 색음(色陰)은 허망하다

[경(經)] 아난(阿難)아! 어떤 사람이 청정(淸淨)한 눈으로 청명(晴明)한 허공을 볼 적에는 다만 맑은 허공(虛空)뿐이요 툭 터져서 아무것도 없다가, 그 사람이 장난삼아 눈을 부릅뜨고 눈동자를 움직이지 않고 계속 앞만 바라보고 있으면[瞪], 눈이 피로(疲勞)해져서, 허공에서 헛꽃을 보기도 하고, 온갖 어지러운 '아닌 모습'이 나타난다.

색음(色陰)인 물질(物質)도 그와 같은 줄 알아라.

[阿難! 譬如有人 以淸淨目 觀晴明空 唯一精虛 逈無所有 其人 無故 不動目睛 瞪以發勞 則於虛空 別見狂華 復有一切狂亂非相。 色陰當知 亦復如是]

《풀이》 오음(五陰)의 정체(正體)에 대한 각설(各說)이다. 색(色)은 불교에서 여러 가지 의미로 사용된다. 지금 오음(五陰)에서 말하는 색음(色陰)은 물질(物質)을 가리키므로, 이른바 고체(固體)·액체(液體)·기체(氣體)를 통틀어 가리키는 개념이므로, 나를 예(例)로 들면, 내 몸을 가리킨다.

몸이라는 육신은 인연(因緣)따라 기멸(起滅)하므로, 필요충분조건(必要充分條件)이 갖추어지면 없던 물질(物質)이 생겨나고, 그 구성조건이 흩어지면 있던 물질이 사라진다. 즉 육신(肉身)은 의타기성(依他起性)으로 유전인자와 영양분이라는 조건에 따라 기멸(起滅)증감(增減)하는 무상(無常)무아(無我)인 물질이니, 빈 것인 줄 알고 있다.

그런데 세존께서 지금 색음(色陰)의 정체를 밝히는 법문에서, 색음(色陰)으로 '허공꽃'인 광화(狂華)를 예(例)로 들고 있다. 상식(常識)으로 이해하기 어려운 내용이다. 광화(狂華)란 '눈이 피로(疲勞)하여 나타나는 모습인 노상(勞相)'이니 '아닌 모습'인 비상(非相)이다. 누구든지 눈을 부릅뜨고서, 눈동자를 움직이지 않고 계속 앞만 바라보고 있으면, 눈이 피로해지면서 허공에 난데없는 '헛꽃'이 보이는데, 이런 '징발로상(瞪發勞相)'인 허공꽃을 색음(色陰)이라고 부른다. 이런 '헛꽃'인 광화(狂華)는 눈이 피로(疲勞)하면 보이는 것인데, 세존은 이런 환영(幻影)을 대표적인 물질(物質)이라고 설명하고 있다.

감산(憨山)대사의 설명은 간단하다. 앞부분의 '청정(淸淨)한 눈으로 청명(晴明)한 허공을 볼 적에는 다만 맑은 허공(虛空)뿐이요 툭 터져서 아무것도 없다'는 구절에서, "청정(淸淨)한 눈은 진지(眞智)이고, 청명(晴明)한 허공은 진리(眞理)이다"로 풀이한다. 다시 뒤에 나오는 '계속 앞만 바라보고 있으면[瞪], 눈이 피로(疲勞)해져서, 허공에서 헛꽃을 본다'는 구절에서는, "징(瞪)은 무명(無明)이고, 노(勞)는 망견(妄見)이고, 광화(狂華)는 망상(妄相)이다"로 풀이한다. 보이는 대상인 색진(色塵)경계를 모두 무시(無始) 망견(妄見)의 투영(投影)이라고 설명한다.

불교에서 색음(色陰)의 진상(眞相)을 설명하는 경우에는, 대상에 대한 공간적(空間的)이거나 시간적(時間的)인 분석(分析)으로 근본물질(根本物質)을 찾아보는 세말방편(細末方便)이 일반적이다. 다른 설명방식으로는 색음(色陰)은 "연생(緣生)이므로 본래 무성(無性)이다"라는 무성(無性)방편이 일반적으로 이

용된다. 그런데 문제는 주위에 많은 모습[相]들을 버려두고, 허공 꽃인 비상(非相)을 가지고 물질(物質)을 설명하고 있으니, 이해 하기가 어렵다. 주위에 흔한 고체나 액체를 가지고 물질의 정체 를 밝히지 않고, 눈이 피로(疲勞)하면 보이는 '헛꽃'인 광화(狂華) 를 대상으로 삼아서 물질이라고 설명하고 있으니 황당하다는 생 각이 든다. 물질마다 모두 빛깔이 있으니까 물질을 빛깔인 색(色) 이라고 부른다. 여기에 등장하는 환상(幻象)인 허공꽃도 빛깔이 있으니까 당연히 물질이라고 볼 수는 있다. 그러나 일반적인 상 식(常識)으로는 헛꽃인 광화(狂華)를 가지고 물질의 정체(正體) 를 밝히는 태도가 이상하게 보일 수 있다. 이 구절은 다른 의취가 숨어 있는 것 같다.

물론 <능엄경> 2권에 나온 '변견지심(辯見指心)' 법문에 따 르면, 주변에 나타난 삼라만상(森羅萬像)은 모두 당사자의 별업 망견(別業妄見)과 동분망견(同分妄見)이 나툰 현상(現象)들이라 고 했다. 수많은 전생(前生)을 통하여 지은 업식(業識)으로 성립 된 각자(各自)의 망견(妄見)이 주위환경에 따라서 허망하게 나타 나는 모습들이라는 설명이니, 즉 유심소현(唯心所現)이다. 즉 현 전(現前)하는 색진(色塵)이 식(識)의 투영(投影)이지 따로 바탕 이 없으니 만법유식(萬法唯識)이라는 이야기다. 그런데 성상이 론에 나오는 여래장(如來藏)법문은 식(識) 대신에 여래장에서 만 법이 출몰(出沒)한다고 설명하고 있다. 유식(唯識)대신에 여래장 (如來藏)이 등장한다. 전자(前者)는 '아라야식연기'라 하고 후자 (後者)는 '여래장연기'라고 구별한다.

아무튼 이 여래장법문을 세말방편(細末方便)으로 이해하면

많은 문제점이 생긴다. 즉 이 법문은 상식(常識)을 바탕으로 언어문자(言語文字)로 설명하는 세속제(世俗諦)인 연기(緣起)이론이 아니다. 앞의 성상(性相)법문에서 언급한 것처럼, 인식하는 대상(對象)은 망견(妄見)이 나투는 허공꽃처럼 유심소현(唯心所現)이라는 이치를 아는 사람이라야 비로소 이해할 수 있는 승의제(勝義諦)에 해당한다. 즉 대상인 경계(境界)가 사실은 환화상(幻化相)이라는 사실을 이해하고 있는 최상승(最上乘)인 대심(大心)중생들만을 상대로 하는 논증(論證)법문이다.

[경(經)] 아난(阿難)아! 이 모든 헛꽃이 허공(虛空)에서 온 것도 아니며, 눈[目]에서 나온 것도 아니다.

만일 허공(虛空)에서 왔다면, 그 꽃이 허공에서 왔으니 다시 허공으로 돌아가야 할 것이다. 그러나 허공은 빈 것이라 출입(出入)이 없다. 만약 출입이 있으면 허공이 아니다. 또 허공이 만약에 빈 것이 아니라면, 아난(阿難)의 몸에 다시 아난(阿難)의 몸을 겹칠 수 없듯이, 허공에서 꽃모습이 생기고 사라지는 현상이 일어날 수가 없다.

만일 헛꽃이 눈[目]에서 나왔다면, 눈에서 나왔으니 도로 눈으로 들어가야 할 것이다. 또 헛꽃이 눈에서 나왔으므로 눈처럼 마땅히 견(見)이 있어야 한다. 만일 견(見)이 있다면 나가서 허공에 헛꽃이 되었다가 돌아 올 적에는 마땅히 눈을 보아야 할 것이다. 만일 견(見)이 없다면 나가서는 허공을 가렸으니 돌아올 적에는 눈을 가릴 것이다.

또 헛꽃을 볼 적에 눈에 가림이 없는데, 어찌하여 맑은 허공을 볼 적에 청명한 눈이라고 말하느냐?

[阿難 是諸狂華 非從空來 非從目出 如是阿難 若空來者 既
從空來 還從空入 若有出入 卽非虛空 空若非空 自不容其
華相起滅 如阿難體 不容阿難 若目出者 旣從目出 還從目
入 卽此華性 從目出故 當合有見 若有見者 去旣華空 旋合
見眼 若無見者 出旣翳空 旋當翳眼 又見華時 目應無翳 云
何晴空 號淸明眼]

《풀이》 여기서는 허공에 보이는 광화(狂華)의 출처(出處)를 찾
고 있다. 상식(常識)을 바탕으로 논리적(論理的)으로 분석(分析)
하는 세말방편(細末方便)의 법문이 시작된다. 허공꽃은 눈[目]
과 허공(虛空)을 인연(因緣)으로 하여서 생긴 것이 분명하지만,
그 출처(出處)를 찾아보면, "이곳이다", "이것이다"라고 상식적
으로 수긍할 만한 정답이 없다. 분명하게 허공꽃이 보이지만 그
출처가 없다. 분명히 허공꽃이라는 시각현상(視覺現象)을 인식
하고 있지만, 그 허공꽃이란 광화(狂華)가 나온 곳이 없다는 논
증(論證)이다. 이 설명은 별로 어렵지 않다. 그러나 일반 독자(讀
者)들은 눈앞에 환상(幻相)이 아닌 실재하는 물체(物體)가 분명
하게 존재(存在)하는데, 이 물체들이 "사실은 병난 눈에 보이는
헛꽃과 같다"고 설명하는 것에 대하여는, 거부감을 느낄 수 있을
것이다. 병안(病眼)에만 보이는 환상(幻象)을 물질이라고 설명하
는 태도는 어쩐지 논리(論理)에 비약(飛躍)이 있는 것 같은 생각
이 들 것이다.

세존(世尊)의 법문은 '색음(色陰)은 광화(狂華)이다'라는 유

심소현(唯心所現)에서 시작하고는, 비록 광화(狂華)가 시각현상으로 보이지만 그것의 출처(出處)를 허공과 눈에서 각각 찾아본 결과, "출처가 없다"는 논증(論證)을 거쳐서 결국 허망(虛妄)하다는 결론을 낸다.

[경(經)] 그러므로 마땅히 알아라. 색음(色陰)이 허망(虛妄)하여, 본래 인연(因緣)도 아니고, 자연성(自然性)도 아니다.
[_시是_고故 _당當_지知 _색色_음陰_허虛_망妄 _본本_비非_인因_연緣 _비非_자自_연然_성性]

《풀이》 눈의 피로(疲勞)에서 생긴 허공꽃이니 그 피로가 사라지면 허공꽃도 없어진다. 결론적으로 '색음(色陰)이란 허망(虛妄)하다'고 한다. 그러하니 색음(色陰)이라는 현상(現象)은 있어도 그 실체는 출처가 없는 허망(虛妄)이니, 따질 것도 없어서, '인연(因緣)도 아니고, 자연성(自然性)도 아니다'는 말이다.

"본래 인연도 아니고 자연성도 아니다."의 원문은 '본비인연 비자연성(本非因緣 非自然性)'인데, 마지막 글자인 성(性)자(字)를 두고 해석이 갈린다. 운허스님과 탄허스님은 "본래 인연도 아니고 자연도 아닌 성(性)이다."라고 번역하면서, '성(性)'을 '여래장의 묘한 진여성(眞如性)'의 약자(略字)로 새긴다. 그러나 각성스님은 "인연성(因緣性)이나 자연성(自然性)이 아니다"라고 새긴다.

그런데, 이미 앞에서도 "인연(因緣)도 아니고, 자연(自然)도 아니다."라는 내용이 두 번이나 등장했다. 다만 처음에 "본각묘명(本覺妙明)인 그 성(性)이 인연(因緣)도 아니고 자연(自然)도 아니라"고 할 적에는 '본각묘명 성비인연 비자연성'(本覺妙明 性非因緣 非自然性)으로 성(性)자가 있었으나, 뒤에서 나오는 "정각묘명이 인(因)도 아니고 연(緣)도 아니며 또한 자연도 아니다"에서는 '정각묘명 비인비연 역비자연'(精覺妙明 非因非緣 亦非自然)으로 성(性)자가 없다. 인연(因緣)과 자연(自然)에 성(性)자가 모두 있거나, 아니면 모두 없으면, 해석이 간단하다. 그런데 지금 이 문장에서는 인연(因緣)에는 성(性)이 없고, 자연(自然)에는 성(性)이 붙어 있으니 해석에 혼돈이 생긴다. 운허스님과 탄허스님이 "성(性)이다."라고 한 것은 "여래장(如來藏) 묘진여(妙眞如)의 성(性)이다"의 뜻이 강조된 것으로 새긴 것이다. 각성스님은 원래는 "인연성(因緣性)이나 자연성(自然性)이 아니다"라고 할 것을 넉자씩 글자를 맞추다 보니 표현이 그렇게 된 것으로 보았다. 생각하건대, 이 구절의 의도(意圖)는 색음(色陰)이 이처럼 허망(虛妄)하여 '있는 것이 아니므로', 새삼스레 색음(色陰)의 출처(出處)를 밝히려고 논증(論證)할 필요가 없다는 이야기 같다. 실존(實存)이 아닌 것을 두고서 '이것이 인연(因緣)에서 나왔다' 또는 '본래 자연(自然)이다' 하고 따질 필요가 없다는 뜻이다. 그렇다면 굳이 '성(性)'자를 두고 왈가왈부(曰可曰否)할 필요도 없다. 한문(漢文)에 충실하게 '인연(因緣)도 아니고, 자연성(自然性)도 아니다'라고 번역해도 무방하다고 본다.

그런데 오음(五陰)법문의 서두(序頭)에서는 총설(總說)을 "오음(五陰)이 본래 여래장(如來藏)인 묘한 진여성(眞如性)이다"라고 선언(宣言)했었다. 문제는 오음(五陰)법문 서두(序頭)에서는 "오음(五陰)이 본래 여래장(如來藏)인 묘한 진여성(眞如性)

이다"고 하더니, 지금은 각설(各說)에서 색음(色陰)을 마무리하면서는 "허망(虛妄)하니, 본래 인연(因緣)도 아니고, 자연(自然)도 아니다."고 하니, 앞뒤가 서로 안 맞다는 느낌이 있을 수 있다. 그렇다면 총설(總說)의 '여래장'과 각설(各說)의 '허망'이라는 결론을 어떻게 회통(會通)할 것인가? 앞에 총론으로 등장한 성상(性相)법문을 여기에 적용하면, 상(相)으로 설명하면 "허망(虛妄)하여, 인연(因緣)도 아니고 자연(自然)도 아니다"지만, 성(性)으로 보면 원래 '여래장(如來藏) 묘진여성(妙眞如性)'이라는 결론이니, 성상(性相)이 불이(不二)라는 이야기에 귀착한다.

그래서 감산대사는 이 구절을 '즉사즉리(卽事卽理)의 법문(法門)'이라고 설명했다. 사상(事相)에도 즉(卽)하고 성리(性理)에도 즉(卽)한다는 말은 성상(性相)이 불이(不二)라는 뜻이다.

(2) 수음(受陰)은 허망하다

[경(經)] 아난(阿難)아! 어떤 사람이 수족(手足)이 편안하고 몸이 건강하여 '지금 살고 있다'는 중인 사실을 잊어서 마음에 좋고 싫은 것이 없다가, 장난삼아 두 손바닥을 마주 대고 비비면, 두 손바닥에서 허망(虛妄)하게 거칠거나 부드럽거나 차거나 따뜻한 촉감들이 생기는데, 수음(受陰)인 느낌도 그와 같은 줄 알아라.

[阿難 譬如有人 手足宴安 百骸調適 忽如忘生 性無違順 其人無故 以二手掌 於空相摩 於二手中 妄生澁滑 冷熱諸相 受陰 當知 亦復如是]

　　　　　　　　　　　　　　　불교와 여래장

《풀이》 수음(受陰)은 감각기관인 육근(六根)이 대상(對象)인 육진(六塵)을 만나면 저절로 생기는 각종의 '느낌'을 가리킨다. 수음(受陰)을 구성하는 이런 마음작용을 흔히 감성(感性)이라 부르는데, 이 감성(感性)은 단순하게 대상을 '있는 그대로' 감지(感知)할 뿐이다. 마치 거울이 꽃을 비추면 꽃모습이 그대로 비치듯이, 아직 미추(美醜)라는 분별(分別)이 일어나기 전(前)의 최초의 느낌을 가리킨다. 불교에서는 느낌처럼 분별(分別)하는 생각이 발동하기 이전(以前)의 인식(認識)을 현량(現量)이라고 부르는데, 이런 인식(認識)을 우리는 흔히 직관(直觀)이라고 한다.

여기서는 몸의 '느낌'인 촉감(觸感)을 예(例)로 들어서 감성(感性)작용인 현량(現量)을 설명하고 있다. 이 수음(受陰)은 육근(六根)이 주체가 되고 육진(六塵)이 객체가 되어서 일으키는 '느낌'이므로, 눈·귀·코·혀·몸이 빛깔·소리·냄새·맛·촉감을 대상으로 일으키는 전오식(前五識)이 대부분이다. 이렇게 제6의식(意識)이 생각을 일으키기 이전(以前)의 순수한 '느낌'을 수음(受陰)이라고 말한다. 물론 제6의식(意識)이 주체인 경우에도 솔이심(率爾心)은 현량(現量)이므로 여기 수음(受陰)에 해당되지만, 솔이심(率爾心)에 이어서 일어나는 심구심(尋求心)과 결정심(決定心)들은 상음(想陰)에 해당하므로 여기의 '느낌'과 구별해야 한다.

"두 손바닥을 마주 대고 비비면, 두 손바닥에서 허망(虛妄)하게 거칠거나 부드럽거나 차거나 따뜻한 촉감(觸感)"이 생길 때에, 그 '느낌'이 바로 수음(受陰)이다. 이 촉각(觸覺)현상에서 촉감(觸感)을 인식(認識)하는 것을 싸잡아서 수음(受陰)이라고 한다. 즉 촉각(觸覺)현상을 느끼는 주체와 그 대상과 그때 일어나는 촉식(觸識)까지 통틀어서 수음(受陰)이라고 부른다. 그래서 수음(受陰)을 '느낌 덩어리'나 '느낌 뭉치'라고 번역해야 한다는 주장도 있다.

[경(經)] 아난(阿難)아! 이 여러 가지 느낌인 환촉(幻觸)이, 허공에서 온 것도 아니며, 손바닥에서 나온 것도 아니다.

아난(阿難)아! 느낌이 만일 허공(虛空)에서 왔다면, 이미 손바닥에서 나왔는데 어째서 몸이나 발에서는 느낌이 나오지 않느냐? 허공이 손바닥만 선택하여 와서 부딪치면서 느낌인 촉감(觸感)을 내는 것은 아닐 것이다.

만일 느낌인 촉감이 손바닥에서 난다면, 반드시 두 손바닥을 합쳐야만 나는 것은 아닐 것이다.

만약 손바닥에서 나왔으나 두 손을 합칠 적에 비로소 손바닥이 느낌을 안다고 가정한다면, 두 손을 떼면 느낌인 촉감이 도로 손바닥으로 들어갈 것이니, 손목과 팔과 어깨가 그 들어가는 종적을 알아야 할 것이다.

또 만일 깨닫는 마음이 있어서 나오고 들어감을 안다면, 원래 '느낌'이라는 한 물건(物件)이 있어서 몸 안에서 왕래할 것이니, 어찌하여 두 손을 합치는 것을 기다려야만 비로소 느끼는 것을 촉감(觸感)이라고 말하느냐?

[阿難！是諸幻觸，不從空來，不從掌出。如是，阿難！若空來者，既能觸掌，何不觸身？不應虛空選擇來觸。若從掌出，應非待合。又掌出故，合則掌知，離卽觸入，譬

불교와 여래장

^{완골수응역각지} ^{입시종적} ^{필유각심지출지입} ^{자유일}
腕骨髓應亦覺知, 入時蹤跡, 必有覺心知出知入, 自有一
^{물신중왕래} ^{하대합지} ^{요명위촉}
物身中往來, 何待合知, 要名爲觸.]

《풀이》 두 손바닥이 서로 맞닿아서 일어나는 촉각(觸覺)현상
에서 신촉(身觸)의 출처(出處)를 찾고자, 자세하게 분석하고 있
다. 전오식(前五識) 중에서 신촉(身觸)이 일어나는 곳은 결국은
허공이 아니면 손바닥이다. 허공(虛空)이 출처(出處)가 아님은
알기 쉬운데, 손바닥이 신촉(身觸)의 출처가 아니라는 설명은 이
해하기가 어렵다. 두 손바닥이 접촉을 해야 촉각(觸覺)현상에서
신촉(身觸)인 '느낌'이 생기니, 손을 합(合)치는 곳에서 '느낌'인
신촉(身觸)이 나온다는 대답이 상식적이다. 그러나 "손을 떼어버
리면 '느낌'이 손바닥을 거쳐서 몸 안으로 들어가는 경로(經路)를
알 수 있어야 한다"는 반론(反論)에는 당장 대답할 말이 없다.

　손바닥을 비비면 신촉(身觸)이란 '느낌'이 분명하게 느껴지
니, 그 현상을 없다고 말할 수는 없다. 우리가 인식하는 육식(六
識)은 모두 현상(現象)이 감지되므로, 촉각으로 감지(感知)하는
느낌을 부인할 수는 없다. 색진(色塵)도 사실은 안식(眼識)을 통
하여 감지(感知)하는 것인데, 그것을 우리는 '색(色)이 존재한다'
고 표현할 뿐이다. 지금 신촉이 사라지는 것은 설명할 수가 없다
는 이야기다. "두 손을 떼면 느낌인 촉감이 도로 손바닥으로 들어
갈 것이니, 손목과 팔과 어깨가 그 들어가는 종적을 알아야 할 것
이다" 하는 구절에 대답을 못한다. 그래서 손바닥이 신촉(身觸)
의 출처가 아니라는 주장이다.

[경(經)] 그러므로 마땅히 알아라. 수음(受陰)인 느낌이 허망(虛妄)하여, 본래 인연(因緣)도 아니고 자연(自然)도 아니다.

[是故當知, 受陰虛妄, 本非因緣, 非自然性。]

《풀이》 지금 신촉(身觸)을 감지(感知)하는 촉감(觸感)이 분명한 촉각(觸覺)현상에서 신촉(身觸)을 부인할 수가 없다. 그런데, 그 신촉(身觸)의 출몰(出沒)현상을 설명할 수가 없다. 상식(常識)을 가지고 논리적(論理的)으로 자세히 살폈으나 출처를 찾을 수가 없고, 신촉(身觸)의 출처가 어디라고 지적(指摘)할 수 없다. 그래서 신촉(身觸) 내지 신식(身識)을 환촉(幻觸)이라고 부르고 있다. 촉각(觸覺)현상이 분명히 있으니, 환촉(幻觸)이라도 그 출처(出處)가 없지는 않을 것이다. 다만 우리가 그 출처(出處)를 모르고 있는 것이다. 그 느낌의 출몰처를 찾을 수가 없으므로, "수음(受陰)이 허망(虛妄)하여, 본래 인연(因緣)도 아니고 자연(自然)도 아니다."라고 결론을 지었다.

만법(萬法)의 출처(出處)는 크게 보아서, 두 종류뿐이다. 인연(因緣)이 아니면 자연(自然)이다. 누구든지 "두 손바닥을 마주 대고 비비면, 두 손바닥에서 허망(虛妄)하게 거칠거나 부드럽거나 차거나 따뜻한 촉감(觸感)"이 분명하게 생기니, 그 촉감도 출처는 인연(因緣)이 아니면 자연(自然)에서 나온 것이다. 그런데 지금 느낌의 출몰처(出沒處)를 찾을 수가 없으므로, '출처(出處)가 인연(因緣)도 아니고 자연(自然)도 아니다'라고 말했다. 그러나 환몽(幻夢)도 출처가 없지 않으니, 결국은 "수음(受陰)이 본래 여래장(如來藏)인 묘한 진여성(眞如性)이라"고 말할 수밖에 없다.

(3) 상음(想陰)은 허망하다

[경(經)] 아난(阿難)아! 어떤 사람이 식초(食醋)나 매실(梅實)을 이야기하면 입에 침이 생기고, 절벽(絶壁)으로 된 계곡(溪谷)을 건너뛰는 것을 생각하면 오금이 저린데, 상음(想陰)인 <u>생각</u>도 그와 같은 줄 알아라.

[阿難！譬如有人，談說醋梅口中水出，思踏懸崖足心酸澁；想陰，當知，亦復如是。]

《풀이》 상음(想陰)은 '생각'을 하는 마음의 작용이다. 수음(受陰)인 '느낌[受]'이 발생하면, 제6의식(意識)이 즉시 그 느낌을 이어 받아서 '생각'을 일으키는데, 이것이 바로 상음(想陰)이다. 즉, 마음이 '느낌'을 받아들여서 심구(尋求)하고 결정(決定)하고 염정(染淨)하면서 애오(愛惡)하는 분별(分別)작용을 이어가는 것들이 모두 제6의식(意識)의 작용이다. 보통은 '느낌'이 있으면, 거의 동시에 '생각'이 같이 발생하므로, '느낌'인 수음(受陰)과 '생각'인 상음(想陰)은 선후(先後)를 구별하기가 어렵다. 수음(受陰)과 상음(想陰)이 동시(同時)라고 해도 과언(過言)이 아니다.

우리가 식초(食醋)나 매실(梅實)이라는 말만 들어도 즉시 입에 침이 고인다는 것은 '그것들의 맛이 시다'는 경험(經驗)이 있기 때문이다. 즉 상음(想陰)인 생각은 과거에 경험한 기억(記憶)과 지식(知識)을 토대로 하여 일어나는 사량분별(思量分別)이다. 현대적으로 표현하면 "감성(感性)작용이 일어나면, 오성(悟性)이 즉시 뒤따라서 사유(思惟)를 시작한다"고 한다.

그런데 수음(受陰)은 촉수(觸受)한 '그대로' 느끼므로 직관 (直觀)인 **현량(現量)**이지만, 상음(想陰)은 제6의식(意識)의 사량(思量)분별(分別)이 작동하므로 주로 비교(比較)하는 **비량(比量)**이 많다. 현량(現量)은 직관(直觀)이라서 대상을 있는 그대로 반영(反映)하므로 착오(錯誤)가 없지만, **비량(比量)**은 개인의 억지(憶智)를 잣대로 하여 분별(分別)이 일어나므로 그 내용에 주관적인 것이 많다. 따라서 제6의식(意識)의 인식(認識)인 비량 (比量)은 개인적인 착각이나 망견(妄見)이 개입하므로, 그 내용의 진가(眞假)를 구별하는 것이 필요하다. 사람이 만물의 영장 (靈長)인 것은 바로 이 상음(想陰)의 성능이 뛰어나기 때문이다. 이 기능을 현명(賢明)하게 활용하려면 상음(想陰)의 진가(眞假)를 제대로 가려내는 지혜(智慧)가 반드시 필요하다. 불교공부도 대부분이 상음(想陰)의 공능이므로, 정사(正邪)를 가려가면서 바르게 공부하려면 비량(比量)에서 오류(誤謬)를 가려내는 논리학 (論理學)이 반드시 필요하다.

[경(經)] 아난(阿難)아! 이러한 '시다'는 생각이 매실(梅實)에서 나는 것도 아니며, 입에서 나는 것도 아니다.
아난(阿難)아! 만일 매실(梅實)에서 '시다'는 생각이 난다면, 매실이 스스로 말할 것이니, 어째서 사람이 말하기를 기다리느냐?
만일 '시다'는 생각이 입에서 난다면, 어째서 귀로 식초나 매실 이야기를 듣기를 기다리느냐?
또 귀가 듣는데 침이 왜 귀에서는 생기지 않느냐?
절벽(絶壁)을 건너뛰는 것을 생각하는 것도, 매실과 같다.

불교와 여래장

그러므로 마땅히 알아라. 상음(想陰)인 생각이 허망(虛妄)하여 본래 인연(因緣)도 아니고 자연(自然)도 아니다.

[阿難！如是醋說, 不從梅生, 非從口入。 如是, 阿難！ 若梅生者, 梅合自談, 何待人說？若從口入, 自合口聞, 何須待耳？若獨耳聞, 此水何不耳中而出？想踏懸崖, 與 說相類。是故當知, 想陰虛妄, 本非因緣, 非自然性]

《풀이》 식초(食醋)나 매실(梅實) 이야기를 하면, 귀로 그 말을 듣자마자 '시다'는 생각이 절로 난다. 그렇다면 '시다'는 생각이, 매실(梅實) 이야기를 주고받는 입이나 귀에서 생긴다는 말인가?

매실(梅實) 이야기에서 '시다'는 생각이 생기려면, 먼저 "매실(梅實)은 시다"는 기억(記憶)이나 지식(知識)이 마음속에 저장되어 있어야 한다. 매실(梅實)에 대한 억지(憶智)가 없는 사람은 '시다'는 생각이 일어나지 않는다. 즉 수음(受陰)만으로 '시다'는 생각이 나는 것이 아니고, 반드시 기억이나 지식이 저장되어 있어야만 '시다'는 상음(想陰)이 일어난다. 예(例)를 들면 아직 신음식을 먹어보지 못한 어린이는 '시다'는 생각을 쉽게 연상(聯想)하지 못한다.

그런데 '시다'는 생각은 정작 식초(食醋)나 매실(梅實) 이야기를 하는 과정에서 일어나므로, 세존은 이야기하는 입과 듣는 귀가 '시다'는 생각이 일어난 직접적(直接的)인 원인이라고 설명한다. 시다는 생각은 입과 귀가 동시에 작용할 때에 일어나는데, 귀나 입만 있다고 일어나는 것은 아니고, 여기에 억지(憶智)가 필요하다는 설명이다. 그 억지(憶智)는 모습이 없으니 존재한다고 할 수 없다. 그러므로 '시다'는 생각은 인연 따라서 연기(緣起)하지만, 그 출처를 찾을 수 없으니 실체가 없다.

(4) 행음(行陰)은 허망하다

[경(經)] 아난(阿難)아! 폭류(瀑流)에서 물결이 계속하여 흐를 적에, 파랑(波浪)이 앞과 뒤로 상속하여 서로 건너 넘지 않는데, 행음(行陰)인 흐름도 그와 같은 줄 알아라.

[阿難! 譬如暴流, 波浪相續, 前際後際, 不相踰越 ; 行陰, 當知, 亦復如是。]

《풀이》 행음(行陰)이란 쉴 새 없이 업(業)을 짓는 정신작용이라는 뜻인데, 흔히 천류(遷流)와 조작(造作)의 두 가지 성질을 가진다고 풀이한다. 천류(遷流)는 작업(作業)이 가만히 있지 않고 변화하면서 흘러가는 것이고, 조작(造作)은 위순(違順) 경계를 당하여 제 버릇에 따라서 의욕(意慾)을 가지고 애오(愛惡)하는 행동이다. 즉 업(業)을 형성하는 모든 개별적인 행동을 행음(行陰)이라고 부른다.

여기에서는 업(業)을 짓는 행동들이 꼬리를 물고 흘러가는 뜻인 천류(遷流)로 해석하고 있다. 즉 물결이 앞뒤로 연이어서 흐르는 것에다 비유하고 있다. 이 물결은 생각을 근거로 행동(行動)하는 업(業)이라는 심식(心識)의 물결이다.

[경(經)] 아난(阿難)아! 이 <u>흐름</u>이 허공(虛空)에서 생긴 것도 아니며, 물로 인하여 있는 것도 아니며, 수성(水性)도 아니며, 허공과 물을 여읜 것도 아니다.

이와 같이, 아난(阿難)아! 만일 흐름이 <u>허공(虛空)</u>에서 생긴다면, 시방(十方)의 끝없는 허공이 모두 끝없는 흐름을 이루어서 세계가 저절로 물에 빠지게 된다.

만일 흐름이 <u>물</u>로 인(因)하여 있다면, 이 폭류(瀑流)의 성(性)은 물 자체가 아닐 것이니, 능유(能有)인 물과 소유(所有)인 흐름의 모습이 지금 있어야 할 것이다.

만일 흐름이 <u>수성(水性)</u>이라면, 맑게 고여 있을 때에는 물의 체성(體性)이 아니리라.

만일 흐름이 허공(虛空)과 물을 <u>여의었다면</u>, 허공(虛空)은 밖이 없으니 허공을 벗어날 수가 없고, 물 밖에는 흐름이 없으니 물을 여읠 수도 없다.

[阿難！如是流性，不因空生，不因水有，亦非水性，非離空水。如是，阿難！若因空生，則諸十方無盡虛空成無盡流，世界自然俱受淪溺。若因水有，則此暴流性應非水，有所有相，今應現在。若卽水性，則澄淸時應非水體。若離空水，空非有外水外無流。]

《풀이》 상식적으로 폭류(瀑流)의 <u>흐름</u>인 유성(流性)이 나타날 수 있는 경우는 네 가지가 있다고 설명한다. 즉, 유성(流性)이 <u>허공(虛空)</u>을 원인(原因)으로 하는 것, 유성(流性)이 <u>물</u>을 원인(原因)으로 하는 것, 유성(流性)이 <u>물의</u> 성질인 것, 유성(流

性)이 허공(虛空)과 물을 떠난 것, 이렇게 네 가지 경우가 있다
고 말한다.

그중에 '물을 원인(原因)으로 하여, 유성(流性)이 있는 것이
라면, 이 폭류(瀑流)의 유성(流性)은 당연히 물이 아니다(則此瀑
流性應非水). 또 능유(能有)와 소유(所有)의 모습이 따로 있어야
할 것이다.(有所有相 今應現在)'는 구절을 살펴보자. 이른바 인
연(因緣)이라는 용어는 결과(結果)와 상대하므로, **유성(流性)**의
원인(原因)이 **물**이라고 말한다면, **물**과 **유성**은 당연히 서로 다른
존재(存在)이어야 된다. 그러나 지금 폭류(瀑流)를 떠나서 물이
따로 존재하거나, 물을 떠나서 폭류(瀑流)가 별도로 존재하는 것
은 아니므로, 물과 폭류는 불이(不二)의 관계이다. 따라서, '물을
원인(原因)인 능유(能有)로, 폭류(瀑流)를 결과(結果)인 소유(所
有)로 구별된다'고 말할 수도 없다.

또 '만일 흐름을 물의 성질(性質)이라고 본다면', 물은 흐르기
도 하고 정지(停止)하기도 하는데, 유성(流性)이 수성(水性)이라
면, 고요하게 정지(靜止)한 물은 유성(流性)이 없으니 물이 아니
라고 하여야 할 것이다. 결과적으로 유성(流性)은 수성(水性)이
아니다.

[경(經)] 그러므로 마땅히 알아라. 행음(行陰)인 흐름이 허망(虛
妄)하여, 본래 인연(因緣)도 아니고 자연(自然)도 아니다.
[是故當知, 行陰虛妄, 本非因緣, 非自然性]
<small>시 고 당 지   행 음 허 망   본 비 인 연   비 자 연 성</small>

《풀이》 폭류(瀑流)라는 현상(現象)은 있다. 그것이 물과 허공

과 수성(水性)을 인연으로 하여 생기지만, 그것의 정체(正體)를 꼭 집어서 설명할 수가 없다. 그러하니 폭류(瀑流)현상의 실상(實相)은 허망(虛妄)하다는 이야기다. 허망하니 인연(因緣)이나 자연(自然)으로 설명할 수가 없고, 본래 여래장(如來藏)인 묘한 진여성(眞如性)이라고 말할 수밖에 없다.

(5) 식음(識陰)은 허망하다

[경(經)] 아난(阿難)아! 어떤 사람이 병(甁) 안에 허공(虛空)을 가득히 담고 병마개로 두 구멍을 막아서 천리(千里)나 떨어진 타국 먼 곳에 가서 사용한다면, 식음(識陰)인 알이도 그와 같은 줄 알아라.

[阿難！譬如有人取頻伽甁，塞其兩孔，滿中擎空，千里遠行，用餉他國；識陰，當知，亦復如是。]

《풀이》 몸이라는 육신(肉身)으로 대상을 느끼고 생각하고 행동하는 주체인 심식(心識)을 식음(識陰) 또는 식온(識蘊)이라고 한다. 모든 정신작용의 주체가 식음(識陰)이다. <능엄경>에는 제7식인 마나스식(識)과 제8식인 아뢰야식(識)이라는 단어가 없으므로 식음(識陰)의 범위가 문제가 될 수 있는데, 통설(通說)은 제6식·제7식·제8식을 총칭(總稱)하여 식음(識陰)이라고 해석한다.

　　이 구절에 대하여, 감산(憨山)덕청(德淸)대사는 "병(甁)은 중음신(中陰身)에 비유하고, 허공(虛空)은 식(識)에 비유하고, 두 구멍은 견(見)과 문(聞)에 비유하고, 구멍을 막은 것은 사람의 죽음에 비유하고, 타국 먼 곳은 업(業)에 끌려감에 비유하였다"고 풀이하신다.

[경(經)] 아난(阿難)아! 이 병(瓶) 안의 허공(虛空)이, 저곳에서 온 것도 아니며, 이곳에서 들어간 것도 아니다.

아난(阿難)아! 만일 <u>저곳에서</u> 왔다면, 병(瓶) 안에 허공을 담아 가지고 갔으므로 본래 병이 있던 저곳에는 허공이 조금 적어졌어야 할 것이다.

만일 <u>이곳에서</u> 허공이 병(瓶) 안에 들어갔다면, 마개를 열고 병을 기우릴 적에는 허공이 나오는 것이 응당 보여야 할 것이다.

그러므로 마땅히 알아라. 식음(識陰)인 <u>알이</u>가 허망(虛妄)하여, 본래 인연(因緣)도 아니고, 자연(自然)도 아니다.

[阿難！如是虛空，非彼方來，非此方入。如是，阿難！若彼方來，則本瓶中旣貯空去，於本瓶地，應少虛空。若此方入，開孔倒瓶應見空出。是故當知，識陰虛妄，本非因緣，非自然性]

《풀이》 식음(識陰)은 모습이 없으니 체성(體性)을 논하기가 어렵기에, 여기에서는 병(瓶)의 이동(移動)으로 후생(後生)에 몸을 받는 것을 설명하고 있다. 비록 다음 생으로 윤회하더라도 식음(識陰)은 이동하지 않아서 거래(去來)가 없다는 것을 강조하신 비유(譬喻)법문이다. 그래서 <u>감산</u>대사는 "이곳 허공(虛空)이 저곳으로 가지 않는 것은, 심식(心識)이 본래 거래(去來)가 없음을 비유하였다"고 설명한다.

　이상(以上)으로 오음(五陰)인 내 몸과 마음이 "허망(虛妄)하여, 출처(出處)를 찾아보면 본래 인연(因緣)도 아니고, 자연(自然)도 아니다" 하는 설명이 끝났다. 그렇게 오음(五陰)이 허망(虛妄)하여 무아(無我)인데도, 나의 견문각지(見聞覺知)하는 작용이 눈앞에서 벌어지고 있는 것은 어떤 사연인가? 견문각지(見聞覺知)하는 현상(現狀)을 인정한다면 견문각지(見聞覺知)하는 주체(主體)의 존부(存否)가 문제된다. 그래서 이렇게 '인연도 아니고 자연도 아닌 허망(虛妄)한 것'이라고 모습인 사상(事相)을 설명하시면서, 동시에 그 성리(性理)는 '묘한 진여성(眞如性)인 여래장(如來藏)'이라고 서두(序頭)에서 미리 선언하셨던 것이다. 그러면 묘진여성(妙眞如性)이란 어떤 물건인가?

[능엄경. 제삼권(第三卷)]

제3절 육입(六入)의 정체를 밝히다

[경(經)] 또 아난(阿難)아! 어찌하여 육입(六入)인 눈·귀·코·혀·몸·뜻이 본래 여래장(如來藏)인 묘진여성(妙眞如性)이냐?

[復次, 阿難! 云何六入, 本如來藏, 妙眞如性]
　　부차　아난　운하육입　　본여래장　　묘진여성

《풀이》 육입(六入)은 안입(眼入)·이입(耳入)·비입(鼻入)·설입(舌入)·신입(身入)·의입(意入)을 말한다. 여기서 입(入)은 '경계

(境界)인 육진(六塵)을 받아들인다'는 뜻이다. 흔히 **육근(六根)**이라고도 하는데, 이때 **근(根)**은 받아들이는 능력(能力)이란 뜻이다. 그런데 육입(六入)이 원래는 '여래장(如來藏) 묘진여성(妙眞如性)'이라고 선언하고 있다. 육입(六入)의 정체(正體)에 대한 총설(總說)이다. 즉 육입(六入)의 진상(眞相)은 여래장(如來藏)이어서, 정체(正體)가 묘(妙)한 진여성(眞如性)이라고 설명하고 있다.

지금부터 나오는 육입(六入) 법문(法門)의 내용을 자세히 살펴보면, 감각기관인 육근(六根) 육입(六入)의 정체(正體)에 대한 설명이라기보다는, "시각(視覺)현상이나 청각(聽覺)현상을 감지(感知)하는" 이른바 견문각지(見聞覺知)의 주인공을 설명(說明)한 것 같다. 즉, 견문각지(見聞覺知)라는 작용이 있을 때에, '그 주체(主體)의 실상(實相)이 무엇인지?' 구체적으로 찾아보는 법문(法門)이다.

불교에서 인식(認識)현상을 "육근(六根)과 육진(六塵)이 상대(相對)하면 육식(六識)이 생긴다"고 설명한다. 대상인 육진(六塵)경계와 대응(對應)하는 지(智)인 <u>육입(六入)</u>의 진상(眞相)을 분명하게 밝혀주는 법문이다.

(1) 안입(眼入)은 허망하다

[경(經)] 아난(阿難)아! 사람이 눈을 부릅뜨고 눈동자를 움직이지 않고 계속 앞만 바라보고 있으면, 눈이 피로(疲勞)해지면서 헛꽃이 눈에 보이는데, 저 <u>눈</u>과 <u>피로</u>가 모두 각명(覺明)인 보리(菩提)

가 징(瞪)하여서 노(勞)를 나툰 모습인 징발로상(瞪發勞相)이다.

[阿難！卽彼目精, 瞪發勞者, 兼目與勞, 同是菩提瞪發勞相,]

《풀이》 지금부터 육입(六入)이 본래 여래장(如來藏)임을 밝히시는 각설(各說)이 시작된다. 먼저 '저 눈과 노(勞)가 모두 보리(菩提)의 징발로상(瞪發勞相)이다'는 구절의 해석이 어렵다. 우리가 인식하는 각종(各種)의 현상이 있으면 반드시 그것을 인식하는 주체(主體)와 대상(對象)이 동시(同時)에 존재한다. 시각(視覺)현상에서는 눈이 주체이고, 빛깔은 눈의 대상인 객체인데, 이렇게 눈과 빛깔이 있어야 그곳에서 안식(眼識)이 생긴다. 그런데 세존께서 지금 주체인 눈과 대상인 빛깔이 모두 보리(菩提)의 징발로상(瞪發勞相)이라고 설명한다. 보리(菩提)는 본래 각명(覺明)의 뜻인데, 진심(眞心)이 무명(無明) 때문에 식정원명(識精元明)이 되어서 견문각지(見聞覺知)하는 육종(六種)의 현상(現象)을 전변(轉變)하므로, 이것을 보리(菩提)의 징발로상(瞪發勞相)이라고 표현하고 있다. 그런데 여기서 '눈'과 '노(勞)'가 상대(相待)하여 이른바 시각현상을 일으키는 것이 보리(菩提)의 징발로상(瞪發勞相)이라고 하니, 보는 주체와 보이는 대상이 모두 식정원명(識精元明)이 전변(轉變)하여 나타난 '징발로상'(瞪發勞相)이라는 뜻이다.

'식정원명(識精元明)이 피로하여 주체와 대상으로 벌어지는 시각현상을 나툰다'는 뜻이니, 대상인 색진(色塵)뿐만 아니라, 시각현상의 주체인 눈까지도 식정(識精)의 전변(轉變)이라는 설명이다. 그 내용에 대해서는 앞에 나온 이종근본(二種根本)법문에서 이미 '식정원명(識精元明)이 능히 모든 인연을 나툰다'는 설명이 있었으니 새삼스러울 것이 없다.

[경(經)] 명(明)과 암(暗)의 두 가지 허망한 색진(色塵)으로 인하여 '견(見)'을 나투는데, 그 가운데 있으면서 명암(明暗)인 진상(塵象)을 받아들이는 것을 '보는 성품'인 견성(見性)이라고 부른다. 이 '견(見)'이 명(明)과 암(暗)의 두 가지 망진(妄塵)을 여의고는 필경(畢竟)에 자체(自體)가 없다.

[因于明暗二種妄塵, 發見居中吸此塵象, 名爲見性, 此見, 離彼明暗二塵, 必竟無體。]

《풀이》 안근(眼根)과 색진(色塵)이 서로 상대(相待)병존(竝存)하는 관계임을 이야기하고 있다. 안근(眼根)이 색진(色塵)과 반연(攀緣)하면서 이른바 안식(眼識)이 생기는데, **시각(視覺)현상**은 근진식(根塵識)을 모두 포괄하는 의미다. 시각현상을 인식(認識)하는 것을 우리는 '본다'고 말하는데, 그 때에 '보는 놈'의 존재(存在)를 당연히 인정하고 있다. 변견지심(辯見指心)법문에서는 이 시각(視覺)현상인 근진식(根塵識)에서, 보는 주체(主體)를 **견정(見精)**이라고 불렀었다. 그러나 지금 시각(視覺)현상을 인식하는데, 그 가운데 있으면서 명암(明暗)인 진상(塵象)을 받아들이는 것을 '보는 성품'인 견성(見性)이라고 하면서, 다음 문단에서는 이 견성(見性)을 견정(見精)이란 단어와 혼용(混用)하고 있다.

지금은 시각현상에서 주체인 안입(眼入)을 설명하면서, 대상을 명암(明暗)이라 하고, '견(見)'이 명(明)과 암(暗) 두 가지 망진(妄塵)을 여의고는 필경(畢竟)에 자체(自體)가 없다고 설명한다. 주객(主客)이 인연하여야만 비로소 시각(視覺)현상을 이룬다는 뜻이다. 주체로 안근(眼根)인 눈이 등장하는 것은 당연하다.

[경(經)] 아난(阿難)아! 마땅히 알아라. 이 견(見)은, 본래 명암(明暗)의 빛깔에서 오는 것도 아니며, 안근(眼根)에서 나오는 것도 아니며, 허공(虛空)에서 생기는 것도 아니다.

왜냐하면 견(見)이 명(明)에서 왔다면, 반대로 암(暗)하면 견(見)이 저절로 없어져서 암(暗)을 보지 못할 것이다.

만일 견(見)이 암(暗)에서 왔다면, 반대로 명(明)하면 견(見)이 따라서 없어져서 명(明)을 볼 수 없어야만 한다.

만일 견(見)이 안근(眼根)에서 났다면, 반드시 명(明)과 암(暗)이 없으리니, 이와 같은 견정(見精)이 본래 자성(自性)이 없을 것이다.

만일 견(見)이 허공(虛空)에서 생긴다면, 앞으로 진상(塵象)을 보았으니, 돌아올 적에는 마땅히 눈을 보아야 할 것이다. 또 허공이 본 것이니, 너의 눈하고 무슨 관계가 있겠느냐?

[如是, 阿難! 當知是見, 非明暗來, 非於根出, 不於空生。何以故, 若從明來, 暗卽隨滅, 應非見暗。若從暗來, 明卽隨滅, 應無見明。
若從根生, 必無明暗, 如是見精, 本無自性。
若於空出, 前矚塵象歸當見根 ; 又空自觀, 何關汝入]

《풀이》 여기에서 세존은 시각현상의 인식(認識)을 견(見)이라고 표현한다. 지금 시각현상의 인식(認識)인 견(見)을 색진(色塵)과 안근(眼根)과 허공(虛空) 세 곳에서 찾고 있다.

"만일 견(見)이 <u>안근(眼根)에서</u> 났다면, 반드시 명(明)과 암(暗)이 없으리니, 이와 같이 <u>견정(見精)이</u> 본래 자성(自性)이 없다." 는 구절(句節)의 해석에서, '<u>견정(見精)이</u> 본래 자성(自性)이 없다'는 뜻은 시각(視覺)의 주체(主體)를 인정할 수가 없다는 말이다.

따라서 이 문단(文段)의 제목(題目)은 **안입(眼入)**의 실상(實相)이라고 부르고 있으나, 실제 내용은 시각(視覺)현상의 인식인 견(見)의 구성요소(構成要素)를 검토하면서 견(見)의 진상(眞相)을 설명하고 있음을 알 수 있다.

[경(經)] 그러므로 마땅히 알아라. 안입(眼入)이 허망(虛妄)하여, 본래 인연(因緣)도 아니고 자연(自然)도 아니다.

[是故當知, 眼入虛妄, 本非因緣, 非自然性。]

《풀이》 이 문단은 안입(眼入)의 정체를 밝히는 법문이라고 적혀있으나, 앞에서 보았듯이 사실은 시각현상을 인식하는 견(見)이 논리적으로 성립(成立)될 수가 없다는 것을 설명하고 있다. 따라서 주체인 안입(眼入)과 대상인 명암(明暗)과 배경인 허공을 두루 살펴보아도 시각현상이 성립되는 인과관계를 찾지 못했다. 주체와 대상이 존재하는 것 같으나 단독(單獨)으로는 시각현상이 성립되지 않는다. 시각현상과 견성(見性)이라는 것이 사실은 모두 다 허망(虛妄)한 것이었다. 따라서 시각현상을 두고,

불교와 여래장

그것이 인연(因緣)인가 자연(自然)인가 출처(出處)를 찾을 필요가 없다는 결론이다.

여기에서 세 가지 인연(因緣)이 각기 단독(單獨)으로는 시각현상을 만들지 못하지만, 서로 동시에 상대(相待)하면서 공동(共同)으로 시각현상을 조성한다는 주장이 나올 수가 있다.

즉, 시각현상(視覺現象)에서 주체와 대상에 각각 자성(自性)이란 것이 있다면, 시각현상이 성립될 수가 없다는 이야기다. <중론>도 <능엄경>과 같은 설명을 하고 있지만, <중론>은 파사(破邪)만 강조하고 현정(顯正)하는 설명이 없다. 그러나 <능엄경>은 "안입(眼入)이 허망(虛妄)하다"고 파사(破邪)하면서, 동시에 "육입(六入)인 눈·귀·코·혀·몸·뜻이 본래 여래장(如來藏)인 묘진여성(妙眞如性)이다"라고 하여 현정(顯正)도 강조하고 있어서, 파사현정(破邪顯正)이 제대로 갖추어졌다.

(2) 이입(耳入)은 허망하다

[경(經)] 아난(阿難)아! 어떤 사람이 두 손가락으로 갑자기 귀를 막으면, 이근(耳根)이 피로하여 머릿속에서 소리가 나는데, 저 귀와 피로가 모두 보리(菩提)의 징발로상(瞪發勞相)이다.
[阿難！譬如有人, 以兩手指, 急塞其耳, 耳根勞故, 頭中作聲, 兼耳與勞, 同是菩提瞪發勞相,]

《풀이》 여기서 노증(勞證)은 성진(聲塵)이 들리는 청각(聽覺)

현상을 가리킨다. 주체인 귀는 이근(耳根)이고, 객체인 소리는 성진(聲塵)인데, 듣는 이식(耳識)이 그 가운데서 일어난다. 지금 청각현상이 식정원명(識精元明)에서 일어난다고 설명하고 있다.

[경(經)] 동(動)하고 정(靜)하는 두 가지 허망한 성진(聲塵)을 인하여 '듣는 문(聞)'을 나투는데, 그 가운데 있으면서 '소리'라는 진상(塵象)을 받아들이는 것을 듣는 성품인 '청문성(聽聞性)'이라 하거니와, 이 '문(聞)'이 동(動)과 정(靜)의 이진(二塵)을 여의고는 필경(畢竟)에 자체가 없다.

[因于動靜二種妄塵, 發聞居中吸此塵象, 名聽聞性, 此聞, 離彼動靜二塵, 必竟無體]

《풀이》 제목(題目)상으로는 이입(耳入)이 주제인 것 같으나, 내용은 청각(聽覺)현상을 인식하는 **문성(聞性)**을 설명하고 있다. 여기서 청문성(聽聞性)이란 단어는 문성(聞性) 또는 문체(聞體)를 가리키고 있다.

눈과 귀는 우리가 가장 신뢰하는 감각기관이다. 부처님은 이 경(經)에서 견문각지(見聞覺知)하는 육근(六根) 중에서 보고 듣는 안근(眼根)과 이근(耳根)을 설법의 방편으로 사용한다. 먼저 진심(眞心)을 설명할 적에는 안근(眼根)을 활용하였는데, 다음에 '삼매'(三昧)를 닦는 수행을 설명할 때는 이근(耳根)을 통한 원통 공부를 장려한다.

[경(經)] 그러하니 '아난(阿難)아! 마땅히 알아라. 이 문(聞)이, 본

래 동(動)이나 정(靜)에서 오는 것도 아니며, 근(根)에서 오는 것
도 아니며, 허공(虛空)에서 생기는 것도 아니다.

왜냐하면 만일 문(聞)이 정(靜)에서 왔다면, 반대로 동(動)하면
따라서 멸(滅)할 것이니, 동(動)을 듣지 못해야 한다.

만일 문(聞)이 동(動)에서 왔다면, 반대로 정(靜)하면 따라서 멸
(滅)할 것이니 정(靜)함을 깨닫지 못하리라.

만일 문(聞)이 이근(耳根)에서 났다면, 반드시 동(動)과 정(靜)이
없으리니, 그렇다면 문체(聞体)가 본래 자성(自性)이 없을 것이다.

만일 문(聞)이 허공(虛空)에서 생긴다면 '들음'이 있어 성(性)이
되었으므로 허공이 아닐 것이며, 또 허공(虛空)이 제가 듣는 것
이니 너의 이입(耳入)과 무슨 관계가 있겠느냐?

그러므로 마땅히 알아라. 이입(耳入)이 허망(虛妄)하여, 본래 인
연(因緣)도 아니고, 자연(自然)도 아니다.

[如是, 阿難! 當知是聞, 非動靜來, 非於根出, 不於空
生。何以故, 若從靜來, 動卽隨滅, 應非聞動。若從動
來, 靜卽隨滅, 應無覺靜。若從根生, 必無動靜。如是聞
體, 本無自性。若於空出, 有聞性成卽非虛空；又空自
聞, 何關汝入。是故當知, 耳入虛妄, 本非因緣, 非自然
性]

《풀이》 여기서 청각(聽覺)현상을 문(聞)이라 부르면서, 그 성
립요건들을 동정(動靜)과 이근(耳根)과 허공에서 찾아보고 있다.
동물이라면 청각현상을 누구나 경험하지만, 정작 후문(嗅聞)하
는 문성(聞性)은 찾아볼 수가 없다는 말이다.

(3) 비입(鼻入)은 허망하다

[경(經)] 아난(阿難)아! 어떤 사람이 코를 급히 눌러서 누른 것이 오래되면 피로(疲勞)하게 되어 코에서 냉촉(冷觸)이 있기도 하고, 이것을 인(因)하여 통(通)하고 색(塞)하고 허(虛)하고 실(實)함과 내지 여러 가지 향기(香氣)와 냄새를 맡는데, 저 코와 피로(疲勞)가 모두 보리(菩提)의 징발로상(瞪發勞相)이다.

[阿難！譬^如如^{유인}有人, 急^{축기비}畜其鼻, 畜^{축구성로}久成勞, 則^{즉어비중문유}於鼻中聞有冷^{랭촉}觸, 因^{인촉분별통색허실}觸分別通塞虛實, 如^{여시내지제향취기}是乃至諸香臭氣, 兼^{겸비여}鼻與勞^로, 同^{동시보리징발로상}是菩提瞪發勞相,]

《풀이》 여기서 말하는 노증(勞證)은 향진(香塵)이 풍겨나는 후각(嗅覺)현상을 가리킨다. 능후(能嗅)는 비입(鼻入)이고 소후(所嗅)는 향기(香氣)·냉촉(冷觸)들이다. 코를 누르면 생기는 후각현상도 보리(菩提)의 징발로상(瞪發勞相)이니, 즉 식정원명(識精元明)에서 나툰 것이라는 설명이다.

[경(經)] 통(通)하고, 색(塞)하는 두 가지의 허망한 향진(香塵)을 인하여 '냄새를 맡는 후문(齅聞)'을 나투는데, 그 가운데 있으면서, 이 진상(塵象)을 받아들이는 것을 냄새 맡는 후문성(齅聞性)이라 부르거니와, 이 '후문(齅聞)'이 통(通)과 색(塞)의 두 가지 망진(妄塵)을 여의고는 필경에 자체(自體)가 없다.

[因^{인우통색이종망진}于通塞二種妄塵, 發^{발문거중흡차진상}聞居中吸此塵象, 名^{명후문성}嗅聞性, 此^차聞^문, 離^{이피통색이진}彼通塞二塵, 必^{필경무체}竟無體]

《풀이》 여기에서도 비입(鼻入)이 주제(主題)가 아니고 후각(嗅覺)현상을 알아차리는 후성(嗅性)이 주제이다. 여기서는 냄새를 알아차리는 후정(嗅精)을 '후문성(齅聞性)'이라고 부르고 있다.

[경(經)] 마땅히 알아라. 이 후문(齅聞)이, 본래 통(通)이나 색(塞)에서 오는 것도 아니며, 근(根)에서 나온 것도 아니며, 허공(虛空)에서 생기는 것도 아니다.

왜냐하면, 만일 후문(齅聞)이 통(通)에서 왔다면, 색(塞)하면 후문(齅聞)이 없어질 것이니 어떻게 색(塞)을 알겠느냐.

또 후문(齅聞)이 색(塞)을 인(因)하여 있다면, 통(通)하면 후문(齅聞)이 없어질 것인데 어떻게 향기와 냄새의 후촉(齅觸)을 알겠느냐?

만일 후문(齅聞)이 근(根)에서 났다면, 반드시 통(通)과 색(塞)이 없으리니, 그렇다면 후문(齅聞)이 본래 자성(自性)이 없을 것이다.

만일 후문(齅聞)이 허공(虛空)에서 생겼다면, 이 후문(齅聞)이 네 '코 냄새'를 맡아야 할 것이다. 또 허공이 스스로 냄새를 맡는 것이니, 너의 비입(鼻入)과 무슨 관계가 있겠느냐?

그러므로 마땅히 알아라. 비입(鼻入)이 허망(虛妄)하여, 본래 인연(因緣)도 아니고 자연(自然)도 아니다.

[當知是聞, 非通塞來, 非於根出, 不於空生。何以故, 若從通來, 塞自隨滅, 云何知塞, 如因塞有, 通則無聞, 云何發明香臭等觸, 若從根生, 必無通塞。如是聞體, 本無自性。若從空出, 是聞自當迴嗅汝鼻, 空自有聞, 何關汝入。是故當知, 鼻入虛妄, 本非因緣, 非自然性。]

《풀이》 후각(嗅覺)현상의 출처를 주체인 비입(鼻入)과 대상인 통색(通塞)과 그리고 텅 빈 허공에서 찾아보고 있다. 다른 감각(感覺)현상과 같이 후각(嗅覺)현상의 주체인 비입(鼻入)이라는 것도 자성(自性)이 없어 허망(虛妄)하다. 허망하니 허공꽃과 같아서 그 출처를 찾을 필요가 없다. 허망(虛妄)한 환화상이다. 그러하니 인연과 자연으로 밝히는 것은 모두 희론(戲論)일 뿐이다. 그렇다면 그 환화상의 출처(出處)는 어디냐? 여래장(如來藏)인 묘진여성(妙眞如性)이 그 출처다.

(4) 설입(舌入)은 허망하다

[경(經)] 아난(阿難)아! 어떤 사람이 혀로 입술을 핥다가 오랫동안 빨면 혀가 피로(疲勞)해지는데, 그 사람이 병(病)이 있으면 쓴 맛이 나고, 병(病)이 없으면 달콤한 맛이 있을 것이다. 이 쓰고 단 맛으로 말미암아, 혀가 동(動)하지 않을 적에는 싱거운 맛이 항상 있음을 알게 하는데, 저 혀와 피로(疲勞)가 모두 보리(菩提)의 징발로상(瞪發勞相)이다.

[阿難！譬如有人，以舌舐吻熟舐令勞，其人若病則有苦味，無病之人微有甛觸，由甛與苦，顯此舌根，不動之時淡性常在。兼舌與勞，同是菩提瞪發勞相]

《풀이》 입맛이란 것을 알아차리는 현상을 보리(菩提)인 각명(覺明)이 미각(味覺)현상을 나툰 것이라고 설명한다. 즉 식정원명(識精元明)의 전변(轉變)에서 미각현상이 나온다는 뜻이다.

[경(經)] 달고 쓴 유미(有味)와 싱거운 무미(無味)라는 두 가지의 허망한 미진(味塵)을 인(因)하여 '맛보고 아는 지미(知味: 미각味覺)'를 나투는데, 그 가운데 있으면서 '맛'이라는 진상(塵象)을 받아들이는 것을 맛보고 아는 '지미성(知味性)'이라고 부른다. 이 맛을 아는 '지미성(知味性)'이 달고 쓴 유미(有味)와 싱거운 무미(無味)라는 두 가지 미진(味塵)을 여의고는 필경에 그 자체가 없다.

[因甛苦淡二種妄塵, 發知居中吸此塵象, 名知味性, 此知味性, 離彼甛苦及淡二塵, 必竟無體。]

《풀이》 여기에서도 설입(舌入)이 법문의 주제(主題)가 아니고, 미각(味覺)현상을 알아차리는 상성(嘗性)이 주제이다. 여기서는 상성(嘗性)을 '지미성(知味性)'이라고 표현하였다. 각종(各種)의 현상이 있으면 반드시 그것을 인식하는 주체와 대상이 존재하고, 거기에서 인식(認識)이 일어난다. 그러나 제법(諸法)은 모두 연생(緣生)이므로 자성(自性)이 없어서 무아(無我)다. 제법무아(諸法無我)이므로 무체(無體)라고 한다.

[경(經)] 이러하니라. 아난(阿難)아! 그러므로 마땅히 알아라. 이 달고 쓴 유미(有味)와 싱거운 무미(無味)를 아는 지미(知味)가, 본래 달고 쓴 것에서 나오는 것도 아니며, 싱거운 것을 인(因)하여 있는 것도 아니며, 설근(舌根)에서 나는 것도 아니며, 허공에

서 생기는 것도 아니다.

왜냐하면, 만일 지미(知味)가 달고 쓴 맛에서 왔다면, 싱거울 적에는 지(知)가 멸(滅)할 것이니, 어떻게 싱거운 것을 알겠는가.

지미(知味)가 싱거운 담(淡)으로부터 왔다면, 달거나 쓰면 지(知)가 없어질 것인데 어떻게 달고 쓴 맛을 알겠느냐?

만일 지미(知味)가 설근(舌根)에서 났다면, 반드시 달고 쓴 유미(有味)와 싱거운 무미(無味)인 두 미진(味塵)이 없으리니, 이 맛을 아는 설근이 본래 자성(自性)이 없을 것이다.

만일 지미(知味)가 허공(虛空)에서 생긴다면, 허공이 스스로 맛을 볼 것이니 네 입으로 알 것이 아니다. 또 허공이 스스로 아는 것이니 너와 무슨 관계가 있겠는가?

그러므로 마땅히 알아라. 설입(舌入)이 허망(虛妄)하여, 본래 인연(因緣)도 아니고 자연(自然)도 아니다.

[如是, 阿難! 當知如是嘗苦淡知, 非甛苦來, 非因淡有, 又非根出, 不於空生。何以故, 若甛苦來, 淡卽知滅, 云何知淡, 若從淡出, 甛卽知亡, 復云何知甛苦二相, 若從舌生, 必無甛淡及與苦塵。斯知味根, 本無自性。若於空出, 虛空自味非汝口知, 又空自知, 何關汝入。是故當知, 舌入虛妄, 本非因緣, 非自然性]

《풀이》 상성(嘗性)의 출처를 찾았으나, 미각(味覺)현상에서 주체(主體)와 대상(對象)에서 상성(嘗性)을 찾아내지 못했다. 따라서 상성(嘗性)은 자성(自性)이 없고, 자성이 없으니 출처를 인연과 자연에서 찾지 못하는 것이 당연하다.

(5) 신입(身入)은 허망하다

[경(經)] 아난(阿難)아! 어떤 사람이 찬 손으로 더운 손을 만질 경우에, 찬 세력(勢力)이 많으면 더운 손이 차가워지고, 더운 기운이 많으면 찬 손이 더워진다. 이때에 두 손을 붙이면서 느끼는 합각(合覺)의 촉감은 두 손을 떼어도 촉감을 알게 되는데, 붙이어서 건너가는 세력(勢力)이 생기는 것은 피로한 촉(觸)을 인(因)함이다. 저 몸과 피로(疲勞)가 모두 보리(菩提)의 징발로상(瞪發勞相)이다.

[阿難！譬如有人，以一冷手觸於熱手，若冷勢多，熱者從冷，若熱功勝，冷者成熱。如是以此合覺之觸，顯於離知，涉勢若成因于勞觸。兼身與勞，同是菩提瞪發勞相]

《풀이》 신체의 접촉으로 생기는 촉각(觸覺)현상에서, 냉난(冷煖)의 촉감(觸感)이 두 손에서 일어나는 것이 보리(菩提)의 징발로상(瞪發勞相)이라고 설명하고 있다.

[경(經)] 떼고 붙이는 이종(二種)의 망진(妄塵)을 인(因)하여 '느끼는 촉각(觸覺)'을 나투는데, 그 가운데 있으면서, 이 진상(塵象)을 받아들이는 것을 '지각성(知覺性)'이라고 하거니와, 이 촉각(觸覺)의 체(体)가 이합(離合)하는 괴롭고 즐거운 위순(違順)의 이진(二塵)을 여의고는 필경에 자체(自體)가 없다.

[因于離合二種妄塵，發覺居中吸此塵象，名知覺性。此知覺體，離彼離合違順二塵，必竟無體]

《풀이》 여기에서도 촉입(觸入)이 법문의 주제(主題)가 아니고, 촉각(觸覺)현상을 알아차리는 촉각성(觸覺性)인 촉성(觸性)이 주제이다. 여기서는 지각성(知覺性)이라고 지칭하는데, 각(覺)은 원래 견문각지(見聞覺知)에 등장하는 각(覺)으로 후각(嗅覺)·미각(味覺)·촉각(觸覺)을 총칭한다. 따라서 여기서는 촉각(觸覺)이라고 번역해야 옳다. 다음에 나오는 지성(知性)을 각지성(覺知性)이라고 번역한 것도 어색하기는 매한가지다.

[경(經)] 그러므로 아난(阿難)아! 마땅히 알아라. 이 촉각(觸覺)이 이(離)나 합(合)에서 나오는 것도 아니며, 괴로운 위(違)나 즐거운 순(順)으로 있는 것도 아니며, 신근(身根)에서 나는 것도 아니며, 허공에서 생기는 것도 아니다.

왜냐하면, 만일 촉각(觸覺)이 합(合)할 때에 온다면, 이(離)할 적에는 멸(滅)할 것이니 어떻게 이(離)함을 알겠는가? 괴롭고 즐거운 감촉(感觸)인 위(違)와 순(順)의 두 가지 모습도 역시 그러하니라.

만일 촉각(觸覺)이 신근(身根)에서 왔다면, 반드시 이(離)와 합(合)과 위(違)와 순(順)의 네 가지 모습이 없으리니, 너의 몸으로 촉각(觸覺)하는 것이 원래 자성(自性)이 없다.

만일 촉각(觸覺)이 허공(虛空)에서 생긴다면 허공이 스스로 촉각(觸覺)할 것이니, 너의 신입(身入)과 무슨 관계가 있겠는가?

그러므로 마땅히 알아라. 신입(身入)이 허망(虛妄)하여, 본래 인연(因緣)도 아니고 자연(自然)도 아니다.

[如是, 阿難！當知是覺, 非離合來, 非違順有, 不於根

出, 又非空生。何以故, 若合時來, 離當已滅, 云何覺
離, 違順二相, 亦復如是。若從根出, 必無離合違順四
相。則汝身知, 元無自性。必於空出, 空自知覺, 何關汝
入。是故當知, 身入虛妄, 本非因緣, 非自然性]

《풀이》 피부가 접촉하여 생기는 촉각(觸覺)현상이 출처가 없
고, 그것을 인식하는 촉성(觸性)도 출처를 알 수가 없다.

(6) 의입(意入)은 허망하다

[경(經)] 아난(阿難)아! 어떤 사람이 피로하면 잠을 자고, 잠자고
나면 깨어나며, 육진(六塵)을 보고는 기억(記憶)하고, 기억을 상
실하면 잊어버리니, 이것이 뒤바뀐 생주이멸(生住異滅)이다. 받
아들이고 익히는 그 가운데 돌아가서 서로 추월하거나 넘어가지
아니하는 것을 의지근(意知根)이라 하나니, 이 의지근(意知根)
과 피로(疲勞)가 모두 보리(菩提)의 징발로상(瞪發勞相)이다.
[阿難! 譬如有人, 勞倦則眠, 睡熟便寤, 覽塵斯憶, 失
憶爲妄, 是其顛倒生住異滅。吸習中歸不相踰越, 稱意知
根。兼意與勞, 同是菩提瞪發勞相]

《풀이》 의근(意根)인 의지근(意知根)이 잠자고, 깨어나고, 기
억(記憶)하고, 망각(忘却)하는 것이 알음알이의 생주이멸(生住
異滅)작용이다. 앞서 등장한 오근(五根)의 인식을 총정리하고 저

장하면서, 필요한 경우에는 그 정보를 취사하여 활용하는 것이 의근(意根)의 성능이다. 육근(六根) 중에서 중추적인 작용을 하므로 심왕(心王)이라고 부르기도 한다.

그의 특성은 서로 추월하거나 넘어가지 아니하는 성질이라고 설명한다. 앞생각이 끝나야 뒷생각이 일어날 수가 있다는 이야기다. 다른 기관(器官)은 동시(同時)에 두 가지 이상을 처리하지만, 알음알이는 그렇지 않다. 한 가지 생각만 일어나지 동시에 두 가지 생각이 작동할 수 없는 특성이 있다.

[경(經)] 생(生)하고 멸(滅)하는 두 가지 망진(妄塵)을 인(因)하여 지(知)를 모아서 의근(意根) 가운데 있으면서 내진(內塵)을 흡수하여서, 현재(現在)에 견문(見聞)하기도 하고 또 과거(過去)에 소급하거나 미래(未來)를 상상하여 흘러가는 것을 '각지성(覺知性)'이라 한다.

이 각지성(覺知性)이 오(寤)와 매(寐), 생(生)과 멸(滅)의 이진(二塵)을 여의고는 필경에 자체(自體)가 없다.

[因于生滅二種妄塵, 集知居中吸撮內塵, 見聞逆流, 流不及地, 明覺知性。此覺知性, 離彼寤寐生滅二塵, 必竟無體。]

《풀이》 앞에서 언급했듯이, 이 법문들은 오근(五根)에 대한 설명이라기보다는, 오진(五塵)을 견문각지(見聞覺知)하는 견성(見性)·문성(聞性)·후성(嗅性)·상성(嘗性)·촉성(觸性)이 주제(主題)로 등장했다. 그런데 의근(意根)은 외진(外塵)을 대상으로 오근

(五根)이 인식한 각종 현상(現象)과 내진(內塵)인 모든 생각거리를 가리키니, 기억(記憶)뿐 아니라 명자(名字)·개념(槪念)·이론(理論)·사상(思想)·관념(觀念) 등을 총칭(總稱)한다. 여기 의근(意根)에서는 지(知)의 주체인 **지성(知性)**을 소개하면서, "견문(見聞)으로 소급(遡及)하여도 흐름이 미치지 못하는 것"(見聞逆流 流不及地)이라는 설명이 특별히 붙어 있다. 즉 **의근(意根)**은 모습이 없어서, 아무리 열심히 찾더라도 그 소재지(所在地)를 찾을 수가 없다는 특징을 지적한다. 앞에 나온 오근(五根)인 눈·귀·코·혀·몸은 모습이 있으나, 의입(意入)에서 말하는 **의근(意根)인 뜻은** 모습과 처소(處所)가 없으므로, 부처님께서 의근(意根)에 대하여만 이렇게 설명을 덧붙였다. 원래 **의근(意根)**은 법진(法塵)과 전오식(前五識)까지 모조리 인식(認識)의 대상으로 삼기 때문에 오근(五根)과 다른 점이 많다. 그래서 이것을 **의처(意處)**라고 특별히 부르면서, 육식(六識)과 합하여 칠심계(七心界)라고 불러왔다. 유식학(唯識學)에서는 이 의근(意根)을 제7식(識)으로 지명하고 '마나스'식(識)이라 부르게 된다.

[경(經)] 이와 같이, 아난(阿難)아! 마땅히 알아라. 이 각지(覺知)하는 의근(意根)이 오(寤)나 매(寐)에서 오는 것도 아니며, 생(生)이나 멸(滅)로 있는 것도 아니며, 근(根)에서 나는 것도 아니며, 허공(虛空)에서 생긴 것도 아니다.

왜냐하면, 만일 각지(覺知)하는 의근(意根)이 오(寤)에서 온다면, 매(寐)할 적에는 따라서 소멸(消滅)하리니, 무엇으로 매(寐)라고 하겠느냐.

만일 생각이 날 적에 있다면, 생각이 사라질 적에는 없는 것과 같을 것이니, 무엇이 멸(滅)을 아느냐.

만약 각지(覺知)하는 의근(意根)이 생각이 사라질 적에 있다면, 생각이 생(生)할 적에는 멸(滅)이 없으니, 무엇이 생(生)함을 알겠느냐?

만일 근(根)에서 나왔다면, 오(寤)와 매(寐)의 이상(二相)은 몸을 따라서 개합(開合)을 하니 이 이체(二體)를 여의고는, 이 각지(覺知)하는 것이 허공의 헛꽃과 같아서 필경에 자성(自性)이 없다.

만일 각지(覺知)하는 의근(意根)이 허공(虛空)에서 생긴다면, 이것은 허공이 아는 것이니 너의 의입(意入)과 무슨 관계가 있겠는가?

그러므로 마땅히 알아라. 의입(意入)이 허망(虛妄)하여, 본래 인연(因緣)도 아니고 자연(自然)도 아니다.

[如是, 阿難! 當知, 如是覺知之根, 非寤寐來, 非生滅有, 不於根出, 亦非空生。何以故, 若從寤來, 寐卽隨滅, 將何爲寐。必生時有, 滅卽同無, 令誰受滅。若從滅有, 生卽滅無, 孰知生者。若從根出, 寤寐二相隨身開合, 離斯二體, 此覺知者同於空花, 必竟無性。若從空生, 自是空知, 何關汝入。是故當知, 意入虛妄, 本非因緣, 非自然性]

《풀이》 지각(知覺)현상을 아는 지성(知性)이 오매(寤寐)와 생멸(生滅) 중에 항상 존재하느냐? 그런데 깊이 잠잘 적에는 의식작용이 없다. 기절하거나 마취주사를 맞아도 의식작용이 없다.

불교와 여래장

그렇다면 의근(意根)은 무엇을 의지하여 출몰하는가? 오근(五根)과 같이 의근(意根)에서도 작용인 지성(知性)은 그 출처가 묘연(杳然)하다.

제4절 십이처(十二處)의 정체를 밝히다

[경(經)] 또 아난(阿難)아! 어찌하여 십이처(十二處)가 본래 여래장(如來藏)인 묘진여성(妙眞如性)이라 하느냐?

[復次, 阿難! 云何十二處, 本如來藏, 妙眞如性]

《풀이》 십이처(十二處)는 육입(六入)과 육진(六塵)을 합한 것인데, 보통 육입(六入)은 내육처(內六處), 육진(六塵)은 외육처(外六處)라고 구별한다. 이 십이처(十二處)라는 개념에서 **처(處)**라는 것은 어떤 공간(空間)이나 영역(領域)을 의미하는 것으로, 주객(主客)을 합친 어떤 장면(場面)을 뜻한다. 따라서 **안처(眼處)**는 눈으로 시각(視覺)현상을 알아보는 영역(領域)을 가리키므로, 주체인 눈이라는 안입(眼入)과 대상인 빛깔이라는 색진(色塵)을 당연히 포함한다. 근(根)과 진(塵)이 포괄적으로 하나의 영역(領域)을 형성하므로, **처(處)**는 주객(主客)을 구별하지 않은 개념이다. 그래서 초기불교에서는 견문각지(見聞覺知)를 그냥 육처(六處)라고 했다. 뒤에 육처(六處)가 주객(主客)으로 나누어져서 내육처(內六處)와 외육처(外六處)로 분류되면서 육근(六根)과 육진(六塵)으로 분화되었다고 본다. 결국 육처(六處)가 십이처(十二處)로 세분화(細分化)된 셈이다.

　이런 근(根)과 진(塵)이 상대(相待)하여 육처(六處)가 성립하여야 인식(認識)이 생긴다. 세계란 것은 인식(認識)을 통하여 그 존재(存在)가 알려진다. 근진(根塵)이 모두 허망(虛妄)하면 식(識)도 허망(虛妄)하며, 따라서 우주를 포함한 18계도 다 허망(虛妄)하다.

　그러나 그 본질은 묘한 진여성(眞如性)인 여래장(如來藏)이라고 12처(處)의 정체(正體)를 밝히고 있다. 이 구절을 여래장연기설의 총설(總說)이라 부른다. 여래장의 실상(實相)은 상(相)이 아니고 성(性)이니, 여래장속에 12처(處)의 온갖 잡다(雜多)한 모습들이 들어 있는 것이 아니라는 이야기다. 각설(各設)에서는 밀접한 근진(根塵)을 두 개씩 육처(六處)로 묶어서 설명하는데, 근진(根塵)의 정체를 둘 다 설명하기도 하고, 혹 하나만 집중적으로 다루기도 한다.

(1) 안근(眼根)과 색진(色塵)은 허망하다

[경(經)] 아난(阿難)아! 네가 이 기타림(祇陀林)과 우물과 연못을 지금 보고 있는데, 어떻게 생각하느냐? 이때에 물질인 <u>색상(色相)</u>이 <u>네 눈의 견(見)</u>을 내느냐, 아니면 네 눈의 견(見)이 색상(色相)을 내느냐?

[阿難！汝且觀此祇陀樹林及諸泉池。於意云何, 此等爲是, 色生眼見? 眼生色相?]

《풀이》 12처(處)의 정체(正體)를 설명하는 각설(各說)이 시작한다. 시각(視覺)현상이 있을 때, 대상인 **색상**(色相)과 주체인 **견정**(見精)의 출처(出處)를 각각 상대(相對)에서 찾아보고 있다. 색상(色相)은 빛이 반사한 것이고, 눈은 빛을 망막에서 두뇌로 전송할 뿐이다. 두뇌가 빛을 받아서 색상을 인지하는데, 몸 밖에 따로 색상이란 것이 없다.

[경(經)] 아난(阿難)아! 만일 안근(眼根)이 색상(色相)을 낸다면, 허공을 볼 적에는 허공은 색상(色相)이 아니니 색상(色相)의 성질이 소멸할 것이요, 소멸하면 일체(一切)를 현발(顯發)함이 아주 없다. 또 색상(色相)이 없으면 무엇을 가지고 허공의 성질을 밝히겠는가? 허공(虛空)도 또한 그러하다.

만일 물질인 색진(色塵)이 눈의 견(見)을 낸다면, 허공을 볼 적에는 허공은 물질이 아니니 견(見)이 곧 없어질 것이며, 없어진다면 아무 것도 없으니, 무엇을 가지고 허공과 색진(色塵)을 밝히겠느냐?

그러므로 마땅히 알아라. 보는 견(見)과 보이는 색진(色塵)과 허공이 모두 처소(處所)가 없으니, 색(色)과 견(見) 이 두 가지가 모두 허망(虛妄)하여, 본래 인연(因緣)도 아니고 자연(自然)도 아니다.

[阿難！若復眼根生色相者, 見空非色, 色性應銷, 銷則顯發一切都無, 色相旣無, 誰明空質, 空亦如是。若復色塵生眼見者, 觀空非色, 見卽銷亡, 亡則都無, 誰明空色。是故當知, 見與色空, 俱無處所。卽色與見, 二處虛妄, 本非因緣, 非自然性]

《풀이》 눈과 빛깔의 출처를 따져보는데, 안근(眼根)과 색진(色塵)이 서로 상대(相對)를 만들어낼 수도 없고, 각자의 처소(處所)를 찾을 수도 없다. 출처가 없으므로 인연과 자연으로 설명할 것이 아니라는 이야기다.

(2) 이근(耳根)과 성진(聲塵)은 허망하다

[경(經)] 아난(阿難)아! 네가 이 기타원(祇陀園)에서, 밥 때가 되면 북을 치고, 대중이 모일 때는 종(鐘)을 쳐서, 종소리 북소리가 서로 앞뒤로 계속하는 것을 듣는데, 어떻게 생각하느냐? 이때 그 종소리가 귓가에 오느냐, 아니면 귀가 소리가 나는 곳에 가느냐?

[阿難! 汝更聽此祇陀園中, 食辦擊鼓, 衆集撞鐘, 鐘鼓音聲前後相續。於意云何, 此等爲是, 聲來耳邊? 耳往聲處?]

《풀이》 청각(聽覺)현상이 있을 때, 이근(耳根)과 성진(聲塵)이 접촉하니까, 주체(主體)와 대상(對象)이 상대방에게 이동(移動)한다고 생각하면서, 증거를 찾고 있다.

[경(經)] 아난(阿難)아! 만일 소리가 귓가에 온다면, 내가 실라벌(室羅伐)성(城)에서 걸식 중이면 기타림에는 내가 없는 것처럼, 그 소리가 아난(阿難)의 귓가에 왔을 때에는 목련(目連)과 가섭(迦葉)은 함께 그 종소리를 듣지 못할 것이다. 어떻게 천이백오십(千二百五十) 명의 사문(沙門)들이 모두 같이 종소리를 듣고

모두 같이 모이느냐?

또 만일 네 귀가 소리 나는 곳에 간다면, 내가 기타림에 돌아오면 '실라벌'성(城)에 내가 없는 것처럼, 네가 북소리를 들을 적에는 귀가 북치는 곳에 갔을 터이니, 종(鐘)소리가 함께 나더라도 종소리는 응당 모조리 듣지는 못해야 할 것이다. 하물며 그 밖에 상(象)·마(馬)·우(牛)·양(羊)이 내는 가지가지 소리를 모조리 같이 듣는 것은 더 말할 나위도 없다.

만일 오고 가는 것이 없다고 한다면, 또한 다시 '들음[聞]'도 없을 것이다.

그러므로 마땅히 알아라. 듣는 청(聽)과 소리가 모두 처소(處所)가 없으니, 듣는 청(聽)과 소리인 성(聲) 이 두 가지가 모두 허망(虛妄)하여, 본래 인연(因緣)도 아니고 자연(自然)도 아니다.

[阿難！若復此聲來於耳邊，如我乞食室羅筏城，在祇陀林則無有我；此聲必來阿難耳處,目連·迦葉，應不俱聞，何況其中一天二百五十沙門，一聞鐘聲同來食處。若復汝耳往彼聲邊，如我歸住祇陀林中，在室羅城則無有我；汝聞鼓聲，其耳已往擊鼓之處，鐘聲齊出，應不俱聞，何況其中象馬牛羊種種音響。若無來往，亦復無聞。是故當知，聽與音聲，俱無處所，即聽與聲，二處虛妄，本非因緣，非自然性]

《풀이》 종소리를 듣는 청각(聽覺)현상에서 주체와 대상이 서로 이동(移動)하여야 이근(耳根)이 '소리'를 인식할 수 있다고 생각하는 모양이다. 소리라는 성진(聲塵)은 사실은 '공기의 진동'

이 귀속의 고막을 울려서 그 진동이 청신경(聽神經)을 통해서 두뇌(頭腦)에 전달되고, 과거의 기억과 지식이 작용하면서 비로소 우리는 구체적인 '소리'를 인식(認識)한다. 외부세계에는 구체적(具體的)인 '소리'라는 존재가 없고, 다만 '공기의 진동'만이 있을 뿐이다. 이처럼 우리의 내부가 인식하는 '소리'는 외부에 있는 '공기의 진동'과는 다른 놈이다.

(3) 비근(鼻根)과 향진(香塵)은 허망하다

[경(經)] 아난(阿難)아! 네가 또 향로(香爐)에 피운 전단(栴檀) 향내를 맡아 보아라. 이 향을 하나만 피워도 '실라벌'성(室羅筏城)의 사십리(四十里) 안에서는 모두 <u>향내를 맡는데,</u> 어떻게 생각하느냐? 이 향내가 전단목(栴檀木)에서 나느냐, 너의 코에서 나느냐, 허공(虛空)에서 생기느냐?

[阿難！汝又嗅此鑪中栴檀, 此香若復然於一銖, 室羅筏城四十里內同時聞氣。於意云何, 此香爲復, 生栴檀木? 生於汝鼻? 爲生於空?]

《풀이》 후각(嗅覺)현상이 있을 때, 냄새라는 향진(香塵)의 출처(出處)를 찾고 있다. 향나무를 태우면 향내가 나는데, 그 향내의 출처가 어느 곳인지 살피고 있다.

[경(經)] 아난(阿難)아! 만일 이 향내가 너의 <u>코에서</u> 생긴 것이라

면, 마땅히 코에서 나와야 할 것인데, 코가 전단이 아니거늘 어떻게 콧속에 전단의 향기가 있다고 하겠느냐? 또 네가 향내를 맡는다고 한다면 마땅히 코로 들어가야 할 것이니, 콧속에서 나오는 향내를 맡는다는 말은 옳지 않다.

만약 향내가 허공(虛空)에서 생긴 것이라면, 허공의 성품은 항상(恒常)하니 향내도 항상 있어야 할 것인데, 어째서 향로에다 전단(栴檀) 나무를 태워야만 향내가 생기느냐?

만약 향내가 전단나무에서 생긴 것이라면, 그 향나무를 태워서 연기(煙氣)가 되었으니, 코로 냄새를 맡을 적에는 마땅히 연기가 코로 들어가야 할 것인데, 그 연기가 공중으로 날아가서 멀리 퍼지기도 전에 어찌하여 40리(里) 안에서 그 향내를 맡게 되느냐? 그러므로 마땅히 알아라. 향(香)과 비(鼻)와 냄새를 맡는 후문(齅聞)이 모두 처소가 없어서, 냄새 맡는 후문(齅聞)과 향(香) 이 두 가지가 모두 허망(虛妄)하여, 본래 인연(因緣)도 아니고 자연(自然)도 아니다.

[阿難！若復此香, 生於汝鼻, 稱鼻所生當從鼻出, 鼻非栴檀, 云何鼻中有栴檀氣, 稱汝聞香當於鼻入, 鼻中出香說聞非義。若生於空, 空性常恒, 香應常在, 何藉鑪中熱此枯木, 若生於木, 則此香質因熱成煙, 若鼻得聞合蒙煙氣, 其煙騰空未及遙園, 四十里內云何已聞, 是故當知, 香臭與聞, 俱無處所, 即嗅與香, 二處虛妄, 本非因緣, 非自然性]

《풀이》 향을 피우는 연기가 비근(鼻根)에 접촉해야 후각(嗅覺)

현상이 일어나는데, '그 연기가 공중으로 날아가서 멀리 퍼지기
도 전에, 40리(里) 안에서 그 향내를 맡는다'는 구절은 표현이 부
정확(不正確)하다. 당(唐)나라 때, 한역(漢譯)하면서 실수한 것
으로 보인다. 혹자(或者)는 유식무경(唯識無境)으로 설명하는 것
같다. 아무튼 전단향 냄새가 사람들에게 꼭 같은 향내로 인식되
는 것은 아니다. 사람마다 후신경의 상태와 몸의 상태에 따라 다
르게 인식되기 때문이다.

(4) 설근(舌根)과 미진(味塵)은 허망하다

[경(經)] 아난(阿難)아! 네가 매일 두 차례 대중 가운데서 발우(鉢
盂)를 가지고 다니다가, 맛있는 우유(牛乳)인 소락(酥酪)이나 제
호(醍醐)를 만나게 되면 상미(上味)라고 말하는데, 어떻게 생각
하느냐? 그 맛이 허공(虛空)에서 생기느냐, 혀에서 생기느냐, 아
니면 음식(飮食)에서 생기느냐?

[阿難！汝常二時衆中持發，其間或遇酥酪醍醐名爲上
味。於意云何，此味爲復，生於空中? 生於舌中? 爲生食
中?]

《풀이》 미각(味覺)현상이 일어날 때에, 맛이라는 미진(味塵)의
출처(出處)를 찾고 있다.

[경(經)] 아난(阿難)아! 만약 이 맛이 너의 혀에서 나온 것이라면,

불교와 여래장

네 입 속에는 혀가 하나뿐이니 그 혀는 조금 전에 이미 소(酥)맛이 되었으면 다시 흑석밀(黑石蜜)을 먹더라도 마땅히 그 맛이 달라지지 않아야 할 것이다. 그러나 만약 그 맛이 달라지지 않으면, 맛을 안다고 할 수 없다.

만약 그 맛이 달라진다면, 혀가 여러 개가 아닌데 어떻게 여러 가지 맛을 하나뿐인 혀로 알 수가 있느냐?

만약 음식(飮食)에서 생기는 것이라면, 음식은 알음알이가 있는 것이 아닌데 어떻게 스스로 알겠느냐?

또 음식(飮食)이 스스로 그 맛을 안다면, 곧 다른 사람이 먹는 것과 같을 것이니, 너와 무슨 관계가 있어서 네가 맛을 안다고 하겠느냐?

만약 허공(虛空)에서 생기는 것이라면, 네가 허공을 씹어보아라. 무슨 맛이냐?

만약 허공이 짠맛이라면, 이미 너의 혀를 짜게 하였으므로 네 얼굴도 짜게 할 것이며, 이 세상 사람들은 바다 고기와 같이 항상 짠 허공을 받았기 때문에 마침내 싱거운 것은 알지 못할 것이다.

만약 싱거운 맛을 알지 못한다면 또한 짠 맛도 느끼지 못하여 반드시 아는 것이 없을 것이니, 어떻게 '맛을 안다'고 하겠느냐?

그러므로 마땅히 알아라. 맛과 혀와 맛보는 상미(嘗味)가 모두 처소가 없으니, 맛보는 상미(嘗味)와 '맛' 이 두 가지가 모두 허망(虛妄)하여, 본래 인연(因緣)도 아니고 자연(自然)도 아니다.

[阿難！若復此味生於汝舌，在汝口中秖有一舌，其舌爾時已成酥味，遇黑石蜜應不推移，若不變移，不名知味，若變移者，舌非多體，云何多味一舌之知，若生於食，食

非有識, 云何自知, 又食自知, 卽同他食, 何預於汝, 名
味之知, 若生於空, 汝噉虛空當作何味, 必其虛空若作鹹
味, 旣鹹汝舌亦鹹汝面, 則此界人同於海魚 ; 旣常受鹹了
不知淡, 若不識淡亦不覺鹹, 必無所知, 云何名味, 是故
當知, 味舌與嘗, 俱無處所, 卽嘗與味, 二俱虛妄, 本非
因緣, 非自然性]

《풀이》 맛이라는 것도 사람 따라 모두 다르게 느낀다. 미각(味
覺)이 예민하거나 건강이 나쁘면 전혀 다른 맛으로 인식되는 경
우가 허다하니, 정확한 맛이라는 개념도 사실은 불확실하다.

느끼는 맛은 음식과 혀에서 생긴 접촉(接觸)이 신경을 통해
서 두뇌에 전달되어야 비로소 미각(味覺)이란 것이 인식된다. 따
라서 객관적인 김치의 맛은 없고, 각자가 느끼는 김치 맛도 서로
다르다.

(5) 신근(身根)과 촉진(觸塵)은 허망하다

[경(經)] 아난(阿難)아! 네가 항상 새벽마다 손으로 머리를 만지
는데, 어떻게 생각하느냐? 이렇게 만져서 촉감이 생길 때 어느 것
이 촉감을 느끼는 주체인 능촉(能觸)이냐? 손이 느끼는 주체인
능촉(能觸)이냐, 머리가 능촉(能觸)이냐?

[阿難! 汝常晨朝以手摩頭。於意云何, 此摩所知, 唯爲
能觸。能爲在手? 爲復在頭?]

불교와 여래장

《풀이》 촉각(觸覺)현상이 있을 때, 여기서는 촉감(觸感)을 느끼는 주체(主體)인 능촉(能觸)을 찾고 있다.

[경(經)] 만약 손이 능촉(能觸)이라면, 머리는 촉감(觸感)이 없어야 하는데 실제로 머리도 촉감이 있다.

만약 머리가 능촉이라면, 손은 쓸모가 없어야 하는데 실제로 손에도 촉감이 있다.

만약 머리와 손이 각각(各各) 능촉이라면, 너 아난(阿難)은 마땅히 두 몸이 있어야 할 것이다.

만약 머리와 손이 하나의 촉(觸)으로 생기는 것이라면, 곧 손과 머리가 한 몸이 되어야 할 것인데, 만약 한 몸이라면 촉감(觸感)이 이루어지지 않을 것이다. 만약 손과 머리가 두 몸이라면 촉감이 어디에 있느냐?

촉감을 느끼는 주체인 능촉(能觸)에 촉감이 있다면 접촉의 대상인 소촉(所觸)에는 촉감이 없어야 하고, 소촉(所觸)에 촉감이 있다면 능촉(能觸)에는 촉감이 없어야 한다.

또 허공(虛空)이 너와 더불어 촉감(觸感)을 이루지는 않을 것이다. 그러므로 마땅히 알아라. 감촉과 몸이 함께 처소(處所)가 없어서, 몸과 촉감이 두 가지가 모두 허망(虛妄)하여, 본래 인연(因緣)도 아니고 자연(自然)도 아니다.

[若在於手, 頭則無知, 云何成觸。若在於頭, 手則無用, 云何名觸。若各各有, 則汝阿難應有二身。若頭與手一觸所生, 則手與頭當爲一體。若一體者, 觸則無成。若二體者, 觸誰爲在, 在能非所, 在所非能。不應虛空與汝

成觸。是故當知, 覺觸與身, 俱無處所, 即身與觸, 二俱
虛妄, 本非因緣, 非自然性]

《풀이》 촉각(觸覺)현상은 접촉에서 일어나는데, 몸을 만지는
경우에 "능촉(能觸)인 촉성(觸性)이 어디에 있느냐?"하는 질문에
대답이 쉽지 않다. 논증(論證)해 보아도 촉감(觸感)이 허망하다는
결론이지만 현실적으로 촉감(觸感)을 느끼는 현상을 부인할 수는
없다. 총설에서 말한 바와 같이 인연을 따라서 여래장(如來藏)에
서 일어난다는 결론이다.

(6) 의근(意根)과 법진(法塵)은 허망하다

[경(經)] 아난(阿難)아! 네가 항상 의중(意中)에 반연(攀緣)하는
선(善)·악(惡)·무기(無記)인 삼성(三性)으로 법칙(法則)을 생성
하는데, 이 법진(法塵)이 마음에 즉(即)해서 생기는 것이냐, 아니
면 마음을 떠나서 별도로 처소(處所)가 있느냐?

[阿難！汝常意中, 所緣善惡無記三性, 生成法則。此法
爲復, 即心所生? 爲當離心, 別有方所?]

《풀이》 뜻으로 헤아리는 경우에 그 대상인 알음알이인 생각거
리를 법진(法塵)이라고 한다. 생각거리는 선·악·무기의 삼성(三
性)으로 구별하는데, 기준에 따라서 제 나름대로 범주를 이룬다.
지금 전오식(前五識)이 없는데 생각만 일어나는 독두의식(獨頭

意識)인 경우에, 생각거리인 알음알이와 의근(意根)인 뜻이 어떤 관계인지 살피고자 한다. 즉 생각거리의 출처(出處)를 찾아보고 있다.

[경(經)] 아난(阿難)아! 만약 법진(法塵)이 '마음에 즉(卽)한 것'이라면, 그 법(法)은 대상(對象)이 아니므로 마음으로 반연하는 소연(所緣)이 아니니, 어떻게 처소를 이루겠느냐?

만약 법진(法塵)이 '마음을 떠난 것'으로 따로 처소(處所)가 있다면, 법진의 자성(自性)이 앎이냐? 앎이 아니냐?

만약 법진(法塵)이 '앎이라면', 마음이라고 말할 수 있겠지만, 그러나 너와는 상관없을 것이고, 또 대상(對象)이 아니니 다른 사람의 심량(心量)과 같을 것이다.

'곧 너이고, 곧 마음이라면' 어찌하여 네 마음이 둘이 되겠느냐?

만약 법진(法塵)이 '앎이 아니라면', 이 법진은 빛깔·소리·냄새·맛과 이합(離合)이나 냉난(冷煖)이나 허공의 모습도 아닐 것이니, 법진(法塵)이 과연 어디에 있느냐? 지금 물질과 허공에 모두 표시할 수 없는데, 또 인간(人間)이 허공 밖에 있는 것도 아니다.

마음이 소연(所緣)이 없으면, 법진의 처소가 어떻게 성립하겠느냐?

그러므로 마땅히 알아라. 법진(法塵)과 마음이 함께 처소가 없어서, 의(意)와 법(法), 이 두 가지가 모두 허망(虛妄)하여, 본래 인연(因緣)도 아니고 자연(自然)도 아니다.

[阿難! 若卽心者, 法則非塵, 非心所緣, 云何成處。若離於心, 別有方所, 則法自性, 爲知? 非知? 知則名心,

異汝非塵, 同他心量。 卽汝卽心, 云何汝心更二於汝。
若非知者, 此塵既非色聲香味, 離合冷煖及虛空相, 當
於何在。今於色空都無表示, 不應人間更有空外。心非所
緣, 處從誰立。是故當知, 法則與心, 俱無處所, 則意與
法, 二俱虛妄, 本非因緣, 非自然性。]

《풀이》 독두의식의 법진(法塵)은 기억(記憶)과 지식(知識)과
같은 지나간 세월에 일어난 생각들의 집합체이다. 이 생각거리는
그 내용이 항상 기멸(起滅)하므로, 찰나찰나 새롭게 변한다. 그것
이 항상 의근(意根)과 같이 등장하므로, **생각**과 **뜻**을 구별하기가
쉽지 않다. 그래서 지금 근(根)과 진(眞)의 정체를 살펴보고 있
다. 즉 **생각**이 **뜻**과 같은가? 다른가? 만약 다르다면 **생각**이 **뜻**에
즉(卽)했는가? 아니면 이(離)하여 완전히 다른 것인가? 다르다
면, 법진의 자성(自性)이 앎이냐? 앎이 아니냐?

　모든 경우를 상정하여 분석(分析)하고 구별(區別)해 보았지
만 정답이 없다. 뜻과 생각거리를 관찰했으나 도무지 그 주소를
알 수 없으니, 둘 다 실체(實體)가 없는 허망(虛妄)한 것이라는
결론이 나왔다. 법진(法塵)인 억지(憶智)가 허망하다면, 법진(法
塵) 없는 의근(意根)은 혼자서 처(處)를 이루지 못한다. 따라서
그것들은 앞에서 말했듯이 여래장(如來藏)에 진여성(眞如性)으
로 함장되어 있다는 결론이다.

제5절 십팔계(十八界)의 정체(正體)를 밝히다

[경(經)] 또 아난(阿難)아! 어찌하여 십팔계(十八界)가 본래 여래장(如來藏)인 묘진여성(妙眞如性)이라고 하느냐?

[復次, 阿難! 云何十八界, 本如來藏, 妙眞如性]

《풀이》 18계(界)는 육근(六根)과 육진(六塵)과 육식(六識)을 포괄하니, 우리의 인식(認識)활동을 총칭한다. 이미 육입(六入)과 십이처(十二處)에서 육근과 육진의 정체를 설명했으니, 여기서는 육식(六識)인 안식계(眼識界) 내지 의식계(意識界)의 정체(正體)에 대해서 설명하고 있다. 이 구절은 여섯 가지 인식(認識)현상에서 '인식(認識)한다'는 정신작용의 출처가 여래장(如來藏)임을 천명(闡明)하는 여래장연기(如來藏緣起)의 총설(總說)이다. 이하에서 각설(各說)이 전개된다.

(1) 안식계(眼識界)는 허망하다

[경(經)] 아난(阿難)아! 네가 알고 있는 바와 같이, 「눈과 빛깔이 인연이 되어서 안식(眼識)이 생긴다.」고 하는데, 이 안식(眼識)이 눈으로 인해서 생긴 것이라고 하여 '눈'으로 안식계(眼識界)를 삼겠느냐, 아니면 빛깔로 인하여 생긴 것이라고 하여 '빛깔'로 안식계(眼識界)를 삼겠느냐?

[阿難! 如汝所明, 眼色爲緣生於眼識, 此識爲復, 因眼

《풀이》 시각(視覺)현상이 있을 때에 견(見)으로 생기는 안식
(眼識)의 출처를 찾고 있다. <아함경>(阿含經)에는 「육근(六根)
과 육진(六塵)이 상대(相對)하면, 그 중에 육식(六識)이 생긴다」
고 설명하며, 이것을 연기설(緣起說)이라 한다. 즉 시각(視覺)
현상을 "견정(見精)인 안근(眼根)과 색진(色塵)인 빛깔이 인연
이 되어서 안식(眼識)이 생긴다"고 설명한다. 여기에서 견정(見
精)은 '**나의** 견정'이고, 빛깔은 '**바깥의** 대상'이니, 내외(內外)가
주객(主客)으로 상대하고 있으므로 근(根)과 진(塵)으로 나누어
서 안식(眼識)의 출처를 관찰하고 있다. 제일식(第一識)인 안식
(眼識)이 생기는 출처(出處)는, 주체인 눈이 아니면 객체인 빛깔
일 것이라고 추리하고 있다. 그렇지 않으면 주객(主客)인 눈과 빛
깔, 즉 근진(根塵)의 공동작품으로 공생(共生)한 것이거나, 그것
도 아니라면 무인(無因)일 것이라고 분석할 수 있다.

[경(經)] 아난(阿難)아! 만약 '눈'으로 인하여 안식(眼識)이 생긴
다면, 빛깔과 허공이란 객체가 없으면 분별할 대상이 없을 것이
니 비록 너의 식(識)이 있은들 무엇에 활용할 수가 있겠느냐. 또
너의 견(見)은 청황적백(靑黃赤白)이 아니므로 표시할 것이 없는
데, 무엇으로 안식계(眼識界)를 세우겠느냐.
또 만약 '빛깔'로 인하여 안식(眼識)이 생긴다면, 허공(虛空)처럼
빛깔이 없을 적에는 너의 안식(眼識)도 마땅히 없으리니, 어떻게
이 허공성(虛空性)을 알겠느냐. 만약 빛깔이 변(變)할 적에는 너

도 그 색상(色相)이 변하는 것을 안다.

'너의 식(識)은 변하지 않는다면', 안식계(眼識界)가 무엇을 의지하여 성립되겠느냐?

또 '따라서 변(變)한다면' 변(變)하니까 안식계(眼識界)의 모습은 저절로 없는 것이다.

'변하지 않는다면' 곧 항상(恒常)한데, 이미 빛깔에서 생겼으니, 마땅히 허공의 소재(所在)를 몰라야 한다.

[阿難！若因眼生，旣無色空無可分別，縱有汝識欲將何用。汝見又非靑黃赤白，無所表示，從何立界。若因色生，空無色時，汝識應滅，云何識知是虛空性。若色變時，汝亦識其色相遷變。汝識不遷，界從何立。從變則變，界相自無。不變則恒，旣從色生，應不識知虛空所在]

《풀이》 용수(龍樹)보살의 <중론> 관인연품(觀因緣品)에 이런 게송이 있다.

> 모든 법은 스스로 생기는 것도 아니고,
> 다른 것에서 생기는 것도 아니다.
> 공동(共同)으로나, 무인(無因)으로 생기는 것도 아니다.
> 그러므로 무생(無生)인 줄 알아라.[4]

---

4) 諸法不自生 亦不從他生 不共不無因 是故知無生

제법(諸法)의 생기(生起)는 주체(主體)에서 저절로 생기는 자생(自生)도 아니고, 타체(他體)인 인연(因緣)에서 생기는 타생(他生)도 아니고, 자타(自他)가 화합하여 생기는 공생(共生)도 아니고, 또 무인(無因)은 아니라는 설명이다.

지금, 안식(眼識)이 자체의 눈에서 생기면 자생(自生)이 되고, 외부의 빛깔에서 생기면 타생(他生)이 되고, 상대(相待)하는 근진(根塵)인 눈과 빛깔의 화합으로 생기면 공생(共生)이 되고, 저절로 인연(因緣) 없이 생기면 무인생(無因生)이라 한다.

눈 하나만 있다고 안식(眼識)이 생길 수 없고, 마찬가지로 빛깔 하나만 있어도 안식이 생길 수 없다. 근(根)과 진(塵)이 상대(相待)하여야 식(識)이 생기니, 어느 하나만 가지고는 식(識)이 생길 수 없는 것은 당연하다.

먼저 자생(自生)과 타생(他生)을 살펴본다. 자생(自生)이 아님은 알기 쉽다. 타생(他生)은 경우를 나누어 설명한다.

"빛깔에서 안식(眼識)이 생긴다면, 만약 빛깔이 변(變)할 적에 네가 그 색상(色相)의 변화를 아는 것이, 너의 안식(眼識)이 변(變)하면서 아느냐? 안식이 불변(不變)하면서 아느냐? 만일 '너의 식(識)이 변하지 않는다면', 안식계(眼識界)가 무엇을 의지하여 성립되겠느냐!"라는 구절은 경지(境智)가 서로 상대(相待)함을 지적한 설명이다. 그 뒤에 곧 이어서 "또 '따라서 변(變)한다면' 변(變)하니까, 안식계(眼識界)의 모습이 저절로 없다"는 구절은 경지(境智)가 찰나간(刹那間)에 기멸(起滅)하니 어느 찰나(刹那)의 그것이 진짜 안식계가 되느냐는 뜻이다.

다음에 나오는 "'변하지 않는다면' 곧 항상(恒常)한데, 이미 빛깔에서 생겼으니, 마땅히 허공의 소재(所在)를 몰라야 한다"는 구절은, "빛깔에서 안식(眼識)이 생긴다면 허공(虛空)처럼 빛깔이 없을 적에는 너의 안식(眼識)도 마땅히 없으리니, 어떻게 이 허공성(虛空性)을 알겠느냐"와 같은 내용이다.

[경(經)] 만약 안근(眼根)인 눈과 색진(色塵)인 빛깔, 두 개가 함께 안식(眼識)을 만든다면, 눈과 빛깔이 합(合)하였으면 사이가 분리(分離)되어 있어야 하고, 눈과 빛깔이 떨어져 있다면 안식(眼識)이 양쪽과 합(合)할 것이다.
그러면 체성이 섞이고 혼란하니 어떻게 안식계(眼識界)를 이루겠느냐?
[若兼二種眼色共生, 合則中離。離則兩合。體性雜亂, 云何成界]

《풀이》 지금은 공생(共生)을 살펴보면서, "안근(眼根)과 색진(色塵), 두 개가 함께 화합하여 안식(眼識)을 만든다"는 설명을 논증(論證)하고 있다.
　　즉 안근(眼根)과 색진(色塵)이 화합(和合)하여 안식(眼識)이 생긴다면 근진(根塵)의 화합으로 식(識)이 생기니 중간(中間)에 식(識)이 존재하는 공간인 장소(場所)가 있어야 할 것이고, 그렇다면 그 공간만큼 서로 떨어져 있으니 근진(根塵)이 합(合)한 것이 아니다. 즉 안식(眼識)은 주객(主客)인 근진(根塵)의 중간(中間)이 아닌 곳에 생긴다는 말이 되니, 안식(眼識)이 그 중간(中間)에 생긴다는 말이 성립될 수가 없다는 설명이다.

또 안근(眼根)과 색진(色塵)이 분리(分離)되어 있다면, 안식(眼識)이 중간에서 근진(根塵) 양쪽과 각각 합(合)해야 하므로, 안식(眼識)이 양처(兩處)에서 반반(半半)씩 나뉘니 하나의 식(識)이 아니다.

[경(經)] 그러므로 마땅히 알아라. 눈과 빛깔이 인연이 되어 '안식계(眼識界)'를 낸다고 하나, 그 세 가지 처소(處所)가 모두 없다. 즉 '눈'과 '빛깔'과 '빛깔 세계', 이 셋은 본래 인연(因緣)도 아니고 자연(自然)도 아니다.

[是故當知, 眼色爲緣, 生眼識界, 三處都無。則眼與色 及色界三, 本非因緣, 非自然性]

《풀이》 우리들 눈앞에 분명히 시각(視覺)현상이 있고, 내가 그것을 인식(認識)하고 있지만, 안식(眼識)의 실체를 찾아보면 '눈'과 '빛깔'과 '안식계(眼識界)'가 그 처소(處所)가 없다는 결론이다. 그 처소(處所)가 없으니 존재하는 것 같으나 사실은 없는 것이고, 없는 것이니 인연(因緣)인가 자연(自然)인가 따질 것도 없다.

생각하건대, 용수보살은 평소에 강의하던 <능엄경>에 나타난 이런 식의 파사(破邪)하는 논리(論理)를 익혀서, 논리적으로 공리(空理)를 설명하는 논증(論證)법문으로 <중론>을 저술한 것 같다. 그는 이 <중론>에서 18계(界)뿐만 아니라 인연(因緣)·거래(去來)·육근(六根)·유무(有無) 등 27개의 항목에 대하여 총 440여 개의 게송으로, 모두가 빈 것이라고 논증(論證)하였다. 즉 <능엄경>에 나타난 논증(論證)방식으로 만법(萬法)의 공리

(空理)를 천명하는 유명한 논서(論書)를 남겼던 것이다.

우리는 항상 시각현상(視覺現象)을 보면서, 그대로 현량(現量)으로 인식(認識)하고 있다. 이 현상(現象)은 도대체 어디서 나왔다는 말인가? 현량(現量)으로 인식한 것이 진상(眞相)인가? 견정(見精)이 시각현상(視覺現象)을 인식할 수 있는 근거를 어떻게 설명할 것인가? 아공(我空)이고 법공(法空)인데, 눈앞의 현상(現象)은 과연 무엇이 진상(眞相)인가? 앞에서, 제4장의 총설(總說)에서 말했듯이 여래장(如來藏) 묘진여성(妙眞如性)이 그 질문에 대한 해답이다.

(2) 이식계(耳識界)는 허망하다

[경(經)] 아난(阿難)아! 또 네가 밝힌 바와 같이, 「귀와 소리가 인연이 되어서 <u>이식(耳識)</u>이 생긴다.」고 하는데, 너는 이 이식(耳識)이 귀로 인하여 생긴 것이라고 하여 '귀'를 이식계(耳識界)로 삼겠느냐, 아니면 소리로 인하여 생긴 것이라고 하여 '소리'를 이식계(耳識界)로 삼겠느냐?

[阿難！又汝所明，耳聲爲緣生於耳識。此識爲復因耳所生，以耳爲界? 因聲所生，以聲爲界?]

《풀이》 청각(聽覺)현상에서 나타나는 이식(耳識)의 출처를 밝히는 순서다. 속제(俗諦)에서는 '이근(耳根)인 귀와 성진(聲塵)인 소리가 마주치면 그 가운데 이식(耳識)이 생긴다'고 말하는데,

과연 이식(耳識)은 어디에서 나타나며, 이식계(耳識界)의 정체는 무엇인가?

[경(經)] 아난(阿難)아! 만약 <u>귀로 인하여</u> 생긴 것이라면, '움직임과 고요함'인 동정(動靜) 두 가지 현상(現象)이 앞에 나타나지 않으면 귀가 알아듣지 못할 것이고, 알아듣지 못하면 아는 지(知)가 성립하지 못하니 청각(聽覺)인 이식(耳識)이 어떤 모습으로 성립하겠느냐?

만약 귀로 문(聞)을 취하더라도, 귀는 동정(動靜)이 없으므로 들어서 아는 문(聞)이 성립될 수 없다. 얼굴에 있는 귀가 색진(色塵)과 촉진(觸塵)과 섞인다고 하여 어떻게 식계(識界)라고 하겠느냐. 이식계(耳識界)가 다시 무엇을 좇아서 성립하겠느냐?

또 만약 <u>소리에서</u> 생기는 것이라면, 이식(耳識)이 소리로 인하여 있으므로 듣는 문(聞)과는 관계가 없을 것인데, 듣는 문(聞)이 없다면 '소리모양'인 성상(聲相)의 소재(所在)도 없을 것이다.

이식(耳識)이 소리를 좇아 생긴다면, 소리는 듣는 문(聞)하는 작용을 인하여 성상(聲相)이 있으니, 마땅히 문(聞)은 그 식(識)을 들어야 할 것이다.

만일 식(識)을 <u>듣지 못한다면</u>, 소리에서 이식계(耳識界)가 생긴다고 할 수 없다.

만일 식(識)을 <u>듣는다면</u>, 이식(耳識)이 소리와 같다. 식(識)이 소리와 같은 대상(對象)이 되어서 이미 소문(所聞)이 되었으니, 무엇이 능히 식(識)을 듣는 능문(能聞)이 되겠느냐?

만약 '앎이 없다.'면 풀이나 나무와 같을 것이다.

불교와 여래장

[阿難！若因耳生，動靜二相既不現前，根不成知，必無所知；知尙無成，識何形貌，若取耳聞，無動靜故，聞無所成。云何耳形雜色觸塵，名爲識界，則耳識界復從誰立，若生於聲，識因聲有，則不關聞，無聞則亡聲相所在；識從聲生，許聲因聞而有聲相，聞應聞識，不聞非界，聞則同聲，識已被聞，誰知聞識。若無知者，終如草木]

《풀이》 청각(聽覺)현상을 인식하는 이식(耳識)은, 주체(主體)인 이근(耳根)과 대상(對象)인 소리가 상대(相待)되면서 생긴다. 지금 자생(自生)과 타생(他生)을 우선 논파(論破)하고 있다. "소리가 있어도 소리는 듣는 문(聞)하는 작용을 인하여 성상(聲相)이 있다"는 구절은 해석이 어렵다. 소리는 공기의 진동인데 이것을 고막을 통하여 촉수(觸受)하면 청신경과 두뇌의 세포들이 작용하여 소리로 인식하는데, 이처럼 승의근(勝義根)이 작동해야만 비로소 성상(聲相)이 나타난다는 이야기다. 이 성상(聲相)을 인식하는 것이 문(聞)이므로, "듣는 문(聞)이라는 작용을 인하여 성상(聲相)이 있으니, 마땅히 문(聞)은 그 식(識)을 들어야 할 것이다"라고 설명한다.

[경(經)] 소리와 듣는 문(聞)이 섞여서 중간의 이식계(耳識界)를 이루지는 못하니, 중간 위치가 없으면 안팎의 모양이 다시 어디를 좇아 성립되겠느냐?
그러므로 마땅히 알아라. '귀'와 '소리'가 인연이 되어 '이식계(耳

識界)'를 낸다고 하나, 그 세 가지 처소(處所)가 모두 없어서, '귀'
와 '소리'와 '소리 세계', 이 셋은 본래 인연(因緣)도 아니고 자연
(自然)도 아니다.

[不應聲聞雜成中界, 界無中位, 則內外相復從何成。
是故當知, 耳聲爲緣, 生耳識界, 三處都無, 則耳與聲及
聲界三, 本非因緣, 非自然性]

《풀이》 다시 공생(共生)을 비판하는데, 앞에 안식(眼識)에서
살펴본 것과 같이 중간(中間)이란 위치가 없다는 이야기다. 이식
(耳識)의 정체를 찾아보지만, 인연과 결과가 모두 처소(處所)가
없으니 인연도 아니고 자연도 아니어서, 실다운 것이 아니다. 그
러면 그것들의 정체는 무엇인가? 여래장(如來藏)의 묘진여성(妙
眞如性)일 뿐이다.

(3) 비식계(鼻識界)는 허망하다

[경(經)] 아난(阿難)아! 또 네가 밝힌 바와 같이, 「코와 냄새가 인
연이 되어서 비식(鼻識)이 생긴다.」고 하는데, 이 비식(鼻識)이
코로 인하여 생긴 것이라고 하여 '코'를 비식계(鼻識界)로 삼겠
느냐? 아니면 냄새로 인하여 생긴 것이라고 하여 '냄새'를 비식계
(鼻識界)로 삼겠느냐?

[阿難! 又汝所明, 鼻香爲緣生於鼻識。此識爲復, 因鼻
所生以鼻爲界, 因香所生以香爲界]

《풀이》 냄새를 인식하는 비식(鼻識) 차례다.

[경(經)] 아난(阿難)아! 만약 '코'로 인하여 생긴 것이라면, 네 생각에 무엇을 '코'라고 하느냐? 얼굴 가운데 붙어 있는 구멍 뚫린 살덩어리라고 생각하느냐? 냄새를 맡고 아는 동요하는 성품(性品)이라고 생각하느냐?

만약 '살로 된 모양'을 취한다면, 살로 된 것은 곧 몸이고 몸이 느끼는 것은 곧 촉감(觸感)이니, 몸이라고 하면 코가 아니요, 촉감이라고 하면 대상(對象)인 진(塵)이라, 코라는 이름도 없는데 어떻게 비식계(鼻識界)를 이루겠느냐?

만약 '냄새 맡아 아는[知] 것'을 취한다면, 또 어느 것을 아는 '지(知)'라고 생각하느냐?

'살'을 지(知)라고 한다면, 살이 아는 것은 본래가 촉감이지 코는 아니다.

'공(空)'을 지(知)라고 한다면, 공(空) 스스로가 아는 것이라서 살은 마땅히 느끼지 못할 것이니, 그렇다면 아는 공(空)이 곧 너이고, 네 몸은 아는 것이 아니니, 지금 아난(阿難)은 존재하지 않는다.

'냄새'를 지(知)라고 한다면, 지(知)는 냄새에 속했으니 너와 무슨 상관이 있겠느냐?

만약 향내와 악취가 반드시 네 코에서 생긴다면, 그 향내와 악취인 두 가지 냄새가 전단향(栴檀香)이나 쓰레기에서 생기는 것이 아니므로, 이 두 가지 물질이 없을 적에 네가 너의 코를 맡아 보아라. 향내가 나느냐, 악취가 나느냐? 악취는 향내가 아니며, 향내는 악취가 아니니, 만약 향내와 악취 두 가지를 함께 맡는다면, 너 한 사람이 마땅히 두 개의 코가 있어야 할 것이다. 나에게 도(道)를 물을 적에도 두 아난(阿難)이 있으리니, 어느 것이 네 몸이냐?

만약 코가 한 개라면 향내와 악취 두 가지가 없어서, 악취가 향내가 되고 향내는 또 악취가 되어서 두 가지 성질이 없게 되니, 비식계(鼻識界)가 무엇으로 좇아서 성립되겠느냐?

[阿難！若因鼻生，則汝心中以何爲鼻，爲取肉形雙爪之相，爲取嗅知動搖之性，若取肉形，肉質乃身，身知卽觸，名身非鼻，名觸卽塵，鼻尙無名云何立界，若取嗅知，又汝心中以何爲知，以肉爲知，則肉之知元觸非鼻；以空爲知，空則自知肉應非覺，如是則應虛空是汝，汝身非知，今日阿難，應無所在；以香爲知，知自屬香，何預於汝。若香臭氣，必生汝鼻，則彼香臭二種流氣，不生伊蘭及旃檀木，二物不來，汝自嗅鼻爲香爲臭。臭則非香，香應非臭，若香臭二俱能聞者，則汝一人應有兩鼻，對我問道有二阿難，誰爲汝體，若鼻是一，香臭無二，臭旣爲香香復成臭，二性不有，界從誰立]

《풀이》 인식(認識)은 주(主)와 객(客)이 상대하여 촉수(觸受)가 일어나야 비로소 생긴다. 코나 냄새 한쪽만 가지고는 비식(鼻識)이 생기지 않는다. 먼저 코를 살펴서 자생(自生)을 논파(論破)한다. 부진근(浮塵根)과 승의근(勝義根)으로 나누어서 살펴본다. 냄새를 맡는 놈은 후각(嗅覺)을 담당하는 신경인 후신경(嗅神經)인데, 이것을 여기서는 공(空)이라고 표현했다. 고대(古代) 인도(印度)에서 신경(神經)의 구조와 기능을 상세하게 알지 못한 것 같다. 그래서 콧구멍을 그저 공(空)이라고 표현했다.

[경(經)] 또 만약 비식(鼻識)이 '냄새'로 인하여 생긴다면, 비식(鼻識)은 냄새로 인하여 있는 것이니, 이는 마치 눈이 다른 것을 볼 수 있어도 제 눈은 보지 못하는 것과 같아서, 냄새로 인하여 있는 것이므로 마땅히 냄새를 알지 못한다. 만약 안다면 냄새에서 생긴 것이 아니요, 알지 못하면 비식(鼻識)이 아니다.

냄새가 지(知) 때문에 있는 것이 아니면 향계(香界)가 성립하지 못하고, 또 비식(鼻識)이 냄새를 알지 못하면 비식계(鼻識界)가 냄새로 인하여 이루어짐이 아니다.

[若因香生, 識因香有, 如眼有見, 不能觀眼, 因香有故應不知香。知則非生, 不知非識。香非知有, 香界不成。識不知香, 因界則非從香建立]

《풀이》 타생(他生)을 논파하고 있다. 그런데, "시각현상은 눈으로 보기 때문에 눈은 제 눈을 볼 수 없으니, 후각현상도 그와 같다"고 설명한다.

　"만약 안다면 냄새에서 생긴 것이 아니요, 알지 못하면 비식(鼻識)이 아니다"는 말은, 즉 냄새를 알면 냄새에서 생긴 것이 아니고, 냄새를 모르면 비식(鼻識)이 아니라는 이야기다. "냄새가 지(知) 때문에 있는 것이 아니면 향계(香界)가 성립하지 못하고"는, 식지(識知)가 없으면 비식(鼻識)이 성립하지 못한다는 뜻이다.

[경(經)] 이미 중간이 없으면 안팎도 이루어지지 못하니, 저 냄새
맡는 후각(嗅覺)이 마침내 허망할 것이다.

그러므로 마땅히 알아라. '코'와 '냄새'가 인연이 되어서 '비식계
(鼻識界)'가 생긴다고 하나, 그 세 가지 처소(處所)가 모두 없어
서, '코'와 '냄새'와 '냄새 세계', 이 셋은 본래 인연(因緣)도 아니
고 자연(自然)도 아니다.

[既無中間不成內外，彼諸聞性必竟虛妄。
是故當知，鼻香爲緣生鼻識界，三處都無，則非與香及香
界三，本非因緣，非自然性]

《풀이》 다음은 공생(共生)이야긴데, 안식(眼識)에서 따져본 것
과 동일한 사항이다.

마지막 결론은 비식(鼻識)도 안식(眼識)·이식(耳識)과 같이
인연(因緣)도 자연(自然)도 아니어서, 다만 여래장(如來藏)묘진
여성(妙眞如性)일 뿐이다.

(4) 설식계(舌識界)는 허망하다

[경(經)] 아난(阿難)아! 또 네가 밝힌 바와 같이, 「혀와 맛이 인연
이 되어서 설식(舌識)이 생긴다.」고 하는데, 그 설식(舌識)이 혀
로 인하여 생긴 것이므로 '혀'로 설식계(舌識界)를 삼겠느냐, 아
니면 맛으로 인하여 생긴 것이므로 '맛'으로 설식계(舌識界)를 삼
겠느냐?

불교와 여래장

[阿難! 又汝所明, 舌味爲緣生於舌識。此識爲復, 因舌所生, 以舌爲界? 因味所生, 以味爲界?]

《풀이》 맛을 인식(認識)하는 설식(舌識)차례다.

[경(經)] 아난(阿難)아! 만약 '혀'로 인하여 생긴 것이라면, 사탕·매실·소금·생강·계피가 모두 독특한 맛이 없어야 할 것이다. 네가 네 혀를 맛보아라. 혀가 단 맛이냐, 쓴 맛이냐?

만약 혀의 성질이 쓰다면 누가 혀를 맛보겠느냐? 혀가 스스로를 맛보지는 못할 것이니, 무엇이 알아 느끼겠느냐?

혀의 성질이 쓴 것이 아니라면 맛이 스스로 나지 않을 것이니 어떻게 설식계(舌識界)가 이루어지겠느냐?

[阿難! 若因舌生, 則諸世間, 甘蔗, 烏梅, 黃連, 石鹽, 細辛, 薑桂, 都無有味。汝自嘗舌, 爲甛爲苦, 若舌性苦, 誰來嘗舌。舌不自嘗, 孰爲知覺, 舌性非苦, 味自不生, 云何立界]

《풀이》 인식(認識)은 주(主)와 객(客)이 상대하여 촉수(觸受)가 일어나야 비로소 생긴다. 혀나 맛 한쪽만 가지고는 설식(舌識)이 생기지 않는다. 먼저 혀를 살핀다. 혀가 스스로를 맛보지는 못하는 이치는, 눈이 눈을 못 보고, 귀가 귀를 듣지 못하는 것과 동일하다.

[경(經)] 또 만약 '맛'으로 인하여 생긴 것이라면, 설식(舌識)이

스스로 맛이 되었으니, 곧 혀와 같아서 마땅히 스스로 맛보지 못할 것이니, 어떻게 「이 맛이다.」「이 맛이 아니다.」를 구별하여 알겠느냐?

또 온갖 맛이 한 물건에서 생긴 것이 아니니, 맛이 여러 가지에서 많이 생기면 그 설식(舌識)도 마땅히 바탕이 많을 것이다. 식(識)의 본체가 만약 하나이고 그 자체가 반드시 맛에서 생긴다면, 짜고 싱겁고 달고 매운 맛이 화합(和合)과 구생(俱生)과 여러 가지 변이(變異)한 것이 함께 한 맛이 되어서 마땅히 구별이 없어야 할 것이다. 구별이 없으면 곧 식(識)이라고 할 수 없으니 어떻게 설미식계(舌味識界)라고 이름할 수 있겠느냐?

[若因味生, 識自爲味, 同於舌根應不自嘗, 云何識知是味非味, 又一切味, 非一物生, 味旣多生, 識應多體, 識體若一, 體必味生。鹹淡甘辛, 和合俱生, 諸變異相同爲一味, 應無分別, 分別旣無, 則不名識, 云何復名舌味識界]

《풀이》 "설식(舌識)이 맛으로 인하여 생긴 것이라면", "맛이 여러 가지에서 많이 생기면, 그 설식(舌識)도 마땅히 바탕이 많을 것이고", "식(識)의 본체가 만약 하나라면, 맛도 하나이어야 한다"는 모순이 생긴다고 설명한다. 따라서 설식(舌識)이 맛으로 인하여 생긴 것이 아니다.

[경(經)] 허공(虛空)이 너의 마음에 심식(心識)을 낸 것은 아니다. 혀와 맛이 화합하여 설식(舌識)이 생긴다면, 곧 그 가운데는 본

래 자성(自性)이 없으니, 어떻게 설식계(舌識界)가 생기겠느냐? 그러므로 마땅히 알아라. '혀'와 '맛'이 인연이 되어서 '설식계(舌識界)'가 생긴다고 하나, 그 세 가지 처소(處所)가 모두 없어서, '혀'와 '맛'과 '맛 세계', 이 셋은 본래 인연(因緣)도 아니고 자연(自然)도 아니다.

[不應虛空生汝心識。舌味和合，卽於是中元無自性，云何界生。是故當知，舌味爲緣生舌識界，三處都無，則舌與味及舌界三，本非因緣，非自然性。]

《풀이》 무인생(無因生)과 공생(共生)을 설명하고 있다. 허공(虛空)에서 나왔다는 경우는 앞에서는 없었는데, 여기서 특별히 설명을 붙였다. 결론 부분은 위와 같다.

(5) 신식계(身識界)는 허망하다

[경(經)] 아난(阿難)아! 네가 밝힌 바와 같이, 「몸과 촉감(觸感)이 인연이 되어서 신식(身識)이 생긴다.」고 하는데, 그 신식(身識)이 몸으로 인하여 생기는 것이라고 하여 '몸'으로 신식계(身識界)를 삼겠느냐, 아니면 촉감(觸感)으로 인하여 생기는 것이라고 하여 '촉감'으로 신식계(身識界)를 삼겠느냐?
아난(阿難)아! 만약 신식(身識)이 '몸'으로 인하여 생긴다면, 반드시 합(合)과 이(離) 두 가지를 깨닫게 할 대상[緣]이 없으니 몸이 무엇을 어떻게 알겠느냐?

또 만약 신식(身識)이 '촉감'으로 인하여 생긴다면, 반드시 너의
몸이 없으리니, 어찌 몸도 아닌 것이 합하고 떨어짐을 알겠느냐?

[阿難！又汝所明, 身觸爲緣生於身識。此識爲復, 因身
所生, 以身爲界? 因觸所生, 以觸爲界。阿難！若因身
生, 必無合離二覺觀緣, 身何所識。若因觸生, 必無汝
身, 誰有非身知合離者]

《풀이》 제오식(第五識)인 신식(身識)은 몸과 이물(異物)이 상
대하여서 촉수(觸受)가 일어나야 비로소 생긴다. 몸이나 촉감 한
쪽만 가지고는 신식(身識)이 생기지 않는다. 촉감을 인식하는 신
근(身根)은 피부를 위시하여 신경이 있는 신체부위 전체를 포함
한다. 내부에 있는 장기(臟器)가 느끼는 촉감도 모두 신식(身識)
이다. 신경조직은 없는 신체부위는 촉감이 없느니 신식(身識)이
없다고 본다.

[경(經)] 아난(阿難)아! 물질은 접촉하여도 알지 못하고, 몸으로
아는 것이라야 촉감이 있으니, 몸을 아는 것은 곧 촉진(觸塵)이
고, 촉진(觸塵)을 아는 것은 곧 몸이니, 그렇다면 곧 촉(觸)은 몸
이 아니고 몸은 촉(觸)이 아니다.
몸과 촉진(觸塵), 이 두 가지 모습은 본래 처소가 없다. 몸에 합
하면 곧 몸 자체의 성품이 되고, 몸을 떠나면 곧 허공과 같은 모
양이다. 안과 밖이 이루어지지 못하면 중간이 어떻게 성립되겠느
냐? 중간이 성립되지 못하면, 안과 밖의 성질도 공허한 것이니,
너의 신식(身識)이 생긴들 어디를 좇아 신식계(身識界)를 세우겠

느냐?

그러므로 마땅히 알아라. '몸'과 '촉감'이 인연이 되어 '신식계(身識界)'가 생긴다고 하나, 그 세 가지 처소(處所)가 모두 없어서, '몸'과 '촉감'과 '촉감 세계', 이 셋은 본래 인연(因緣)도 아니고 자연(自然)도 아니다.

[阿難！物不觸知, 身知有觸；知身卽觸, 知觸卽身。卽觸非身, 卽身非觸, 身觸二相, 元無處所, 合身卽爲身自體性, 離身卽是虛空等相, 內外不成, 中云何立, 中不復立, 內外性空, 卽汝識生, 從誰立界。是故當知, 身觸爲緣生身識界, 三處都無, 則身與觸及身界三, 本非因緣, 非自然性]

《풀이》 다음에 공생(共生)을 논파(論破)한다. 그런데 촉(觸)은 몸이 아니고, 몸은 촉(觸)이 아니니, 내외(內外)가 불성하니 중간(中間)도 없어서, 공생이 아니다. 결국 신식(身識)은 여래장(如來藏)에서 나툰 것이니 정체는 묘진여성(妙眞如性)이다.

(6) 의식계(意識界)는 허망하다

[경(經)] 아난(阿難)아! 또 네가 밝힌 바와 같이, 「의근(意根)과 법진(法塵)이 인연이 되어서 의식(意識)이 생긴다.」고 하는데, 그 의식(意識)이 의근(意根)으로 인하여 생기는 것이라고 하여 '의근'으로 계(界)를 삼겠느냐, 아니면 법진(法塵)으로 인하여 생

기는 것이라고 하여 '법진'으로 계(界)를 삼겠느냐?

[阿難! 又汝所明, 意法爲緣, 生於意識。此識爲復, 因
意所生, 以意爲界? 因法所生, 以法爲界?]

《풀이》 제6식인 의식(意識)의 정체(正體)를 살필 차례다. 의
근(意根)은 사량(思量)하고 요별(了別)하는 놈이다. 인간의 의식
(意識)은 동물(動物)들 중에서 가장 발달된 기능(機能)을 가지고
있어서, 지구(地球)에서 주인 노릇을 하고 있다. 동물과 달리 인
간의 의식은 비교(比較)하여 분별(分別)하는 간단한 기능에서 시
작하여 각종의 추리(推理)와 연산(演算)으로 상당한 문명(文明)
을 이루어 가고 있다. 의근(意根)의 특징은 그 조직(組織)이 있는
위치가 불명(不明)한 점인데, 요즘은 두뇌를 그 장소로 보고 있
다. 장차 두뇌를 바꾸는 수술이 된다면 생각이 바뀔것이다.

[경(經)] 아난(阿難)아! 만약 의식(意識)이 '의근(意根)'으로 인하
여 생긴다면, 네 의근(意根) 중에 반드시 생각하는 대상이 있어
야만 너의 의식(意識)이 나타나는데, 만약 법진(法塵)이 없으면
의식(意識)이 생길 곳이 없을 것이다. 대상(對象)인 법진(法塵)
을 떠나면 형체(形體)가 없으니 의식(意識)이 무엇을 가지고 작
용을 하겠느냐?
또 이 식심(識心)이 사량(思量)과 요별성(了別性)으로 더불어 같
은 것이냐? 다른 것이냐?
의근(意根)과 같으면, 식심(識心)이 곧 의근(意根)이니 어떻게
식심(識心)이 생길 수가 있겠느냐. 의근(意根)과 다르면, 같지 아

니하므로 마땅히 아는 것이 없을 것이다.

만약 아는 바가 없다면, 어떻게 의근(意根)에서 생겼다고 하겠느냐. 만약 아는 바가 있으면 어찌 의식(意識)을 만드는 의근(意根)이라고 하겠느냐?

같다고 하거나 다르다고 하는 두 성품(性品)이 성립되지 못하면, 의식계(意識界)가 어떻게 성립되겠느냐?

[阿難！若因意生, 於汝意中必有所思, 發明汝意。若無前法, 意無所生, 離緣無形, 識將何用。又汝識心, 與諸思量兼了別性, 爲同,爲異, 同意卽意, 云何所生, 異意不同, 應無所識。若無所識, 云何意生, 若有所識, 云何識意, 唯同與異, 二性無成, 界云何立]

《풀이》 의근(意根)이 법진(法塵)인 생각거리를 사량(思量)요별(了別)하는 작용을 의식(意識)이라 하는데, 그 생각거리에는 전오식(前五識)의 인식(認識)결과(結果)도 포함한다. 그래서 육식(六識) 중에서 가장 중심적인 역할을 담당하므로 심왕(心王)이라 부른다.

　"식심(識心)이 사량(思量)과 요별성(了別性)으로 더불어 같으냐? 다르냐?" 하고 물어본 것이다. 유식학(唯識學)에서는 사량(思量)은 제7식의 성상(性相)이고, 요별(了別)은 제6식의 성상(性相)이라고 보는데, <능엄경>에는 그런 구별이 없으므로 굳이 구별할 필요는 없다고 본다.

[경(經)] 또, 의식(意識)은 '법진(法塵)'을 상대하여 생긴다. 세간

의 모든 법이 다섯 가지 대상인 오진(五塵)을 벗어나지 못하는데, 너는 빛깔·소리·냄새·맛·촉감을 살펴보아라. 그 모양들이 분명하여 다섯 가지 감각기관인 오근(五根)을 상대하므로, 의근(意根)에 해당하는 것이 아니다. 너의 의식(意識)이 정말 법진(法塵)을 상대하여 생기는 것이라면 너는 지금 자세히 보아라. '법진(法塵)'이라는 그 법(法)은 어떤 모양이냐?

만약 색공(色空)과 동정(動靜)과 통색(通塞)과 합리(合離)와 생멸(生滅)을 벗어나서, 모습을 떠나면 마침내 얻을 것이 없다. 생긴다고 하면 색공(色空) 등의 모든 법(法)이 생겨나고, 없어져도 역시 색공(色空) 등의 모든 법이 없어진다.

[若因法生, 世間諸法不離五塵。汝觀色法·及諸聲法·香法·味法·及與觸法, 相狀分明, 以對五根, 非意所攝。汝識決定依於法生, 汝今諦觀, 法法何狀, 若離色空·動靜·通塞·合離·生滅, 越此諸相, 終無所得。生則色空諸法等生, 滅則色空諸法等滅]

《풀이》 의식(意識)에서 그 대상(對象)인 법진(法塵)이 어떤 것인지 자세히 설명하고 있다. 색공(色空)과 동정(動靜)과 통색(通塞)과 합리(合離)와 생멸(生滅)은 색(色)·성(聲)·향(香)·미(味)·촉(觸)인 오진(五塵)을 가리키는데, 첨담(甛淡)이 누락되고 생멸(生滅)이 잘못 들어간 것이 눈에 띈다.

[경(經)] 인연할 대상인 법진(法塵)이 이미 없으니, 인연하여 생긴 의식(意識)은 어떤 모습이냐? 모양이 없는데 의식계(意識界)

가 어떻게 생겨나겠느냐?

그러므로 마땅히 알아라. '의근(意根)'과 '법(法)'이 인연이 되어
서 '의식계(意識界)'가 생긴다고 하나, 그 세 가지 처소(處所)가
모두 없어서, 의근(意根)과 법(法)과 의식계(意識界)라는 이 셋
은 본래 인연(因緣)도 아니고 자연(自然)도 아니다.

[所因旣無, 因生有識作何形相, 相狀不有, 界云何生。
是故當知, 意法爲緣生意識界, 三處都無, 則意與法及意
界三, 本非因緣, 非自然性。]

《풀이》 법진(法塵)은 알음알이인 생각거리와 전오식(前五識)
을 대상으로 생긴 분별(分別)의 집합체이다. 법진(法塵)이 허망
하니 그것을 대상으로 삼는 의식(意識)도 역시 허망하다. 본래 인
연(因緣)도 아니고 자연(自然)도 아니라는 결론이다. 모두 여래
장에서 출몰할뿐이다.

　이상(以上)으로 오음(五陰)에서 시작하여 육근(六根)·육진
(六塵)·육식(六識)의 정체(正體)를 낱낱이 밝혀 보이셨다. 결론
은 인생(人生)과 삼라만상(森羅萬象) 모두가 다 허망(虛妄)하고
성립조건(成立條件)들이 모두 다 처소(處所)가 없었다. 그렇다면
삼라만상이 허공꽃 처럼 본래(本來) 없는 것이니, 인연(因緣)인
가 자연(自然)인가 따질 필요가 없다. 따라서 인생(人生)과 만법
(萬法)은 무생(無生)이고, 본래 없는 것이다. 이 부분만 보면 <중
론>(中論)의 논증(論證) 내용과 대동소이(大同小異)하다.

　그러나 비록 허공꽃이긴 하지만, 만법(萬法)의 생멸상(生滅
相)이 현전(現前)하니 그 출처(出處)가 인연(因緣)도 자연(自然)

도 아니라고 부인(否認)만 할 수는 없다. '여몽환포영(如夢幻泡影)'으로 허공꽃이라고 설명한 것이 대승불교의 설법(說法)을 완료한 것은 아니다. 그래서 이 <능엄경>이 등장한 것이다. 즉 오음(五陰)·육입(六入)·12처(處)·18계(界)를 설명할 적에 그 첫머리에서는 항상 만법(萬法)의 정체(正體)는 '본래가 여래장(如來藏)인 묘진여성(妙眞如性)이다'라고 천명(闡明)하고 있다. 만법(萬法)인 사과(四科)의 각론(各論)에 들어가서는 모두 "본래 인연(因緣)도 아니고 자연(自然)도 아니다."라고 결론지었으나, 첫머리에 나오는 총론(總論)에는 언제나 여래장(如來藏)이란 개념으로 만법(萬法)의 출처(出處)를 분명하게 표현하고 있다. 즉 여래장연기설 법문이 등장한다. 공(空) 무상(無相) 무작(無作)으로 끝나지 않고 여래장의 묘진여성(妙眞如性)이 등장하여 성상이론을 완결지었다는 점이 <능엄경>의 특징이다. 중관학파는 공(空)으로 파사현정했다고 주장하지만, 파사(破邪)하고 다시 여래장(如來藏) 묘진여성(妙眞如性)으로 현정(顯正)한 <능엄경>과는 차별이 난다.

제6절 칠대(七大)의 정체를 밝히다

[경(經)] 아난(阿難)이 부처님께 아뢰었다.

"세존이시여! 여래(如來)께서 화합(和合)하는 인연(因緣)에 대하여 항상 말씀하시기를, 「세간(世間)에 가지가지 변화(變化)하는 모든 것이 <u>사대(四大)</u>의 <u>화합(和合)</u>으로 인하여 나타난다.」고 하셨는데, 어찌하여 여래(如來)께서는 지금 인연(因緣)과 자연(自然) 두 가지가 다 아니라고 배척(排斥)하십니까? 제가 지금 그 이치를 알지 못하겠사오니, 바라옵건대 가엾게 여기시어, 중생들에게 중도(中道)인 요의(了義)이고 희론(戲論)이 없는 법(法)을 분명하게 설명하여 주십시오."

[阿難白佛言:「世尊!如來常說和合因緣, 一切世間種種變化, 皆因四大和合發明。云何如來, 因緣自然二俱排擯, 我今不知斯義所屬, 惟垂哀愍, 開示衆生, 中道了義, 無戲論法」]

《풀이》 고대(古代) 인도(印度)의 물리학은 세상(世上)의 물질(物質)을 구성하는 기본요소로 지(地)·수(水)·화(火)·풍(風) 네 가지를 사대(四大)라고 부르면서, 실존(實存)하는 근본물질(根本物質)로 생각했다. 지대(地大)는 물질(物質) 중에서 고체(固體)를 가리키고, 수대(水大)는 액체(液體)를 가리키고, 풍대(風大)는 기체(氣體)를 가리키는데, 화대(火大)는 이른바 모두의 혼합체(混合體)에 해당한다. 사대(四大) 그것들이 인연(因緣)따라 결합과 분해를 계속하는 모습이 우주(宇宙) 삼라만상(森羅萬象)이라고 설명한다. 오늘날 물리학에서 원자(原子)가 물질의 기본요소라고 설명하는 것과 같은 논리다. 그러나 양자(量子)물리학은 분석을 통하여 더욱 미세한 소립자(素粒子)의 정체를 밝히려고 계속 연구하고 있음을 간과해서는 안 된다.

불법(佛法)은 연기설(緣起說)로 만법(萬法)의 기멸현상을 설명한다. 예를 들면, "수소(水素)원자 두 개와 산소(酸素)원자 한 개가 결합하면 물이 생긴다."는 사실을, 불교에서는 화학(化學) 상식(常識)을 근거로 인연(因緣)화합(和合)으로 설명한다. 사제(四諦)가 성문(聲聞)들의 인연법(因緣法)이듯이, 12인연법(因緣法)은 연각(緣覺)들의 인연법(因緣法)이고, 아공(我空)과 법공(法空)은 보살(菩薩)들의 인연법(因緣法)이다. 불교의 연기법에는 유위(有爲)연기·무위(無爲)연기·자체(自體)연기·법계(法界)연기 등 여러가지가 있다.

그런데 앞에서 5음(陰)과 6입(入)과 12처(處)와 18계(界)를 석공(析空)이라는 상식적인 인연법(因緣法)으로 논증(論證)한 결과, 인(因)과 연(緣)과 그리고 결과(結果)가 '모두들 처소(處所)가 없어 허망(虛妄)하다'는 결론이 났다. 그래서 삼라만상의 정체가 '인연(因緣)인가, 자연(自然)인가' 따질 실익(實益)이 없다는 이야기까지 나왔다. 연기법(緣起法)을 강조하는 불가(佛家)에서 인연(因緣)을 부인(否認)하고 있으니, 분명하게 문제(問題)가 생겼다고 하겠다. 그러자 다문제일(多聞第一)인 아난(阿難)존자가 이 문제를 거론하고 있다. 상식(常識)으로 푸는 세속제(世俗諦)는 희론(戲論)일 뿐이라고 하면서, 중도(中道)인 요의(了義) 승의제(勝義諦)를 가르쳐 달라고 조른다. 요컨대 상식적인 석공관(析空觀)은 희론(戲論)이라는 결론이 났다. 중도(中道)는 불법(佛法)의 진리(眞理)를 나타내는 단어로 자주 등장하는데, 중(中)의 의미(意味)는 만법(萬法)의 실상(實相)을 이른바 유(有)나 무(無), 단(斷)이나 상(常), 또는 진(眞)과 망(妄)이라는 양변(兩邊)에 치우쳐서 판단하지 않는다는 뜻이다. 또한 수행(修行)하는 방식에서는 고행(苦行)이나 낙행(樂行)의 어느 한쪽에 치우쳐서도 안 된다는 뜻도 있다고 한다. 그리고 요의(了義)는 남김이 없이 모든 이치를 다 밝힌다는 뜻이다.

아난(阿難)이 속제(俗諦)가 아닌 진제(眞諦)의 가르침, 즉 제일의제(第一義諦)인 승의제(勝義諦)를 배우고 싶어 한다.

[경(經)] 그때 세존께서 아난(阿難)에게 일러 말씀하셨다.

"네가 앞에서 성문(聲聞)과 연각(緣覺)의 소승법(小乘法)을 싫어하고 부지런히 최상의 보리(菩提)를 구하고자 발심(發心)하기에, 내가 지금 너에게 제일의제(第一義諦)를 열어 보였거늘, 어찌하여 또다시 세간의 희론(戱論)과 망상(妄想)의 인연에 스스로 얽매이느냐?

네가 비록 다문(多聞)이긴 하나, 마치 약(藥)을 찾는다고 말하는 사람이 진짜 좋은 약(藥)이 눈앞에 있는데도 이를 능히 분별하지 못하는 것과 같으니, 그래서 여래가 진실로 너를 가련(可憐)하다고 말한다.

너는 자세히 들어라. 내 마땅히 너를 위하여 지금 분별해서 열어 보여 주겠다. 또 나아가 장래에 대승(大乘)을 닦으려는 자들로 하여금 실상(實相)을 통달하게 하리라."

아난(阿難)이 잠자코 부처님의 거룩한 가르침을 받들었다.

[爾時, 世尊告阿難言:「汝先厭離, 聲聞緣覺諸小乘法, 發心勤求無上菩提, 故我今時爲汝, 開示第一義諦。如何復將, 世間戱論, 妄想因緣, 而自纏繞, 汝誰多聞, 如說藥人, 眞藥現前不能分別, 如來說爲眞可憐愍。汝今諦聽, 吾當爲汝分別開示, 亦令當來修大乘者通達實相」阿

難默然, 承佛聖旨]
난 묵 연   승 불 성 지

《풀이》 성문(聲聞)과 연각(緣覺)의 소승법(小乘法)은 상식적
인 세속제(世俗諦)를 말하고, 보살(菩薩)의 제일의제(第一義諦)
인 승의제(勝義諦)는 상식을 벗어난 진제(眞諦)를 가리킨다. 처
음부터 지금까지 세존은 제일의제(第一義諦)인 진제(眞諦)를 설
명하고 있는데, 아난(阿難)이 제대로 알아듣지를 못했다는 이야
기다.

　'세간(世間)의 희론(戲論)과 망상(妄想)의 인연(因緣)'이라는
말은 삼라만상(森羅萬象)의 정체를 언어문자(言語文字)로 설명
하는 상식적인 세속제(世俗諦)를 말한다.

　그런데 앞에서 5음(陰)과 6입(入)과 12처(處)와 18계(界)를
석공(析空)하고는 모두 허망하다고 논증(論證)했으니, 이 세속제
(世俗諦)인 연기설(緣起說)은 모두 희론(戲論)이라고 허무하게
논파(論破)되고 말았다.

[경(經)] 아난(阿難)아! 너는 「사대(四大)가 화합(和合)하여 세간
의 가지가지 변화를 일으킨다.」고 생각하구나.
아난(阿難)아! 만약 저 사대(四大)의 성품 자체가 화합(和合)이
아니라면, 모든 다른 대(大)와 섞여서 어울리지 못하는 것이, 마
치 허공이 모든 빛깔과 어울리지 않는 것과 같다.
만약 화합(和合)으로 된 것이라면, 변화(變化)하는 것과 같으니
처음과 끝이 있어서, 생멸(生滅)이 상속(相續)하여 났다가는 죽
고 죽었다가는 다시 나며, 이렇게 나고 나고 죽고 죽으니, 마치

돌고 도는 불바퀴와 같아서 멈추지를 못한다. 아난(阿難)아. 마치 물이 얼음이 되었다가 얼음이 다시 물이 되는 것과 같다.

[阿難！如汝所言, 四大和合, 發明世間種種變化。阿難！若彼大性體非和合, 則不能與諸大雜和, 猶如虛空不和諸色；若和合者, 同於變化, 始終相成生滅相續, 生死死生, 生生死死, 如旋火輪, 未有休息。阿難！如水成氷, 氷還成水]

《풀이》 아난(阿難)이 "지수화풍(地水火風)이라는 사대(四大)가 화합(和合)한 것이 삼라만상(森羅萬象)이라"고 생각하고 있음을 간파한 세존께서, 장차 사대(四大)의 성품(性品)을 설명하면서 그런 세속제(世俗諦)인 연기법(緣起法)이 희론(戲論)임을 함께 밝히시려고 한다.

우선 인연화합(因緣和合)을 비판하면서, 먼저 사대(四大)가 서로 다른 것과 '화합(和合)할 수 있는 성질인가? 화합(和合)할 수 없는 성질인가?'를 논증(論證)하신다.

만일 지수화풍(地水火風)이 서로 화합(和合)할 수 있는 것이라면, 사대(四大)은 독자성(獨自性)이 없는 것이니 사대(四大)라고 부를 수가 없다. 또 만약에 화합할 수 없는 것이라면, 자성(自性)이 있으니 세상에는 오직 지수화풍(地水火風) 네 종류만 존재하고 다른 삼라만상은 없어야 할 것이다.

실제로 만법(萬法)은 상호연관(相互聯關)되므로, 단순히 사대(四大)의 화합(和合)이나 비화합(非和合)에서 삼라만상이 생겨나오는 것이라고 간단하게 설명할 수가 없다. 따라서 원자(原

子)의 화합(和合) 여부(與否)를 가지고 사대(四大)에서 만물이
나왔다는 설명은 희론(戱論)이다. 상식적인 연기설(緣起說)이 한
계(限界)에 부딪친 장면이다.

(1) 진지(眞地)는 성지(性地)다

[경(經)] 네가 땅의 성질을 살펴보아라. 거친 것은 대지(大地)이
고 작은 것은 미세한 먼지인 미진(微塵)이다. 가장 작은 미진인
인허진(隣虛塵)은 극미(極微)인 색변제상(色邊際相)을 일곱 등
분으로 쪼갠 것인데, 이 인허진(隣虛塵)을 다시 쪼개면 실로 허
공성(虛空性)이다.
아난(阿難)아! 만약에 이 인허진(隣虛塵)을 쪼개어서 허공이 된
다면, 반대로 허공이 모여서 물질(物質)을 생겨나게 함도 알아야
한다.

[汝觀地性, 麤爲大地細爲微塵, 至隣虛塵, 析彼極微,
色邊際相七分所成。更析隣虛, 卽實空性。阿難！若此隣
虛, 析成虛空, 當知虛空出生色相]

《풀이》 물질(物質) 중 고체(固體)인 지대(地大)를 자꾸 세분
(細分)하면 극미(極微)가 되고 계속하여 분석하면 나중에는 너무
작아서 눈에는 보이지 않는 인허진(隣虛塵)이 된다고 그렇게 설
명하고 있다. 공간적(空間的)으로 계속하여 분석(分析)하는 방법
으로 지대(地大)의 정체를 밝히고 있다. 물리학에서도 고체의 정

　　　　　　　　　　　　　　불교와 여래장

체를 밝히려고 분자(分子)에서 원자(原子)로, 다시 소립자(素粒子)인 쿼크와 렙톤으로 계속하여 분석(分析)하고 있다. 질량(質量)만 있다면, 무한(無限)하게 세분(細分)하여 분석하는 석공(析空)이 가능한 세상이 되었다. 현미경이 발달할수록, 인허진(隣虛塵)인 소립자(素粒子)를 더 세밀하게 분석(分析)하는 작업은 계속될 것이다. 언젠가는 "가장 작은 물질은 과연 어떤 것일까?", 그리고 "그런 원소(元素)가 실제로 있을까?" 하는 종류의 물음에 시원한 해답이 나올 것이라고 믿고 있는 것 같다. 이렇게 근본물질에 대한 희망을 가지고 물리학자들은 지금도 기본입자(基本粒子)를 분석하는 연구를 계속하고 있다. 이렇게 석공관(析空觀)으로 근본물질(根本物質)을 찾다 보면, 지대(地大)의 진상(眞相)규명은 당연히 이런 석공(析空)방식을 사용하게 된다. 지금 이 구절은 석공관이라는 세속제(世俗諦)를 설명하면서 생기는 문제점을 설명하고 있다.

"이 인허진(隣虛塵)을 다시 쪼개면 실로 허공성(虛空性)이다"는 구절은 석공(析空)의 궁극에 가면 질량이 없는 상태에 도달한다는 이야기다. 즉 "인허진(隣虛塵)을 다시 쪼개면 궁극에는 허공(虛空)이 된다"고 생각하고 있다. 그런데 그렇게 해석하다 보면, 문제가 생긴다. 만약 고체를 석공(析空)하면 궁극에는 허공으로 된다고 해석한다면, 거꾸로 "아무것도 없는 허공(虛空)을 자꾸 모으면 물질(物質)이 된다"고 하는 역설(逆說)이 성립하게 된다. 이렇게 해석하면, "무(無)에서 유(有)가 나온다"거나, "태극(太極)에서 음양(陰陽)이기(二氣)가 나오고 이기(二氣)가 응결(凝結)하여 모습을 형성한다"는 도가(道家)나 유가(儒家)의 주장과 같은 희론(戲論)에 이르고 만다.

　태허(太虛)인 빈 허공을 많이 끌어모은다고 해서 물질(物質)이 생길 수가 없고, 미진(微塵)을 쪼갠다고 해서 빈 허공이 되는 것도 아니다. 다음에 이어지는 세존(世尊)의 법문에 따르면, 지대(地大)와 허공은 전혀 다른 성질이다.

[경(經)] 너는 지금, 「화합(和合)으로 말미암아 세간의 모든 변화하는 모습이 생긴다.」고 말하는데, 네가 직접 이 지극히 작은 인허진(隣虛塵)을 살펴보아라.

몇 개의 허공(虛空)을 화합(和合)해서 이 인허진(隣虛塵)이 이루어졌느냐? 마땅히 인허진(隣虛塵)을 화합(和合)하여 인허진(隣虛塵)이 되지는 않았을 것이다.

또 인허진(隣虛塵)이 쪼개지면 허공(虛空)이 된다고 하니, 몇 개의 인허진(隣虛塵)인 색상(色相)을 쪼개어야 이 허공(虛空)이 되겠느냐? 만약 색상(色相)에 화합(和合)할 적에는 색상과 화합하므로 허공(虛空)은 아니며, 만약 허공(虛空)에 화합할 적에는 허공과 화합하므로 색상(色相)은 아니다. 색상(色相)인 물질(物質)은 오히려 쪼갤 수가 있지만, 허공(虛空)이야 어떻게 화합(和合)할 수가 있겠느냐?

[汝今問言：『由和合故，出生世間諸變化相』汝且觀此一隣虛塵，用幾虛空和合而有，不應隣虛合成隣虛。又隣虛塵析入空者，用幾色相合成虛空，若色合時，合色非空；若空合時，合空非色。色猶可析，空云何合]

　　　　　　　　　　　　　　　　　　불교와 여래장

《풀이》 이 법문은 앞에서 설명한 석공관(析空觀)이 잘못임을 논증(論證)하고 있다. "몇 개의 허공(虛空)을 화합(和合)해서 인허진(隣虛塵)이 이루어졌느냐?"라는 구절은, 지대(地大)가 허공(虛空)에서 생긴 것이 아님을 분명하게 설명하고 있다. "몇 개의 인허진(隣虛塵)인 색상(色相)을 쪼개어야 이 허공(虛空)이 되겠느냐?"라는 구절은 허공(虛空)이 지대(地大)와는 전혀 다른 것이라는 말이다. 그 다음 구절은, 물질을 계속 분석(分析)하여 인허진(隣虛塵)이 되더라도 질량(質量)이 있는 한(限)은 물질(物質)이지, 텅 빈 허공(虛空)이 되지는 않는다는 설명이다. 마찬가지로 허공을 뭉친다고 물질이 생기는 것이 아니다. 원래 허공(虛空)이란 용어는 사대(四大)가 없는 텅 빈 공간(空間)인 공대(空大)를 가리킨다. 즉 수많은 은하계로 구성된 우주(宇宙)는 허공 중에 산재(散在)한 사대(四大)들이므로, 텅 빈 허공(虛空)과는 다르다는 설명이다. 허공(虛空)은 본래 시간과 공간이 없는 무위법(無爲法)이고, 우주(宇宙)에는 빅뱅에서 시작한 시간과 공간이 있는 사대(四大)들의 집합체이다. 그래서 허공(虛空)을 사대(四大)와 구별하여 따로 공대(空大)라고 부른다.

[경(經)] 네가 잘 알지 못하는구나. 여래장 가운데 성색(性色)인 진공(眞空)과, 성공(性空)인 진색(眞色)이, 청정(淸淨)하고 본연(本然)하여 법계(法界)에 두루하다. 중생의 마음에 따르고 소지(所知)의 상량(商量)에 응(應)하여, 업(業)을 따라 나타난다.

[汝元不知, 如來藏中, 性色眞空, 性空眞色。淸淨本然, 周徧法界, 隨衆生心, 應所知量, 循業發現。]

《풀이》 이 구절은 지대(地大)의 정체(正體)를 밝히는 중요한 법문이다. 여래장(如來藏)인 묘진여성(妙眞如性)을 지대(地大)의 정체(正體)라고 밝힌다. 원래 성지(性地)나 진지(眞地)라고 번역해야 하는데, 성색(性色)과 진색(眞色)이라고 번역되어서 혼란을 야기하고 있다. '성(性)이 색(色)'인 진공(眞空)으로 여래장(如來藏)에 있는 '지(地)의 성(性)'이 진공(眞空)임을 말하고, 성(性)이 공(空)인 '진색(眞色)'으로 여래장(如來藏)에 있는 '진짜 지(地)'가 공성(空性)임을 말하고 있다. 여기서는 진공(眞空)과 성공(性空)이란 단어로 지대(地大)의 정체(正體)를 표현하고 있다. 이른바 여래장(如來藏) 묘진여성(妙眞如性)인 지대(地大)를 완공(頑空)이나 단공(但空)이 아닌 진공묘유(眞空妙有)나 성공(性空)이라고 설명하고 있다. 상식(常識)을 바탕으로 분석하는 세속제(世俗諦)의 석공(析空)으로는 지대(地大)의 정체를 밝혀내지 못한다는 이야기다.

"청정(淸淨)하고 본연(本然)하여 법계(法界)에 두루하다"는 구절은, 지대(地大)의 성품(性品)은 아무 모습이 없어서 청정(淸淨)하고 공적(空寂)하므로 법계(法界)에 두루하다는 뜻이다. 모습이 없는 잠재성(潛在性)이나 가능성(可能性)이므로 허공(虛空)과 다름이 없으니, 허공계(虛空界)에 두루하다고 표현하고 있다. 이 구절은 바로 지대(地大)의 정체(正體)가 여래장(如來藏) 묘진여성(妙眞如性)이어서 청정(淸淨)하고 공적(空寂)하다는 내용을 풀어서 설명한 것으로, 여래장연기설에 해당한다.

"중생의 마음에 따르고 소지(所知)의 상량(商量)에 응(應)하여, 업(業)을 따라 나타난다"는 구절은, 지대(地大)가 여래장에서 출현하는 장면을 설명하는데, 중생심(衆生心)에 따르고 소지량(所知量)에 상응(相應)하고 업식(業識)에 따라서 발현(發現)한다고 했다. 이 구절은 바로 지대(地大)의 정체(正體)가 여래장(如來藏) 묘진여성(妙眞如性) 바로 그것이어서 각명(覺明)하고 영지(靈知)하다는 뜻이니 지대(地大)의 상(相)을 설명한 글이기도 하다. "중생(衆生)의 마음에 따르고, 소지(所知)의 상량(商量)에 응(應)한다."라는 말은, 고체(固體)인 물질들은 모두 그곳에 살고 있는 중생(衆生)들의 무시망견(無始妄見)인 동분망견(同分妄見)에 상응(相應)하여 나타난다는 뜻이다. 유연(有緣)중생들의 특유한 사이클에 따라서 동업중생의 업식(業識)이 공동(共同)으로 나툰 것이라는 말이다. 환언(換言)하면 삼라만상(森羅萬象)은 이른바 중생들의 자심현량(自心現量)이라는 설명이다. 눈만 뜨면 보이는 시각(視覺)현상을 위시하여 청각(聽覺)현상 등등이 모두 다 망견(妄見)인 중생심을 따라서 현량(現量)으로 나타난 성경(性境)이라는 말이다. 따라서 단단한 고체(固體)로 인식되는 지대(地大)는 모두 그 동네 동업(同業)중생들의 동분망견(同分妄見)에서 나툰 환상(幻相)이다.

여기서 '업(業)을 따라 나타난다'는 구절은, 삼라만상이 동업(同業)중생들의 동분망견과 별업망견으로 나타난다는 말이다. 모습들이 상식적으로 보면 물질들의 화합(和合)이나 분해(分解)라는 인과법(因果法)으로 기멸(起滅)하는 것 같지만, 사실은 동업중생들의 업보(業報)가 원인이라는 설명이다.

즉, 세속제(世俗諦)인 석공관(析空觀)으로는 지대(地大)의 정체를 밝힐 수가 없다는 것을 지적하고, 이어서 제일의제(第一 義諦)인 여래장(如來藏)연기법으로 지대의 정체를 설명하고 있 다. 즉 세속제(世俗諦)는 지대(地大)인 고체를 인연(因緣)화합 (和合)에서 형성하는 것이라고 연기법(緣起法)으로 설명하지만, 사실은 같이 사는 주민들의 동분망견(同分妄見)에 따라서 여래 장(如來藏) 묘진여성(妙眞如性)에서 나툰 것임을 강조하고 있 다. 물질(物質)간의 인과(因果)관계로 설명하는 석공관(析空觀) 이 속제(俗諦)라면, 여기 "중생(衆生)의 마음에 따르고, 소지(所 知)의 상량(商量)에 응(應)하여, 업(業)을 따라 나타난다"는 설 명은 제일의제(第一義諦)인 승의제(勝義諦)에 해당한다. 이 법 문은 용수보살의 <중론>(中論)에서도 언급하지 않는 부사의(不 思議)법문이다.

지대(地大)라는 고체(固體)는 무시(無始)망견(妄見)인 중생 의 업(業)을 따라 여래장(如來藏) 묘진여성(妙眞如性)에서 나타 난 것이지, 소립자(素粒子)나 원자(原子)의 집산(集散)인 연기법 (緣起法)으로 기멸하는 것이 아니라는 설명이다. 마치 눈병이 난 사람들만 허공꽃이 보이듯이, 동업(同業)인 중생(衆生)에게만 그 런 모습들이 나타나 보인다는 이야기다. 눈병으로 나타난 허상(虛 像)을 상식으로 석공(析空)하면서, 그것이 "인연(因緣)인가? 자연 (自然)인가?" 왈가왈부(曰可曰否)한다면, 정말 어리석다고 하지 않겠는가!

[경(經)] 세상 사람들이 모르고 인연(因緣)인가 자연(自然)인가 헤매지만, 모두가 식심(識心)의 분별(分別) 계탁(計度)이다. 다

만 언설(言說)만 있고 전혀 진실한 것이 없다.

[世間無知，惑爲因緣及自然性，皆是識心分別計度，但有言說，都無實義。]

《풀이》 여기서 우리는 일수사견(一水四見)의 비유를 상기할 필요가 있다. 세상 사람들은 업(業)에 따라서 바깥 경계(境界)에 끄달리므로 연기(緣起)한다고 설명하거나 자연(自然)이라고 이해하면서, 사물마다 이름을 지어서 이리저리 분별하고 집착하고 있다. "세상 사람들이 모르고 인연(因緣)인가 자연(自然)인가 헤맨다"는 말은, 일반 불교에서는 만법을 의타기성(依他起性)이 아니면 본연성(本然性)이라고 알고 있다는 말이다. "모두가 식심(識心)인 망상(妄想)에 의지하여, 언설(言說)로 분별(分別)하고 계탁(計度)한 것이다"는 말은 변계소집상(偏界所執相)에 집착하여 만법의 정체(正體)를 모르고 세상(世上)을 살고 있다는 말이다. 세상은 중생(衆生)들의 무시망견(無始妄見)들이 투영(投影)된 것인데, 그 영상(影像)인 모습에 미혹(迷惑)되어서 모습이 존재한다고 믿고서, 명자(名字)를 붙이고, 나아가 그것을 분별하고, 다시 집착하면서 영상(影像)세계를 떠나지 못하고 있다. 삼라만상은 실재(實在)가 아닌 허환(虛幻)인데도, 망상(妄想)인 명자(名字)에 얽매어서 살고 있다. 이처럼 삼라만상의 모습이 결막염 환자의 눈에만 보이는 원영(圓影) 같은 허공꽃인 줄 알아야, 비로소 여래장(如來藏)의 묘진여성(妙眞如性)을 이해하고, 나아가서 모습에 끄달리는 경박(境縛)에서 해탈할 수 있다는 말씀이다.

(2) 진화(眞火)는 성화(性火)다

[경(經)] 아난(阿難)아! 불의 성질은 무아(無我)라서 항상 물건(物件)에 붙어야만 존속(存續)하나니, 너는 이 성(城) 안에서 밥 짓는 광경을 보아라. 집집마다 밥을 지을 적에 손에 화경(火鏡)인 양수(陽燧)를 들고 햇빛을 초점에 모아서 불을 피운다.

[阿難！火性無我，寄於諸緣。汝觀城中未食之家，欲炊爨時，手執陽燧日前求火]

《풀이》 화(火)는 고체·액체·기체가 혼합된 상태를 가리킨다. 양수(陽燧)는 햇빛이 한곳에 집중(集中)되도록 하여 불을 일으키는 데 사용한 도구다. 인도에서 유리를 제조하기 전이라면, 구리로 만든 화경(火鏡)으로 보인다.

[경(經)] 아난(阿難)아! 화합(和合)이란, 나와 너와 1250명의 비구(比丘)가 모여 하나의 대중(大衆)이 된 것을 말한다. 대중(大衆)은 비록 하나이지만, 그 근본(根本)을 따지면 개인마다 각각(各各) 몸이 있으며 태어난 집안과 이름이 달리 있다. 즉 사리불(舍利弗)은 바라문(婆羅門)종족(種族)이요, 우루빈나(優盧頻螺)는 가섭파(迦葉波)종족이요, 또 아난(阿難)은 구담(瞿曇)종족이다.

[阿難！名和合者，如我與汝，一千二百五十比丘，今爲一衆，衆雖爲一，詰其根本，各各有身，皆有所生氏族名

자　여사리불파라문종　우로빈라가섭파종　내지아난구
字, 如舍利弗婆羅門種, 優盧頻螺迦葉波種, 乃至阿難瞿
담종성
曇種性]

《풀이》 삼라만상은 필요충분조건이 구비되어야만 화합(和合)
하고 발생하므로, '화합(和合)한다'는 용어에 대한 설명이 필요
하다. 지금 불이 화합(和合)으로 생긴 것인가를 검토하기에 앞서
서, 화합(和合)의 의미를 승가(僧伽) 대중(大衆)의 화합(和合)을
가지고 설명하고 있다. 각기 다른 종족(種族)인데 모여서 화합하
면 승가(僧伽)라는 단체가 된다는 뜻이다.

[경(經)] 아난(阿難)아! 만약 불의 성품이 화합(和合)으로 인하여
생긴 것이라면, 저 사람이 손에 화경(火鏡)을 들고 햇빛에서 불
을 구하는데, 그 불이 거울 속에서 나오는 것이냐? 쑥에서 나오는
것이냐? 아니면 해에서 나왔느냐?

아난(阿難)아! 만약 불이 해에서 왔다면, 네 손에 있는 쑥을 스스
로 태울 적에, 햇빛이 거쳐서 오는 곳에 있는 숲과 나무가 모두
불타야 할 것이다.

만약 불이 화경(火鏡)에서 나왔다면, 저절로 화경(火鏡)에서 나
와 쑥을 태우는 것인데 화경(火鏡)은 어찌하여 녹지 않느냐? 네
손에 들려 있는데도 네 손이 뜨겁지도 아니하니 어떻게 화경(火
鏡)이 녹겠느냐?

만약 불이 쑥에서 생긴 것이라면, 어째서 햇볕이 화경(火鏡)을
통해서 쑥에 맞닿은 다음에야 불이 생기느냐?

너는 또 자세히 보아라. 화경(火鏡)은 사람의 손에 들려 있고, 햇

빛은 하늘에서 오며, 쑥은 원래 땅에서 난 것인데, 불은 어느 곳으로부터 여기까지 온 것이냐? 해와 화경(火鏡)은 서로 거리가 멀어서 화합(和合)이 아니다.

또 불이 나온 곳도 없이 저절로 생긴 것도 아니므로, 자연도 아니다.

[阿難！若此火性, 因和合有, 彼手執鏡於日求火, 此火爲從鏡中而出, 爲從艾出, 爲於日來, 阿難！若日來者, 自能燒汝手中之艾, 來處林木皆應受焚。若鏡中出, 自能於鏡出然于艾, 鏡何不鎔。紆汝手執尙無熱相, 云何融泮。若生於艾, 何藉日鏡, 光明相接, 然後火生。汝又諦觀, 鏡因手執, 日從天來, 艾本地生, 火從何方遊歷於此, 日鏡相遠非和非合, 不應火光無從自有]

《풀이》 불은 필요충분조건이 화합하여야 생긴다는 것이 우리의 상식(常識)이다. 즉 발화점(發火點) 이상의 온도(溫度)·연료(燃料)·산소(酸素)가 불이 일어날 조건(條件)이다. 여기서는 불의 출처를 해와 화경이라는 온도(溫度)조건과 연료(燃料)인 쑥에서 찾고 있다.

[경(經)] 네가 잘 알지 못하는구나. 여래장 가운데 성화(性火)인 진공(眞空)과, 성공(性空)인 진화(眞火)가 청정(淸淨)하고 본연(本然)하여 법계(法界)에 두루하여, 중생의 마음에 따르고 소지(所知)의 상량(商量)에 응(應)한다.

아난(阿難)아! 마땅히 알아라. 세상 사람들이 한 곳에서 화경을 들면 한 곳에서 불이 생기고, 온 천하(天下)에서 화경을 들면 불이 천하에서 일어나서, 온 세상에 골고루 생기는데, 어찌 장소가 따로 있겠느냐?

[汝猶不知, 如來藏中, 性火眞空, 性空眞火, 淸淨本然, 周徧法界；隨衆生心, 應所知量。阿難！當知, 世人一處執鏡, 一處火生, 徧法界執, 滿世間起, 起徧世間, 寧有方所]

《풀이》 진화(眞火)인 성화(性火)가 본래부터 청정(淸淨)한 성(性)으로서 진공(眞空)이면서 성공(性空)이므로, 항상 법계에 두루한데, 누구든지 성냥불을 켜기만 하면, 중생(衆生)의 심량(心量)인 상량(商量)에 감응(感應)하여 불이라는 모습[相]을 나툰다는 이야기다. 불이 진화(眞火)인 성화(性火)로 저장되어 있는 장소를 여래장(如來藏)이라고 부르고 있다.

[경(經)] 업(業)을 따라 나타난 것인데, 세상 사람들이 모르고 인연(因緣)인가 자연(自然)인가 헤아리지만, 모두가 식심(識心)의 분별(分別)과 계탁(計度)이다. 다만 언설(言說)만 있고 전혀 진실한 것이 없다.

[循業發現。世間無知, 惑爲因緣及自然性, 皆是識心分別計度, 但有言說, 都無實義]

《풀이》 상식적으로 보면 불이 생길 필요충분조건을 갖추어야 불이 나오니 화대(火大)가 인연(因緣)으로 생긴다고 말하지만,

발화(發火)할 여러 조건을 갖추는 그 당시에, 여래장(如來藏)의 묘진여성(妙眞如性)인 진화(眞火)인 성화(性火)에서 나온다는 이야기다. 필요충분조건으로 불이 생긴다는 설명은 상식적인 속제(俗諦)이고, 사실은 여래장에서 업(業)을 따라서 나온다는 설명은 제일의제(第一義諦)인 진제(眞諦) 이야기다.

(3) 진수(眞水)는 성수(性水)다

[경(經)] 아난(阿難)아! 물의 성질은 정해진 것이 없어서 흐르고 쉬는 것이 일정하지 않다. 실라벌성(室羅筏城)에 있는 가비라(迦毘羅)와 작가라(斫迦羅)와 같은 신선(神仙)이나 발두마(鉢頭摩)와 하살다(訶薩多)와 같은 환사(幻師)들이 달의 정기(精氣)를 구하여서 그것으로 환약(幻藥)을 만들 적에, 그들이 달 밝은 밤중에 손에 방저(方諸)라는 구슬을 사용하여 달 속의 물을 받아서 사용한다.

[阿難! 水性不定, 流息無恒。如室羅城迦毘羅仙, 斫迦羅仙及鉢頭摩訶薩多等, 諸大幻師, 求太陰精, 用和幻藥, 是諸師等, 於白月晝, 手執方諸, 承月中水]

《풀이》 방저(方諸)가 구체적으로 어떤 물건인지 확인할 수가 없다. 주(珠)의 일종인데, 옛날에 달빛에서 물을 뽑아내는 기구(器具)가 인도(印度)에 있었던 모양이다.

[경(經)] 이때 생기는 물은 방저(方諸)에서 나온 것이냐? 공중에서 저절로 생긴 것이냐? 아니면 달에서 온 것이냐?

아난(阿難)아! 만약 달에서 온 것이라면, 오히려 먼 곳의 방저에서 물이 생기게 할 수 있었으니, 그렇다면 달빛이 경과하는 곳에 있는 숲과 나무마다 모두 물이 흘러야 할 것이다. 만약 숲과 나무에 물이 흐른다면, 어찌하여 방저(方諸)에서 나오기를 바라겠느냐.

만약 흐르지 않는다면, 물이 달에서 오는 것이 아님이 분명하다.

만약 방저(方諸)에서 나오는 것이라면, 그 구슬에서 항상 물이 흘러야 하리니, 어찌하여 밤중에 밝은 달빛을 받을 필요가 있겠느냐?

만약 허공(虛空)에서 생긴다면, 허공의 성질은 끝이 없으므로 물도 마땅히 한계가 없어서 인간으로부터 천상(天上)에 이르기까지 다 함께 물에 잠겨야 할 것인데, 어찌하여 물과 육지와 하늘이 따로 있겠느냐?

너는 다시 자세히 보아라. 달은 하늘에 떠 있고, 방저(方諸)는 손에 들려 있고, 구슬의 물을 받는 쟁반은 본래 사람이 설치해 놓은 것이니, 물은 어느 곳으로부터 여기에 까지 흐르느냐?

달과 구슬은 서로 거리가 멀어서 화합(和合)이 아니다.

또 물이 오는 곳도 없이 저절로 있는 것도 아니므로 자연(自然)도 아니다.

[此水爲復從珠中出, 空中自有, 爲從月來, 阿難! 若從月來, 尚能遠方令珠出水, 所經林木皆應吐流。流則, 何待方珠所出；不流, 明水非從月降。若從珠出, 則此珠中

常應流水, 何待中宵承白月晝。若從空生, 空性無邊, 水
當無際, 從人洎天, 皆同陷溺, 云何復有水陸空行, 汝更
諦觀, 月從天陟, 珠因手持, 承珠水盤本人敷設, 水從何
方流注於此, 月珠相遠非和非合, 不應水精無從自有]

《풀이》 요즘 같으면 수소와 산소로 물을 만드는 이야기를 하겠
지만, 당시의 기술은 방저(方諸)뿐이었던 모양이다. 수소와 산소
는 친화성(親火性) 물질이니, 어디에도 물의 성질이 없다. 그런
데 둘을 화합(和合)하면 축축한 물이 여래장(如來藏)에서 톡 튀
어 나온다.

　　지금 달과 방저(方諸)와 허공이 필요충분조건으로 등장하지
만, 그 어디에도 축축한 성질은 없다는 설명이다.

[경(經)] 네가 잘 알지 못하는구나. 여래장 가운데, 성수(性水)인
진공(眞空)과, 성공(性空)인 진수(眞水)가, 청정(淸淨)하고 본연
(本然)하여 법계(法界)에 두루하여, 중생의 마음에 따르고 소지
(所知)의 상량(商量)에 응(應)한다. 한 곳에서 방저(方諸)구슬을
잡으면 한 곳에 물이 나오고 온 우주에서 방저(方諸)구슬을 두루
잡으면 온 우주 법계에 물이 가득하게 생긴다. 온 세상에 가득하
게 생기는데 어찌 장소가 따로 있겠느냐?

[汝尚不知, 如來藏中, 性水眞空, 性空眞水, 淸淨本
然, 周徧法界 ; 隨衆生心, 應所知量, 一處執珠一處水
出, 徧法界執滿法界生, 生滿世間寧有方所]

　　　　　　　　　　　　　　　　불교와 여래장

《풀이》 진수(眞水)인 성수(性水)가 진공(眞空)이고 성공(性空)인지라, 본래부터 청정(淸淨)하여 법계에 두루하므로 그것을 '여래장(如來藏)에 있다'고 말한다. 그것은 성(性)인지라, 중생의 심량(心量)인 상량(商量)에 따라서 법계에 두루 나타난다는 이야기다. 만법유식(萬法唯識) 이야기와 같다.

[경(經)] 업(業)을 따라 나타나는데, 세상 사람들이 모르고 인연(因緣)인가 자연(自然)인가 헤아리지만, 모두가 다 식심(識心)의 분별(分別)과 계탁(計度)이다. 다만 언설(言說)만 있고 전혀 진실한 것이 없다.

[循業發現。世間無知, 惑爲因緣及自然性, 皆是識心分別計度, 但有言說, 都無實義。]

《풀이》 중생의 업식(業識)인 망견(妄見)에 따라서 여래장 묘진여성(妙眞如性)에서 지수화풍(地水火風)과 산하대지가 나타나는데, 세상 사람들은 물질들이 원자의 집산(集散)으로 연기(緣起)한다고 잘못 알있다는 이야기다.

(4) 진풍(眞風)은 성풍(性風)이다

[경(經)] 아난(阿難)아! 바람의 성질은 실체가 없어서 움직이고 고요함이 일정하지 아니하다. 네가 옷깃을 여미면서 대중 가운데에 들어갈 적에, 가사 자락이 펄럭거리어 옆 사람에게 미치면, 곧

미풍(微風)이 그 사람의 얼굴을 스친다. 이 바람은 가사자락에서 나왔느냐? 허공에서 생겼느냐? 그 사람의 얼굴에서 생겼느냐?

[阿難！風性無體，動靜不常。汝常整衣入於大衆，僧伽梨角動及傍人，則有微風拂彼人面。此風爲復，出袈裟各? 發於虛空? 生彼人面?]

《풀이》 바람은 기체(氣體)가 움직이는 현상이다. 지상(地上)에서는 기압(氣壓)의 고저(高低)에 따라서 바람이 불고, 실내(室內)에서는 부채를 부치는 데 따라서 바람이 생긴다.

[경(經)] 아난(阿難)아! 그 바람이 만약 가사 자락에서 생기는 것이라면, 너는 바람을 입었으므로 옷자락이 날려 네 몸에서 벗겨져 나가야 할 것이다. 내가 지금 설법한다고 이 가사를 입고 나왔는데, 너는 나의 가사를 보아라. 바람이 어디에 있느냐? 옷 속에는 바람을 숨겨 놓은 곳이 없다.

만약 허공(虛空)에서 생긴다면, 네 옷이 펄럭이지 아니하였을 적에는 어째서 바람이 일어나지 않느냐? 허공의 성품은 항상 있는 것이므로 바람도 마땅히 항상 있어야 할 것이니, 따라서 바람이 없을 적에는 허공이 마땅히 없어져야 할 것이다. 그러나 바람이 없는 것은 알 수가 있지만 허공이 없어지는 것은 어떤 모양이냐? 만약 생기거나 없어짐이 있다면 허공이라고 할 수 없고, 기멸(起滅)이 없는 것이 허공이라면 어떻게 기멸(起滅)이 있는 바람이 허공에서 나오겠느냐?

만약 바람이 그 사람의 얼굴에서 저절로 생기는 것이라면, 그 사

불교와 여래장

람의 얼굴에서 생겼으니 마땅히 네 쪽으로 불어와야 할 것인데, 네가 옷을 펄럭일 적에 어찌하여 바람이 저 사람 얼굴 쪽으로 부느냐?

너는 자세히 살펴보아라. 옷을 펄럭이는 것은 너에게 있고, 얼굴은 저 사람에게 속하며, 허공(虛空)은 고요하여 유동(流動)하지 않는데, 그 바람이 어느 곳으로부터 불어서 오는 것이냐?

바람과 허공(虛空)은 성질이 서로 달라서 화합(和合)할 수 없다. 또 바람의 성질이 오는 곳도 없이 저절로 있는 것도 아니므로 자연(自然)도 아니다.

[阿難！此風若復，出袈裟角，汝乃披風，其衣飛搖應離汝體；我今說法，會中垂衣，汝看我衣風何所在，不應衣中有藏風地。若生虛空，汝衣不動，何因無拂，空性常住，風應常生，若無風時，虛空當滅。滅風可見，滅空何狀。若有生滅，不名虛空；名爲虛空，云何風出。若風自生被拂之面，從彼面生當應拂汝，自汝整衣云何倒拂。汝審諦觀，整衣在汝，面屬彼人，虛空寂然不參流動，風自誰方，鼓動來此。風空性隔非和非合。不應風性無從自有]

《풀이》 바람은 필요충분 조건으로 먼저 기체인 공기(空氣)가 있고, 공기를 요동시키는 부채가 있으며, 그리고 그 부채를 부쳐야만 생긴다. 즉 연기(緣起)한다는 이야긴데, 바람은 허공(虛空)하고는 성질이 서로 달라서 화합(和合)할 수가 없다. 따라서 무단히 바람이 생길 수 없다. 그러면 바람은 도대체 어디서 오나?

[경(經)] 네가 잘 알지 못하는구나. 여래장 가운데 성풍(性風)인 진공(眞空)과, 성공(性空)인 진풍(眞風)이, 청정(淸淨)하고 본연(本然)하여 법계(法界)에 두루하여, 중생의 마음에 따르고 소지(所知)의 상량(商量)에 응(應)한다. 아난(阿難)아. 네 혼자 가사 자락을 약간 펄럭이면 미풍(微風)이 나오고, 우주 법계(法界)에서 가사를 펄럭거리면 온 국토(國土)에 바람이 생겨서 세상에 두루하리니, 어찌 장소가 따로 있겠느냐.

[汝宛不知, 如來藏中, 性風眞空, 性空眞風, 淸淨本然, 周徧法界；隨衆生心, 應所知量。阿難！如汝一人, 微動服衣, 有微風出, 徧法界拂, 滿國土生, 周徧世間寧有方所,]

《풀이》 진풍(眞風)인 성풍(性風)은 진공(眞空)이고 성공(性空)이니, 모습을 찾을 수 없는 바람의 실상(實相)도 여래장(如來藏) 진여성(眞如性)이라는 이야기다.

[경(經)] 업(業)을 따라 나타나는데, 세상 사람들이 모르고 인연(因緣)인가 자연(自然)인가 헤아리지만, 모두가 다 식심(識心)의 분별(分別)과 계탁(計度)이다. 다만 언설(言說)만 있고 전혀 진실한 것이 없다.

[循業發現。世間無知, 惑爲因緣及自然性, 皆是識心分別計度, 但有言說, 都無實義。]

《풀이》 바람이라는 명자(名字)는 있어도 바람의 실체는 눈으로 찾을 수가 없으니, 바람은 허망한 것이다. 신근(身根)의 촉감(觸感)으로 중생의 업(業)을 따라 나타나는데, 여래장 묘진여성(妙眞如性)에서 바람이 생긴다.

(5) 허공(虛空)은 여래장(如來藏)이다

[경(經)] 아난(阿難)아! 허공(虛空)의 성질이 형체가 없으므로 색깔로 인하여 나타난다. 이 실라벌성(室羅筏城)처럼 강(江)이 멀리 떨어져 있는 곳에 사는 사람들이 집을 새로 지으려고 우물을 파서 물을 준비할 적에, 흙을 한 자[尺]쯤 파면 그 속에 한 자의 허공(虛空)이 생기고 이와 같이 흙을 한 길[丈]쯤 파면 그 속에 다시 한 길의 허공(虛空)이 생긴다. 이렇게 허공(虛空)의 얕고 깊음이 흙을 파내는 양(量)에 따라 다르다. 이때 우물 안의 허공(虛空)은 흙으로 인하여 생기느냐, 굴착(掘鑿)으로 인하여 생기느냐, 까닭도 없이 저절로 생기느냐?

[阿難！空性無形, 因色顯發。如室羅城去河遙處, 諸刹利種, 及婆羅門, 毘舍, 首陀, 兼頗羅墮, 旃陀羅等, 新立安居, 鑿井求水, 出土一尺於中則有一尺虛空, 如是乃至, 出土一丈中間還得一丈虛空, 空虛淺深隨出多少。此空爲當, 因土所出, 因鑿所有, 無因自生]

《풀이》 부처님 당시의 인도(印度)에서는 모습 있는 것들은 사대(四大)라 하고, 모습 없는 텅 빈 허공(虛空)을 공대(空大)라고 불렀다. 주의할 점은 허공은 공기와는 다른 개념이다. 즉 지구의 대기권(大氣圈)에는 질소나 산소 같은 기체(氣體)가 있고, 또 우주공간에는 암흑(暗黑)물질이란 것도 있다고 한다. 여기의 허공은 이런 각종의 기체나 물질을 배제(排除)한 텅 빈 허공(虛空)을 말한다.

모습 없는 텅 빈 허공은 보이는 것이 없으므로, 그것을 표현할 적에 모습 있는 물질인 색(色)과 비교하여 이야기할 수밖에 없다. 그래서 "색깔로 인하여 나타난다"고 한다.

지금 땅을 파서 우물을 만드는 이야기도 모습 없는 텅 빈 공간을 설명하기 쉬운 예(例)라고 보았기 때문이다. 허공에는 시간(時間)과 공간(空間)이라는 개념이 없어서, 사람들이 이해하지 못하는 특성이 많아서, 알기 쉽게 우물을 파는 이야기가 등장하고 있다.

[경(經)] 아난(阿難)아! 만약 허공(虛空)이 까닭도 없이 저절로 생긴 것이라면, 흙을 파기 전에는 어찌하여 막혀서 오직 땅만 보이고 멀리 뚫려 있지 않느냐.

만약 허공(虛空)이 흙으로 인하여 생기는 것이라면, 흙을 파낼 때에 마땅히 허공(虛空)이 들어가는 것을 보아야 한다. 만약 흙이 먼저 나왔는데도 허공(虛空)이 들어가지 않는다면 어떻게 허공이 흙으로 인하여 생긴다고 하겠느냐? 만약 '나오고 들어감'이 없다면, 허공과 흙이 본래 다른 원인이 없을 것이니, 다른 원인이 없다면 같은 것이거늘 흙이 나올 적에 허공(虛空)은 어찌하여 나오지 않느냐?

만약 굴착(掘鑿)으로 인하여 허공이 나온다면, 마땅히 굴착에 따라 허공이 나오므로 흙은 나오지 않아야 할 것이다.

그러나 반대로 굴착(掘鑿)으로 인하여 허공이 나오는 것이 아니라면, 굴착으로 흙이 나오는 데 어찌하여 허공도 보게 되느냐?

네가 다시 자세하게 살피고, 자세히 관찰하라. 굴착기(掘鑿機)는 사람의 손을 따라 이리저리 운전(運轉)하고, 흙은 땅을 인하여 옮겨지는데, 허공(虛空)은 무엇을 인하여 나오느냐?

굴착(掘鑿)과 허공(虛空)은 허(虛)와 실(實)이라, 서로 작용하지 않으므로 화합(和合)하지 못한다.

또 허공(虛空)이 오는 곳도 없이 저절로 나오는 것도 아니므로 자연(自然)도 아니다.

[阿難! 若復此空, 無因自生, 未鑿土前, 何不無礙, 唯見大地迥無通達。若因土出, 則土出時應見空入, 若土先出無空入者, 云何虛空因土而出, 若無出入, 則應空土元無異因, 無異則同, 則土出時空何不出。若因鑿出, 則鑿出空, 應非出土, 不因鑿出, 鑿自出土, 云何見空。汝更審諦, 諦審諦觀, 鑿從人手, 隨方運轉, 土因地移, 如是虛空, 因何所出。鑿空虛實, 不相爲用, 非和非合。不應虛空無從自出]

《풀이》 허공은, 물질이 있든 없든, 전체 우주공간에 깔려 있다. 사실은 수많은 은하계가 허공이라는 텅 빈 장소에서 기멸(起滅)하고 있을 뿐이다. 그 빈 것을 허공(虛空)이라고 이름을 붙인 것이지, 허공이라고 지칭할 실체가 전혀 없다. 그래서 지금은 땅을 파서 나오는 텅 빈 허공을 그 예(例)로 들고 있다.

[경(經)] 이와 같이, 이 허공(虛空)의 성품이 원만(圓滿)하고 두루하여 본래 동요(動搖)가 없을진댄, 앞에서 밝힌 지수화풍(地水火風)과 같이 오대(五大)라고 하리니, 그 성품이 참되고 원융(圓融)하여 모두가 여래장(如來藏)이라. 본래 생멸(生滅)이 없는 줄을 마땅히 알아라.

아난(阿難)아. 네 마음이 혼미해서 사대(四大)인 지수화풍(地水火風)이 본래 여래장(如來藏)임을 깨닫지 못하는구나.

또 허공(虛空)을 살펴보아라. 나오느냐? 들어가느냐? 나오고 들어가는 것이 아니냐?

[若此虛空, 性圓周徧, 本不動搖, 當知現前地水火風, 均名五大性眞圓融, 皆如來藏本無生滅。阿難！汝心昏迷, 不悟四大, 元如來藏。當觀虛空, 爲出爲入, 爲非出入]

《풀이》 모습 있는 물질의 기본을 지수화풍(地水火風) 사대(四大)라고 설명하면서, 텅 비어서 아무것도 없는 바탕인 허공(虛空)을 따로 공대(空大)로 인정하여 오대(五大)라고 부르자는 이야기다.

[경(經)] 네가 잘 알지 못하는구나. 여래장 가운데 성각(性覺)인 진공(眞空)과, 성공(性空)인 진각(眞覺)이, 청정(淸淨)하고 본연(本然)하여 법계(法界)에 두루하여, 중생의 마음에 따르고 소지

　　　　　　　　　　　　불교와 여래장

(所知)의 상량(商量)에 응(應)한다.

[汝全不知, 如來藏中, 性覺眞空, 性空眞覺, 淸淨本然, 周徧法界, 隨衆生心, 應所知量]

《풀이》 허공의 정체(正體)를 여기서 '성각(性覺)인 진각(眞覺)'이라고 표현하고 있다. 사대(四大)의 설명방식을 따른다면 '성공(性空)인 진공(眞空)과 성공(性空)인 진공(眞空)'이라고 표현해야 하는데, 공(空)이 중첩(重疊)하므로, '성(性)이 각(覺)인 진공(眞空)과, 성(性)이 공(空)인 진각(眞覺)'이라고 표기하고 있다. 만약 '공(空)자 대신에 부득불 각(覺)자를 넣었다면, 먼저 허공(虛空)의 정체(正體)는 '성공(性空)'이라고 부르고, '성공(性空)인 진각(眞覺)과 성각(性覺)인 진공(眞空)'이라고 표기해야 마땅할 것이다. 또한 허공(虛空)은 청정(淸淨)과는 가깝고 각명(覺明)과는 먼데, 정(淨)자를 아니 쓰고 하필 각(覺)으로 표현했을까? 의문이 많은 표현이다. 한역(漢譯)하면서 번역이 잘못된 것은 아닌가? 아니면 세존께서, 공대(空大)를 설명하면서 허공(虛空)이 각명(覺明)임을 특별하게 강조하신 뜻이 있는가? 허공에서 빅뱅이 일어나 은하(銀河)가 기멸(起滅)하는 것을 보면, 허공이 텅 빈 것만은 아니라는 사실을 알리려는 뜻이 계셨든가?

[경(經)] 아난(阿難)아! 만약 하나의 우물을 파서 공간이 생기면 허공(虛空)이 하나의 우물에서 생기듯이, 시방의 허공도 그와 같다. 시방에 원만한 것이거니 어찌 장소가 따로 있겠느냐? 업(業)을 따라 나타나는데, 세상 사람들이 모르고 인연(因緣)인가 자연

(自然)인가 헤아리지만, 모두가 다 식심(識心)의 분별(分別)과
계탁(計度)이다. 다만 언설(言說)만 있고 진실한 것이 없다.

[阿難！如一井空空生一井, 十方虛空亦復如是, 圓滿
十方, 寧有方所,循業發現。世間無知, 惑爲因緣及自然
性, 皆是識心分別界度, 但有言說, 都無實義]

《풀이》 공간(空間)에서 물질(物質)이 아닌 부분을 상식적으로
허공(虛空)이라 부르는데, 사실 허공(虛空)이란 텅 비어서 아무
것도 없어서 명자(名字)만 있고 내용은 전혀 없다는 뜻이다.

(6) 진견(眞見)은 여래장(如來藏)이다

[경(經)] 아난(阿難)아! 견각(見覺)은 무지(無知)하여 빛깔이나
허공을 대상으로 하여야만 존재한다. 네가 지금 '기타'림(祇陀
林)에 있는데 아침에는 밝고 저녁에는 어두우며, 밤중이라도 보
름에는 밝고 그믐에는 어두운데, 그 밝고 어두운 것이 견(見)으로
인하여 분석된다.

[阿難！見覺無知, 因色空有。如汝今者在祇陀林, 朝明
夕昏；設居中宵, 白月則光, 黑月便暗, 則明暗等, 因見
分析。]

《풀이》 견각(見覺)은 견문각지(見聞覺知)의 준말이다. 자세하
게 표현하면 견문각지(見聞覺知)하는 견분(見分)인 **육정(六精)**

　　　　　　　　　　　　　　불교와 여래장

을 총칭하고 있다. "견각(見覺)은 무지(無知)하다"는 구절은 지금 시각현상에서 **견정(見精)**을 예(例)로 들고 있지만, 뒤에 가면 견문각지(見聞覺知)하는 **육정(六精)** 전체(全體)가 모두 등장한다. 통설은 이 법문을 육근(六根) 중에서 승의근(勝義根)인 근대(根大)의 정체(正體)를 밝히는 법문이라고 한다.

인식(認識)은 알아보는 놈인 견분(見分)인 지(智)와 그와 상대(相待)하는 상분(相分)인 경(境)이 서로 마주쳐야 육식(六識)이 성립한다. 예컨대 시각(視覺)현상에서 부진근(浮塵根)인 안근(眼根)을 통하여 그것을 알아보는 승의근(勝義根)이 있어도, 빛깔이나 허공인 대상이 나타나야만 안식(眼識)이 생긴다. '봄[見]'이라는 시각현상이 생길 때에, 그 견분인 견정(見精)을 이른바 견각(見覺)이라고 부르고 있다. 그런데 지경(智境)이 상대(相待)하기 전(前)에는 견문각지의 체(體)인 견분(見分)이 무지(無知)하다는 이치를 "견각(見覺)은 무지(無知)하다"라고 설명하고 있다. 즉 안근(眼根)이 시각현상을 알아보는 경우에, 주체와 객체가 동시에 함께 있어야 안식(眼識)이 생기지, 견근(見根)만으로는 인식(認識)이 성립되지 않아서 원래 무지(無知)임을 확인하고 있다.

[경(經)] 이 견(見)이 밝고 어두운 명암(明暗)의 모습과 허공(虛空)과 더불어 <u>일체(一體)</u>이냐? 일체(一體)가 아니냐? 혹 같기도 하고, 같지 않기도 하느냐? 혹 다르기도 하고, 다르지 않기도 하느냐?
아난(阿難)아! 이 견(見)이 명(明)과 암(暗)과 허공(虛空)으로 더불어 <u>일체(一體)</u>라면, 곧 명(明)과 암(暗) 두 가지 자체가 서

로 없어져서, 어두울 적엔 밝음이 없고 밝을 적엔 어둠이 없다.

만약 견(見)이 어두운 암(暗)과 일체(一體)라면 밝을 적에는 마땅히 견(見)이 없어지고, 견(見)이 밝은 명(明)과 일체(一體)라면 어두울 적에는 마땅히 견(見)이 없어진다.

견(見)이 사라지면 어떻게 밝음과 어두움을 보겠느냐?

만약 밝음과 어두움은 서로 다르나, 견(見)은 생기거나 없어짐이 없다면 일체(一體)라는 말이 어떻게 성립되겠느냐?

[此見爲復, 與明暗相, 幷太虛空, 爲同一體, 爲非一體, 或同非同, 或異非異, 阿難！此見若復, 與明與暗及與虛空, 元一體者, 則明與暗, 二體相亡。暗時無明, 明時非暗: 若與暗一, 明則見亡, ；必一於明, 暗時當滅, 滅則云何見明見暗, 若暗明殊, 見無生滅, 一云何成]

《풀이》 견정(見精)의 정체를 밝히는 법문이 시작한다. 실제로 시각(視覺)현상에서, 어디까지가 주체인 견근(見根)이고, 어디부터가 대상인 색공(色空)인지 그 경계선을 분명하게 그을 수가 없다. 즉 인식(認識)과정에서 능소(能所)가 사실은 하나인지, 두 개인지도 분명하지가 않다. 그래서 먼저 주체와 대상이 동일체(同一體)인가, 비일체(非一體)인가를 살펴본다. 그리고 동시에 이체(異體)인가, 비이체(非異體)인가도 하나씩 분석하고 있다.

견정(見精)이 명암(明暗)인 허공(虛空)과 일체(一體)라면, 명암(明暗)이 견(見)과 하나이어야 한다. 따라서 명(明)이면 견(見)도 명(明)하고, 암(暗)이면 견(見)도 암(暗)이라야 하니, 견(見)은 명암(明暗)이면서 동시에 비(非)명암(明暗)이 된다고 하

불교와 여래장

겠다. 일체(一體)인 견(見)이 어떻게 명(明)이 되었다가, 암(暗)이 되었다가, 이리 저리, 왔다 갔다, 할 수가 있겠나? 일체가 아니라는 말이다.

[경(經)] 만약 이 견(見)이 밝음과 어둠으로 <u>일체(一體)가 아니라면</u>, 네가 밝음과 어둠과 허공을 여의고서 보는 것의 근원인 견원(見元)을 분석해 보아라. 어떤 모양이겠느냐?

밝음과 어두움과 허공을 여의면 견(見)은 본래 거북털이나 토끼뿔과 같다.

밝음과 어두움과 허공, 이 세 가지와 모두 다르다면 무엇을 기준으로 하여야 견(見)이 성립되겠느냐?

[若此見精, 與暗與明, 非一體者, 汝離明暗及與虛空, 分析見元, 作何形相。離明離暗及離虛空, 是見元同龜毛兎角。明暗虛空三事俱異, 從何立見]

《풀이》 견정(見精)이 명암(明暗)인 허공(虛空)과 비일체(非一體)라면 주객(主客)이 서로 격리(隔離)되어 있으니, 지경(智境)이 상대(相待)하지 못하고, 경(境)인 대상이나 지(智)라는 주체도 없다 하겠다. 대상인 명암(明暗)허공(虛空)은 각기 다른데, 무엇을 기준으로 삼아야 공통(共通)인 견정(見精)이 되느냐는 이야기다.

[경(經)] 밝음과 어두움은 서로 배치(背馳)하는데 어떻게 '혹 같다.'고 하겠느냐. 셋을 여의면 본래 없는데, 없는 것을 어떻게 '혹

다르다'고 하겠느냐?

허공(虛空)과 견대(見大)는 나누어보아도 본래 한계(限界)를 그을 수가 없는데, 어떻게 '같지 않다'고 하겠느냐. 어두움을 보고 밝음을 보아도 견(見)은 변하여 바뀌지 않는데, 어떻게 '다르지 않다'고 하겠느냐?

[明暗相背, 云何或同。離三元無, 云何或異。分空分見, 本無邊畔, 云何非同。見暗見明, 性非遷改, 云何非異]

《풀이》 대상인 명(明)과 암(暗)이 상반(相反)하므로, 견정(見精)이 그것들과 공통(共通)인 동체(同體)일 수가 없다. 견정(見精)이 대상인 명암(明暗)허공(虛空)과 다른 이체(異體)라면 그 대상을 인식할 수가 없다.

　허공(虛空)과 견대(見大)는 모습이 없어서, 비록 나누어보려고 하더라도 본래 한계(限界)를 그을 수가 없는데, 어떻게 '같지 않다'고 하겠느냐. 암(暗)과 명(明)을 보아도 견(見)의 성질은 변하고 바뀌지 않는데, 어떻게 '다르지 않다'고 하겠느냐?

[경(經)] 너는 다시 자세하게 살펴보고 자세히 관찰해 보아라. 밝음은 태양(太陽)에서 오고, 어두움은 그믐에 따르고, 통함은 허공(虛空)에 속하고, 막힘은 대지(大地)로 돌아간다. 이와 같을진대 견정(見精)은 어디에서 생기느냐?

견(見)은 깨닫고 유지(有知)하며, 허공(虛空)은 완고하고 무지(無知)하여 서로 화합(和合)할 수 없다.

그렇다고 견정(見精)이 오는 곳도 없이 저절로 나오는 것도 아

불교와 여래장

니다.

[汝更細審, 微細審詳, 審諦審觀, 明從太陽, 暗隨黑月, 通屬虛空, 擁歸大地, 如是見精因何所出, 見覺空頑非和非合, 不應見精無從自出]

《풀이》 지경(智境)이 상종(相從)상대(相待)하여 야만인식이 생기는데, 대상을 추구하면 온 곳인 내처(來處)가 있지만, 주체인 견정(見精)은 내처(來處)가 없다. 굳이 찾는다면, 허공에서 왔거나, 저절로 자연(自然)히 있거나, 두 가지로 생각할 수 있다. 그러나 견(見)은 깨닫고 유지(有知)하지만, 허공(虛空)은 완고하고 무지(無知)하므로, 견과 공이 서로 화합(和合)할 수가 없다. 또 무단히 지(智)라는 주체가 저절로 생기므로 자연(自然)이라고 얼버무릴 수도 없다.

[경(經)] 이와 같이 견문각지(見聞覺知)하는 성품이 원만하고 두루하여 본래 동요(動搖)가 없을진댄, 끝없고 부동(不動)하는 허공(虛空)과 동요(動搖)하는 지수화풍(地水火風)과 함께 육대(六大)라고 이름하리니, 그 성품이 참되고 원용하여 모두가 여래장이라. 본래 생멸(生滅)이 없는 줄을 마땅히 알아라.

[若見聞知, 性圓周徧, 本不動搖, 當知,無邊不動虛空, 幷其動搖, 地水火風, 均名六大, 性眞圓融, 皆如來藏, 本無生滅]

《풀이》 앞에 나온 변견지심(辯見指心)법문에서 '견정(見精)

을 여여(如如)하다'고 설명하더니, 여기에 와서 견문각지(見聞覺知)하는 육근(六根)의 '육정(六精)이 모두 다 여여(如如)하다'고 되풀이하여 설명하고 있다. 여기의 육정(六精)은 육근(六根)의 지적(知的)작용이므로 근대(根大)를 지(智)라고 통칭하는 것을 <영가집>(永嘉集)에서 볼 수 있다. 즉 지(智)의 내용은 견정(見精)·문정(聞精)·후정(嗅精)·상정(嘗精)·촉정(觸精)·지정(知精)이 그것이다.

다른 불경(佛經)은 무정물(無情物)인 '지(地)·수(水)·화(火)·풍(風)·허공(虛空)'을 오대(五大)라고 하고, 그것에다 유정(有情)인 식대(識大)를 합쳐서 육대(六大)라고 설명한다. 그런데 <능엄경>에서는 견문각지(見聞覺知)하는 육정(六精)을 새롭게 하나의 대(大)라고 추가(追加)하여, 특이하게 칠대(七大)가 등장한다. 이것은 견문각지(見聞覺知)하는 육근(六根)에서 육정(六精)의 현량(現量)을 방편으로 사용하여, 진심(眞心)과 여래장(如來藏)이 불이(不二)임을 알기 쉽게 설명하려는 의도(意圖)에서 나온 것으로 보인다. 즉, 견도분(見道分)에서는 안근(眼根)을 빌려서 변견지심(辯見指心)법문을 벌였고, 다시 뒤에 나오는 수도분(修道分)에서는 이근(耳根)을 사용하여 이근원통공부(耳根圓通工夫)를 장려하신다. 이렇게 견문각지(見聞覺知)하는 지(智)인 육정(六精)을 방편(方便)으로 활용하신 것은 <능엄경> 법문의 특징(特徵) 중 하나이다.

[경(經)] 아난(阿難)아! 네가 무명(無明)에 빠져서 너의 견문각지(見聞覺知)가 본래 여래장(如來藏)임을 깨닫지 못하구나. 너는

마땅히 이 견문각지(見聞覺知)를 관찰해 보아라. 생(生)하느냐? 멸(滅)하느냐? 같으냐? 다르냐? 생(生)도 멸(滅)도 아니냐? 같은 것도 다른 것도 아니냐?

네가 잘 알지 못하는구나. 여래장 가운데 성견(性見)인 각명(覺明)과 각정(覺精)인 명견(明見)이 청정(淸淨)하고 본연(本然)하여 법계(法界)에 두루하여, 중생의 마음에 따르고 소지(所知)의 상량(商量)에 응(應)한다.

[阿難！汝性沈淪，不悟，汝之見聞覺知，本如來藏，汝
當觀此見聞覺知，爲生爲滅，爲同爲異，爲非生滅，爲非
同異，汝曾不知，如來藏中，性見覺明，覺精明見，淸淨
本然，周徧法界，隨衆生心，應所知量]

《풀이》 여기에서는 견정(見精)의 정체(正體)를 설명하셨다. 견정(見精)은 견성(見性)에서 나왔고, 견성(見性)은 각명(覺明)인 영지(靈知)의 작용이니, 결국 견정(見精)이 성견(性見)이면서 동시에 여래장(如來藏)이라는 설명이야기다. 물론 견정(見精)뿐만 아니고 견문각지(見聞覺知)하는 육정(六精)이 모두 성견(性見) 여래장 묘진여성이다.

여기서는 견(見)의 정체를 '성견(性見)인 각명(覺明)과 각정(覺精)인 명견(明見)'이라고 표현하여 사대(四大)처럼 성견(性見)과 명견(明見)이 앞과 끝에 나오지만, 그 정체를 각명(覺明)과 각정(覺精)이라고 말하는 점이 다르다. 사대(四大)의 진공(眞空)과 성공(性空)은 공적(空寂)한 특징을 강조하고, 견대(見大)의 각명(覺明)과 각정(覺精)은 영지(靈知)한 특징을 지적하고 있다.

[경(經)] 마치 하나의 견근(見根)인 견(見)이 우주(宇宙)법계에 두루한 것처럼, 청각(聽覺)·후각(齅覺)·미각(味覺)·촉각(觸覺)의 각촉각지(覺觸覺知)하는 묘덕(妙德)이 밝아서, 법계(法界)에 두루하고 시방 허공에 원만(圓滿)하나니 어찌 장소(場所)가 따로 있겠느냐?

[如一見根, 見周法界。聽·嗅·嘗觸·覺觸·覺知, 妙德瑩然。徧周法界, 圓滿十虛, 寧有方所]

《풀이》 여기에서는 견근(見根)이라는 단어가 등장하는데, 실은 견정(見精)인 안근(眼根)이다. 원래 견문각지(見聞覺知)를 따라서 문근(聞根)·각근(覺根)·지근(知根)을 거론해야 하는데, 견근(見根) 하나만 대표로 거명한다. 그리고는 오해(誤解)가 없도록 육근(六根)의 육정(六情)을 전부 나열하고 있다.

[경(經)] 업(業)을 따라 나타나는데, 세상 사람들이 모르고 인연(因緣)인가 자연(自然)인가 헤아리지만, 모두가 다 식심(識心)의 분별(分別)과 계탁(計度)이다. 다만 언설(言說)만 있고 전혀 진실한 것이 없다.

[循業發現。世間無知, 惑爲因緣及自然性, 皆是識心分別計度, 但有言說, 都無實義]

《풀이》 육근(六根)의 육정(六精)작용들이 진여성(眞如性)인 여래장(如來藏)에서 업(業)을 따라 나타난다는 이야기다. 근대

(根大)의 승의근(勝義根)을 모르는 사람들은 육식(六識)은 근진(根塵)이 상대(相待)하여 연기(緣起)한 것이라고 알고 있으나, 육정(六精)의 의미를 알면 지경상대(智境相待)에서 주체인 육정(六精)의 실체와 내용에 의문이 없을 것이다.

(7) 진식(眞識)은 여래장(如來藏)이다

[경(經)] 아난(阿難)아! 식(識)의 성품(性品)이 근원이 없어서 육근(六根)과 육진(六塵)을 인(因)하여 허망(虛妄)하게 생긴다. 네가 지금 이 모임의 성중(聖衆)들을 둘러볼 적에, 눈을 가지고 차례로 둘러보는데, 이때 네 눈은 둘러보는 것이 마치 거울과 같아서 별달리 분석(分析)하는 것이 없지만, 네 식(識)이 차례대로 지목(指目)하기를 「이분은 문수(文殊)보살이요, 이분은 부루나(富樓那)존자요, 이분은 목건련(目乾連)이요, 이분은 수보리(須菩提)요, 이분은 사리불(舍利弗)이다」라고 할 것이다.

[阿難！識性無源, 因於六種根塵妄出。汝今徧觀此會聖衆, 用目循歷, 其目周視, 但如鏡中無別分析。汝識於中, 次第標指, 此是文殊, 此富樓那, 此目乾連, 此修菩提, 此舍利弗]

《풀이》 육근(六根)과 육진(六塵)이 상대하여 육식(六識)이 일어나는데, 지금 안식(眼識)을 중심으로 하여 지각(知覺)현상의 주체인 의식(意識)의 정체를 검토하고 있다.

"네가 안근(眼根)인 눈을 가지고 차례로 둘러보는데, 이때 네 눈은 마치 거울과 같아서 별달리 분석(分析)하는 것이 없다"는 것은, 시각(視覺)현상을 알아보는 제1식(識)인 **안식(眼識)**이 거울과 같아서 그대로 본다는 말이다. 그리고 "네 식(識)이 차례대로 지목(指目)하여, 누구누구라고 분별(分別)한다"는 것은, 안식(眼識)을 바탕으로 제6식(識)인 **의식(意識)**이 나름대로 사량(思量)하고 요별(了別)하는 것을 가리킨다. 식(識)을 오온(五蘊)에 대비하면, 알아보는 전오식(前五識)은 수온(受蘊)에 해당하고, 분별하는 의식(意識)은 상온(想蘊)에 해당한다. 수온(受蘊)이 있으면 상온(想蘊)이 잇따라 일어나듯이, 의식(意識)은 전오식(前五識)과 거의 동시에 발생하므로, 전오식과 의식은 선후(先後)를 제대로 구분하기 힘들다. 전오식(前五識)처럼 대상을 나타난 그대로 인식하는 것은 현량(現量)이라 하고, 제6의식(意識)처럼 생각거리들을 서로 비교하여 분별하는 것은 비량(比量)이라고 한다. 전오식(前五識)은 항상 현량(現量)으로 거울처럼 반영하기만 하지만, 제6의식(意識)은 현량(現量)과 비량(比量)이 공존하므로 판단의 진위(眞僞)를 잘 구별해야 한다.

[경(經)] 이때에 요지(了知)하는 식(識)이 견(見)에서 생기는 것이냐? 모습에서 생기는 것이냐? 허공에서 생기는 것이냐? 아무 까닭 없이 돌연히 나온 것이냐?

[此識了知, 爲生於見, 爲生於相, 爲生虛空, 爲無所因 突然而出]

《풀이》 분별하여 요지(了知)하는 제6의식(意識)의 출처(出處)가 어딘지 살펴보고 있다. 여기에 나온 요지(了知)는 제6식의 성상(性相)인데, 지금 안식(眼識)의 경우를 예(例)로 들어서 시각현상을 요지(了知)하는 의식(意識)의 정체를 밝히려고 한다. 출처(出處)를 주체인 근(根)과 대상인 진(塵)과 허공(虛空)과 무인(無因)이라는 네 가지로 나누어서 살피고 있다.

[경(經)] 아난(阿難)아! 만약 너의 식성(識性)이 견(見)에서 생긴다면, 명(明)과 암(暗)과 빛깔과 허공이란 네 가지 경계(境界)가 없으면 너의 견(見)인 안근(眼根)도 없을 것이다. 견성(見性)도 없는데, 무엇으로부터 식(識)이 발생하겠느냐?

만약 너의 식성(識性)이 모습에서 생기고, 견(見)을 따라 서 생기는 것이 아니라면, 이미 명(明)과 암(暗)을 보지 않으리니, 명암(明暗)도 보지 않는다면 곧 빛깔과 허공도 없다. 그 대상인 모습도 없는데 식(識)이 무엇으로부터 발생하겠느냐?

[阿難！若汝識性，生於見中，如無明暗及與色空，四種必無，元無汝見，見性尙無，從何發識。若汝識性，生於相中，不從見生，旣不見明亦不見暗，明暗不矚，卽無色空，彼相尙無，識從何發]

《풀이》 식(識)이 능(能)이나 소(所)에서 단독으로 생긴 것은 아니다. 즉 주체인 견분(見分)이나 객체인 상분(相分)이 지경(智境)상종(相從)하여 야만 식(識)을 생한다.

만약 식성(識性)이 견(見)에서 생긴다면 명암(明暗)색공(色

空)이 없어도 안견(眼見)과 의식(意識)이 있어야 한다.

만약 식성(識性)이 모습[相]에서 생긴다면 안근(眼根)과 의근(意根)이 없어도 안견(眼見)과 의식(意識)이 있어야 한다.

그런데 지(智)와 경(境)이 혼자서는 의식(意識)을 일으키지 못하는 것이다.

[경(經)] 만약 허공(虛空)에서 생겼다면, 모습도 아니고 견(見)도 아니다.

지(智)하는 견(見)이 아니라면, 분별(分別)함이 없어서, 자연히 밝음· 어둠·빛깔·허공을 알지 못할 것이다.

또 모습인 상(相)이 아니라면, 반연(攀緣)할 것이 없어서, 견문각지(見聞覺知)가 설 곳이 없을 것이다.

[若生於空, 非相非見。非見無辯, 自不能知明暗色空。
非相滅緣, 見聞覺知, 無處安立]

《풀이》 식(識)이 허공(虛空)에서 생겼다면, 모습[相]이나 견(見)이 아니다. 견(見)이 아니면 분별하지 못하니 의식(意識)이 없고, 상(相)이 아니면 볼 대상(對象)이 없어서 인식작용이 모두 없다.

[경(經)] 모습과 견(見)이 아닌 이비(二非)에 있다면, 허공은 없는 것과 같고, 유(有)라고 하여도 물상(物象)과는 같지 않다. 비록 너의 식(識)을 발(發)하더라도 어떻게 분별(分別) 작용을 하겠느냐?

[處此二非, 空卽同無。有非同物。縱發汝識, 欲何分別]

불교와 여래장

《풀이》 비상비견(非相非見)의 사이에 있다면, 어떻게 되는가? 계환(戒環)스님의 <요해(要解)>는 "식체(識體)가 공(空)하면 없는 것과 같고, 식체(識體)가 있어도 물상(物象)과는 같지 않다"고 해석한다.

[경(經)] 만약 식(識)이 원인도 없이 돌연히 나온 것이라면, 어찌하여 대낮에는 밝은 달을 따로 인식하지 않느냐?

약 무 소 인　　돌 연 이 출　　하 불 일 중　　별 식 명 월
[若無所因,　突然而出,　何不日中,　別識明月]

《풀이》 대낮에 태양이 밝게 비칠 적에 명월(明月)을 찾는 바보가 없듯이, '원인도 없이 돌연히 나온다'는 이야기도 바보 같은 소리라는 뜻이다.

[경(經)] 너는 다시 세밀하고 자세하게 살피고 관찰하라. 견(見)은 네 눈에 의지하였고, 모습은 전경(前境)에 속한다. 볼거리가 있으면 유(有)가 되고, 모습이 없으면 무(無)가 된다. 이렇다면, 식(識)의 연(緣)은 무엇으로 인하여 생기느냐?

여 갱 세 상　　미 세 상 심　　견 탁 여 정　　상 추 전 경　　가 상 성
[汝更細詳,　微世詳審。見託汝睛,　相推前境。可狀成
유　불 상 성 무　　여 시 식 연　　인 하 소 출
有,　不相成無。如是識緣,　因何所出]

《풀이》 시각현상에서 주체는 견(見)이고 대상은 상(相)이다. 또 볼거리가 있는 것은 색(色)이고, 모습이 없는 것은 허공(虛空)이다. 이것들을 인연하여 의식(意識)의 지각현상이 생기니, 세밀하고 자세하게 살펴보아라는 이야기다.

[경(經)] 식(識)은 움직이고, 견(見)은 맑아서, 서로 <u>화합(和合)</u>할 수 없다. 문(聞)과 청(聽)과 각(覺)과 지(知)도 또한 다시 그와 같다.

[識^식動^동見^견澄^징, 非^비和^화非^비合^합。 聞^문聽^청覺^각知^지, 亦^역復^부如^여是^시]

《풀이》 "식(識)은 움직이고, 견(見)은 맑아서, 두 성질이 서로 다르니 화합(和合)할 수가 없다"는 구절은, 이른바 식(識)은 사량(思量)하고 요별(了別)하지만, 견(見)은 현량(現量)뿐이니, 양자(兩者)가 성상(性相)이 상이(相異)하여 화합(和合)할 수 없다는 말이다. 견문각지와 육식(六識)과의 관계도 모두 그와 같아서 화합(和合)이 안 된다는 이야기다.

[경(經)] 또 식(識)의 연(緣)이 오는 곳도 없이 저절로 나오는 것도 아니므로 <u>자연(自然)</u>도 아니다.

[不^불應^응識^식緣^연, 無^무從^종自^자出^출]

《풀이》 그렇다고 근(根)과 진(塵)이라는 인연(因緣)이 없는데 식(識)이 혼자서 저절로 생기지도 않는다. 반드시 지경(智境)이 상대하여야 의식(意識)이 생긴다.

[경(經)] 만약 이 식심(識心)이 본래 좇아온 데가 없다면, 마땅히 알아야만 한다. <u>요별(了別)</u>이나 <u>견문각지(見聞覺知)</u>가 원만하고 고요하게 맑아서 그 성품이 좇아온 곳이 없다. 저 허공(虛空)과

불교와 여래장

지수화풍(地水火風)과 함께 칠대(七大)라고 하리니, 그 성품이 참되고 원융(圓融)하여 모두가 여래장(如來藏)이라. 본래 생멸 (生滅)이 없다.

[若此識心, 本無所從。當知, 了別·見聞覺知, 圓滿湛 然, 性非從所。兼彼虛空地水火風, 均名七大。性眞圓 融, 皆如來藏, 本無生滅]

《풀이》 '식심(識心)이 근(根)과 진(塵)에서 생긴 것이 아니다' 라는 결론이다. 육식(六識)이 모두 원만하고 고요하게 맑아서 그 성품이 좇아온 곳이 없으며, 그 성품이 참되고 원융(圓融)하여 모 두가 여래장(如來藏)이라고 설명한다.

그래서 요별(了別)하는 식대(識大)와 견문각지(見聞覺知)하 는 견대(見大)를 합산(合算)하면 칠대(七大)가 된다는 설명이다.

[경(經)] 아난(阿難)아! 네 마음이 거칠고 들떠서 견문(見聞)할 적에 발명(發明) 요지(了知)함이 본래 여래장(如來藏)임을 깨닫 지 못하는구나.

너는 마땅히 이 육처(六處)의 식심(識心)을 관찰하여 보아라. 같 으냐? 다르냐? 공(空)이냐? 유(有)냐? 같은 것도 다른 것도 아니 냐? 공(空)도 유(有)도 아니냐?

네가 잘 알지 못하는구나. 여래장 가운데 성식(性識)인 명지(明 知)와 각명(覺明)인 진식(眞識)이 묘각(妙覺)이며 담연(湛然)하 여 법계(法界)에 두루하여, 시방허공을 머금기도 하고 나투기도 하니 어찌 장소(場所)가 따로 있겠느냐.

[阿難！汝心麤浮不悟, 見聞·發明了知, 本如來藏。汝應
觀此六處識心, 爲同爲異, 爲空爲有, 爲非同異, 爲非空
有。汝元不知, 如來藏中, 性識, 明知, 覺明, 眞識, 妙
覺湛然, 徧周法界, 含吐十虛, 寧有方所]

《풀이》 여기서는 요지(了知)하는 식대(識大)가 여래장(如來藏)
임을 설명하고 있다. '견문(見聞)할 적에 발명(發明) 요지(了知)
함'이라고 해석하는 이유는, 견문각지는 육정(六精)이니 근대(根
大)의 작용이나, 견문각지한 결과를 대상으로 인식(認識)하여 발
명(發明) 요지(了知)하는 것은 식대(識大)의 작용이기 때문이다.

근대(根大)인 견문각지는 현량(現量)이므로 판단에 오류가
없지만, 식대(識大)인 전6식(前六識)은 사량(思量) 요별(了別)
하므로 판단(判斷)에 오류가 많다. 두 종류의 판단 중에서 진심
(眞心)인 영지(靈知)에 보다 가까운 현량(現量)을 가지고 망심
(妄心)인 육종식(六種識)과 비교 설명하여, 무연지(無緣知)와 반
연심(攀緣心)의 뜻을 분명하게 이해시키려고 근대(根大)와 식대
(識大)를 분리한 것 같다. 이른바 견정(見精)을 위시한 문정(聞
精)등의 육정(六精)을 현량(現量)과 직결되는 견문각지(見聞覺
知)에 배대하시고, 분별심인 의식(意識)을 요별(了別)하는 망식
(妄識)에 배대하신 의도(意圖)가 잘 나타나 보이는 법문이다. 식
대(識大)의 정체를 '명지(明知)와 각명(覺明)'이라고 한 것은, 견
대(見大)의 정체를 '각명(覺明)과 각정(覺精)'이라고 표현한 것과
유사(類似)하다는 점이 이해가 간다.

[경(經)] 업(業)을 따라 나타나는데, 세상 사람들이 모르고 인연(因緣)인가 자연(自然)인가 헤아리지만, 모두가 다 식심(識心)의 분별(分別)과 계탁(計度)이다. 다만 언설(言說)만 있고 전혀 진실한 것이 없다.

[循業發現。世間無知, 惑爲因緣及自然性, 皆是識心分別計度, 但有言說, 都無實義]

《풀이》 가장 현저(顯著)한 정신작용인 육종식(六種識)도 근본이 없다. 지경(智境)이라는 인연을 따라 여래장(如來藏) 묘진여성(妙眞如性)에서 찰나찰나 기멸(起滅)한다는 결론이다.

　　이상으로 칠대(七大)의 진상(眞相)을 밝히는 설명이 끝났다. 칠대는 여래장에 진여성(眞如性)으로 잠재(潛在)하고 있다가 업(業)을 만나면 연기(緣起)한다는 결론이다. 이것이 여래장연기(如來藏緣起)를 자세하게 펼치신 여래장법문의 내용이다.

제7절 대중(大衆)들의 오도송(悟道頌)

[경(經)] 그때 아난(阿難)과 대중들이 부처님께서 미묘(微妙)하게 설법하시는 법문(法門)을 듣고, 본래의 몸과 마음이 툭 티어서 걸림이 없는 무가애(無罣礙)를 얻었다.

모든 대중들은, 마음이 시방에 두루하여서, 시방 허공(虛空)을 보기를 마치 손에 쥐고 있는 나뭇잎을 보듯 하며, 일체(一切) 세간에 있는 모든 사물(事物)들이 모두 보리(菩提)의 묘명(妙明)

한 원래의 마음임을 스스로 알았다. 심정(心精)이 두루하고 원만하여 시방세계를 둘러싸고 있어서, 부모(父母)가 낳아준 육신(肉身)을 돌이켜 보니 마치 저 허공(虛空) 속에 날리는 한 작은 미진(微塵)이 있는 듯 없는 듯 하는 것과 같으며, 맑은 대해(大海)에 물거품 하나가 흘러 다니면서 기멸(起滅)하는 것이 의지(依支)한 곳이 없는 것과 같다. 스스로 분명하게 본래의 묘심(妙心)이 상주(常住) 불멸(不滅)임을 깨달았다.

[爾時, 阿難及諸大衆, 蒙佛如來微妙開示, 身心蕩然, 得無罣碍。是諸大衆, 各各自知, 心徧十方, 見十方空, 如觀掌中所持葉物。一切世間諸所有物, 皆卽菩提妙明元心。心精徧圓, 含裏十方；反觀父母所生之身, 猶彼十方虛空之中, 吹一微塵若存若亡, 如湛巨海, 流一浮漚起滅無從。了然自知, 獲本妙心常住不滅。]

《풀이》 "대중들이 심신(心身)이 툭 티어 걸릴 것이 없었다"는 것은 바로 '몸과 마음의 정체(正體)를 알았다'는 말이다. 즉 "마음이 시방에 두루하여서, 시방 허공(虛空)을 보기를 마치 손에 쥐고 있는 나뭇잎을 보듯 한다"는 말은, 진심(眞心)을 알아서 삼라만상(森羅萬象)에 대한 의문점이 없어졌다는 말이다. 이것을 흔히 해오(解悟)라고 하는데, 우리나라에서는 이것을 "지견(知見)이 났다"거나, "바른 견처(見處)를 얻었다."거나, 또는 "한 소식했다"고 표현한다. 선가(禪家)의 이른바 돈교오위문(頓敎五位門)에서는 '식심(識心)이 되었다'는 첫 단계인데, 그러나 마음을 직접 알아차리는 견성(見性)과는 차원이 다르므로 구별해야 한다.

불교와 여래장

절에 가면 대웅전 바깥벽에다 그려놓은 '소 찾는 그림'인 십우도(十牛圖)를 흔히 본다. '마음'이라는 '소'를 찾아 나선 사람이, 소 발자국을 보고서 소를 찾아 헤매는 '견적(見跡)'이 있고, 그 다음에 안개 속에서 어렴풋이 소를 처음 보는 장면인 '견우(見牛)'가 있는데, 대개 소 엉덩이만 그려져 있다. 이 견우(見牛) 장면이 이른바 식심(識心)에 해당한다 하겠다. 소의 전체 모습을 제대로 파악하는 것은 그 다음의 '득우(得牛)'에 해당하는데, 이것이 초견성(初見性)하는 장면이다. 자성(自性)을 보는 것이 견성(見性)인데, '한 소식'이니 '초견성'이니 하는 것은 무슨 분별(分別)이냐고 힐문(詰問)할 사람들이 있을 법한데, 이 문제는 직접 경험하지 않으면 이해하기가 어렵다. 간화선(看話禪)을 주창한 대혜(大慧) 종고(宗杲)대사도 그 행장(行狀)을 보면, 대오(大悟)한 것이 세 번이 넘고 소오(小悟)는 더 많았다고 기록되어 있다. 세계 최고(最古)의 금속활자본(金屬活字本)인 <불조직지심체요절>(佛祖直指心體要節)을 편찬한 고려시대의 백운(白雲) 경한(景閑)대사도 중국의 석옥 청공대사로부터 임진년 2월에 식심(識心)하였다고 인가(認可)를 받고 고려(高麗)로 돌아와서는, 그 다음 해인 계사년 정월 17일에 시절인연을 만나서 견성(見性)을 한 기록이 있다. 따라서 선가(禪家)에서 말하는 화두타파(話頭打破)·식심(識心)·견성(見性)이라는 사건이 한꺼번에 동시에 일어나는 것이 아님을 알 수 있다. 마음을 공부하는 이들은, 먼저 견우(見牛)하고나서 시절인연을 따라서 득우(得牛)하는 과정을 그린 십우도의 설명을 이해하여야 수행과정에서 생기는 시행착오를 줄일 수 있다.

[경(經)] (아난과 대중들이) 예불(禮佛)한 후에 합장(合掌)하고서 여래(如來) 앞에서 게송(偈頌)을 읊으면서 부처님을 찬탄(讚嘆)하면서 게송(偈頌)으로 발원(發願)하였다.

_{예 불 합 장} _{득 미 증 유} _{어 여 래 전} _{설 게 찬 불}
[禮佛合掌, 得未曾有, 於如來前, 說偈讚佛]

《풀이》 아난과 대중(大衆)들의 오도송(悟道頌)이다. 선가(禪家)에서 한 소식을 하면 오도송(悟道頌)을 지어서 그 심경을 표현하는 전통이 있는데, 이것은 부처님 당시부터 있었던 것 같다. 독자(讀者)들도 부처님 당시(當時)의 <능엄경> 설법을 지금 함께 듣고 있으니, 여기서 여러분의 오도송(悟道頌)을 읊어야 마땅하다.

[경(經)]

"묘담(妙湛)한 총지(總持)이신 부동(不動) 세존(世尊)하.

수능엄(首楞嚴)의 왕(王)이시여, 희유(稀有)합니다.

억겁(億劫) 동안 뒤바뀐 망상(妄想)을 털어

아승지겁(阿僧祇劫) 안 거치고 법신(法身)얻겠네.

_{묘 담 총 지 부 동 존} _{수 능} _{엄 왕 세 희 유}
[妙湛總持不動尊, 首楞嚴王世希有,
_{소 아 억 겁 전 도 상} _{불 력 승 지 획 법 신}
銷我億劫顛倒想, 不歷僧祇獲法身.

《풀이》 묘담(妙湛)은 청정(淸淨)이고, 총지(總持)는 각명(覺明)이다. 아승지겁(阿僧祇劫)을 다른 불경(佛經)에는 「삼아승지겁(三阿僧祇劫)을 닦아야 성불(成佛)한다」고 말하기도 한다. 법

불교와 여래장

신(法身)은 진심(眞心)과 대조하는 뜻인데 마음과 몸에다 대비(對比)한 것으로, 법신을 얻는다는 것은 성불(成佛)한다는 뜻이다. 세존의 법문을 들어서 진심(眞心)과 여래장(如來藏)을 제대로 알아서, 삼아승지겁(三阿僧祇劫)을 거치지 않고도 성불(成佛)하게 되었다는 뜻이다. 대승불교 중에서도 돈교(頓敎)다운 표현이다.

[경(經)] 저희들도 성과(聖果)얻어 보왕(寶王)이 되어

　항하사수(恒河沙數) 많은 중생(衆生) 제도(濟度)하리다.

　직심(直心) 심심(深心) 지니고서 진찰(塵刹) 받들어

　부처님의 크신 은혜(恩惠) 갚으오리다.

　원하건대 세존(世尊)께서 증명하소서.

　오탁(五濁)악세(惡世) 맹세컨대 먼저 들어가

　중생(衆生) 중에 하나라도 성불(成佛) 못하면

　그때까지 나 열반(涅槃)에 들지 않겠네.

[願今得果成寶王, 還度如是恒沙衆,

將此深心奉塵刹, 是則名爲報佛恩。

伏請世尊爲證明, 五濁惡世誓先入,

如一衆生未成佛, 終不於此取泥洹。]

《풀이》 보살심(菩薩心)으로 발보리심(發菩提心)하면서 광도(廣度)중생(衆生)을 발원(發願)하는 장면이다.

[경(經)] 대웅(大雄) 대력(大力)에 대자비(大慈悲)시여,

저희들이 미세(微細)한 혹(惑) 끊어 버리고

하루바삐 무상각(無上覺)에 오르게 하여

시방(十方)세계(世界) 대도량(大道場)에 앉게 하소서.

[大雄大力大慈悲, 希更審除微細惑,

令我早登無上覺, 於十方界坐道場,]

《풀이》 보살행(菩薩行)을 실시(實施)하자면 수도위(修道位)에서 미세혹(微細惑)을 제거해야 한다는 말이다. 그렇다면 지금 이미 견도(見道)했다는 이야긴데!

[경(經)] 허공성(虛空性)은 없앨 수가 있을지언정

굳고 굳은 이 내 서원(誓願) 변치 않으리."

[舜若多性可銷亡, 爍迦囉心無動轉]

《풀이》 순야다(舜若多)는 허공(虛空)이고, 삭가라(爍迦羅)는 견고(堅固)하다는 뜻이다. 발보리심(發菩提心)이 끝나고, 지금은 불퇴전(不退轉)을 서원(誓願)하고 있다.

제3장

부루나장

제3장 '부루나'장(富樓那章)

제1절 부루나(富樓那)의 질문

[경(經)] 그때 부루나미다라니자(富樓那彌多羅尼子)가 대중 가운데서 일어나 오른쪽 어깨를 벗어 메고 오른 무릎을 꿇고 합장(合掌)하여 공경하고 부처님께 사뢰었다.

[^{이 시} 爾時, ^{부 루 나 미 다 라 니 자} 富樓那彌多羅尼子, ^{재 대 중 중} 在大衆中, ^{즉 종 좌 기} 卽從座起, ^{편 단} 偏袒 ^{우 견 우 슬 착 지} 右肩右膝着地, ^{합 장 공 경 이 백 불 언} 合掌恭敬而白佛言]

《풀이》 지금까지 부처님께 질문하는 주인공은 아난(阿難)존자였는데, 여기에서는 부루나(富樓那)존자가 주인공으로 등장하여 부처님과 문답(問答)한다. 그래서 제4권을 흔히 부루나(富樓那)장(章)이라고 부른다. 부루나는 설법하는 솜씨가 탁월하여 불제자(佛弟子) 중에서 '설법제일(說法第一)부루나'로 알려져 있다. 질문 내용은 세계(世界)와 중생(衆生)과 업과(業果)의 생성(生成)과 상속(相續), 그리고 여래장(如來藏)과 무명(無明)의 정체에 관한 것들이다.

[경(經)] "위덕(威德)이 높으신 세존(世尊)께서 중생들을 위하여 여래(如來)의 제일의제(第一義諦)를 잘 설명하셨습니다. 세존께서 항상 저를 칭찬하시기를,「설법(說法)하는 사람들 중에서 제일(第一)이다」라고 하셨습니다. 그러나 지금 여래의 미묘한 법음(法音)을 들으니 마치 귀먹은 사람이 백보(百步) 밖에서 모기 소리를 듣는 것 같습니다. 본래 보지도 못한 것을 어찌 들을 수가 있겠습니까. 부처님께서 분명(分明)하게 설명하시어 저희들의 의문(疑問)을 제거하시고자 하시지만, 저희들은 아직도 이 뜻을 자세히 알지 못하여 여전히 의문(疑問)이 남아 있습니다.

세존이시여! 아난(阿難)과 같은 무리는 비록 깨달았다고는 하지만 버릇인 번뇌(煩惱)가 없어지지 못하였고, 또 저희들은 모임 가운데서 무루(無漏)의 경지에 올라서 비록 새어나가는 번뇌(煩惱)는 없으나, 지금 여래께서 말씀하신 법문(法門)을 들으니 다음과 같은 의문(疑問)이 생깁니다.

[「大威德世尊！善爲衆生，敷演如來,第一義諦。世尊常推，說法人中，我爲第一，今聞如來微妙法音，猶如聾人，逾百步外，聆於蚊蚋，本所不見，何況得聞？佛雖宣明，令我除惑，今猶未詳，斯義究竟無疑惑地。世尊！如阿難輩，雖則開悟，習漏未除；我等會中登無漏者，雖盡諸漏，今聞如來所說法音，尚紆疑悔]

《풀이》 부처님의 십대(十大)제자를 호칭할 때, 특징에 따라서 그 호칭이 다르다. 지혜제일(智慧第一)사리불(舍利弗)·다문제일(多聞第一)아난(阿難)·설법제일(說法第一)부루나(富樓那)·해공

제일(解空第一)수보리(須菩提)·신통제일(神通第一)목건련(目乾連)·두타제일(頭陀第一)가섭(迦葉)·논의제일(論議第一)가전연(迦旃延)·천안제일(天眼第一)아나율(阿那律)·지계제일(持戒第一)우바리(優婆離)·밀행제일(密行第一)라후라(羅睺羅)라고 부른다. 설법제일(說法第一)부루나(富樓那)가 법문에 의문(疑問)이 생겨 불쑥 나서서 질문을 한다. 그는 이미 아라한(阿羅漢)의 지위에 올랐으나, <능엄경>에 등장하는 법문에 대해서는 귀머거리가 백보(百步) 밖에서 모기소리를 듣는 것 같다고 고백한다.

[경(經)] 세존(世尊)이시여! 만약에 세상의 모든 존재인 육근(六根)과 육진(六塵)과 오음(五陰)과 십이처(十二處)와 십팔계(十八界)가 모두 여래장(如來藏)이어서, 청정(淸淨)한 본연(本然)이라면, 어찌하여 홀연(忽然)히 우주에 은하계(銀河系)와 산하대지(山河大地)와 모든 유위상(有爲相)들이 생겨나서, 차례로 변천(變遷)하면서, 나중에는 끝이 났다가 다시 시작(始作)하곤 합니까?

[世尊! 若復世間, 一切根塵陰處界等, 皆如來藏, 淸淨本然。云何忽生, 山河大地諸有爲相, 次第遷流, 終而復始]

《풀이》 부루나(富樓那)존자의 첫 번째 질문이다. 은하계를 위시한 우주(宇宙)가 생겨난 근원(根源)과 그것이 성주괴공(成住壞空)하면서 생주이멸(生住異滅)을 계속하는 이유를 물었다. 즉 여래장(如來藏)은 청정(淸淨)이 본연(本然)인데 어찌하여 홀연

(忽然)히 허공에 은하계(銀河系)가 생겨서 중생세계가 혼잡(混雜)하게 되었는가? 즉, 진심(眞心)은 본래 청정(淸淨)한데, 어떻게 오탁(五濁)인 악세(惡世)가 발생(發生)하여 상속(相續)하게 되었는가? 라는 질문이다.

우주(宇宙)의 은하(銀河)세계의 발생에 대하여 요즘 천문학에는 '빅뱅'이론(理論)이 통설이다. 그러나 "대폭발이 일어날 적에 처음 그 자리에 도대체 무엇이 있었는가?", "왜 그 시점(時點)에 거기에서 대폭발이 일어났는가?" 하는 의문(疑問)은 아직 미해결(未解決)로 남아 있다.

[경(經)] 또 여래(如來)께서 말씀하시기를,「지수화풍(地水火風)의 본성(本性)이 원융(圓融)하여 우주(宇宙)에 두루하며 담연(湛然)하고 상주(常住)한다.」고 하셨습니다.

세존이시여! 흙과 물은 서로 상극(相剋)이고, 물과 불도 서로 상반(相反)하므로 동시에 함께 같은 장소에서 공존(共存)할 수가 없습니다. 따라서 만일 땅[地]의 성품이 우주에 두루하다면 어떻게 물[水]을 용납하겠습니까? 또 물[水]의 성품이 두루하다면 불[火]이 동시에 함께 공존할 수가 없는데, 어떻게 물과 불의 두 가지 성품이 허공에 동시에 함께 두루하면서 또한 서로 다투거나 밀어내지 않습니까?

세존이시여! 또 흙의 성품은 막히는 것이고, 허공의 성품은 통하는 것인데, 어떻게 이 막히고 통하는 흙과 허공의 두 가지 상반(相反)하는 성품이 동시에 함께 우주에 두루하여 공존(共存)할 수가 있습니까?

이 이치가 어떻게 된 것인지 저희들이 알지 못하오니, 원컨대 여래께서 자비를 베푸시어 저와 모든 대중들의 의문(疑問)을 풀어주십시오."

이렇게 말하고는 오체(五體)를 투지(投地)하고, 여래의 무상(無上)한 가르침을 목마르게 기다렸다.

[又如來說, 地水火風, 本性圓融, 周徧法界, 湛然常住。世尊! 若地性徧, 云何容水? 水性周徧, 火則不生, 復云何明, 水火二性, 俱徧虛空, 不相陵滅? 世尊! 地性障礙, 空性虛通, 云何二俱周徧法界? 而我不知, 是義攸往, 惟願如來宣流大慈, 開我迷運及諸大衆。」作是語已, 五體投地, 欽渴如來無上慈誨]

《풀이》 두 번째 질문은 여래장(如來藏)에 대한 질문이다. 칠대(七大)가 모두 여래장(如來藏)에서 출몰(出沒)한다면, 서로 반대되는 성질을 가진 수(水)와 화(火)가 '같은 시간'에 '같은 장소'에 여래장(如來藏)에 있다는데, 상극(相剋)하는 수화(水火)가 함께 공존(共存)할 수 있는 까닭을 묻고 있다.

[경(經)] 그때 세존께서 부루나(富樓那)와 번뇌가 다하고 더 배울 것이 없는 아라한(阿羅漢)들에게 말씀하셨다.

"여래가 오늘 이 모임의 대중들을 위하여서 승의(勝義) 중에 진짜 승의성(勝義性)을 말하려고 한다. 그리하여 성문(聲聞)과 이공(二空)을 못 얻은 자(者)와 상승(上乘)을 지향하는 아라한(阿羅漢)들로 하여금 일승(一乘)의 적멸장지(寂滅場地)인 진짜 아련야(阿練若)의 바른 수행처를 얻게 하리니, 너희들은 이제 잘 들어라."

부루나(富樓那) 등이 부처님의 법음(法音)을 흠모하여 조용히 듣고 있었다.

[爾時, 世尊, 告富樓那, 及諸會中漏盡無學諸阿羅漢: 「如來今日, 普爲此會, 宣勝義中眞勝義性, 令汝會中, 定性聲聞, 及諸一切未得二空, 迴向上乘阿羅漢等, 皆獲一乘寂滅場地, 眞阿練若, 正修行處。汝今諦聽, 當爲汝說。」富樓那等, 欽佛法音, 默然承聽]

《풀이》 '승의(勝義) 중에 진짜 승의성(勝義性)'이란 것은 승의제(勝義諦) 중에서 가장 높은 승의제(勝義諦)를 말한다고 보겠다. 승의(勝義)는 수승(殊勝)한 의리(義理)라는 말인데, 이 승의제(勝義諦)를 흔히 제일의제(第一義諦) 또는 진제(眞諦)라고 한다. 대승불교는 상식적(常識的)으로 논리(論理)가 통하는 세속제(世俗諦)와 구별하여 논리적인 설명이 어려운 법문은 승의제(勝義諦)라고 부른다. 유식학(唯識學)의 교과서인 <성유식론>(成唯識論) 제9권을 보면 승의(勝義)를 네 가지로 분류하는데, 세간승의(世間勝義)·도리승의(道理勝義)·증득승의(證得勝義)·승의승의(勝義勝義)가 등장한다.[5] 그런데 증득승의(證得勝義)는 아공(我空)·법공(法空)처럼 수행하여 증득(證得) 체험(體驗)하는

---

5) 此性即是諸法勝義。是一切法勝義諦故。然勝義諦。略有四種。一世間勝義。謂蘊處界等。二道理勝義。謂苦等四諦。三證得勝義。謂二空眞如。四勝義勝義。謂一眞法界。

진여(眞如)이니 문사수(聞思修)삼혜(三慧) 중에서 수증(修證)에 해당한다. 그러나 승의승의(勝義勝義)는 일진법계(一眞法界)라는 부사의(不思議)니 이른바 증득(證得)을 초월한 내용인 것 같다. 세존께서는 지금 '승의(勝義) 중에 진짜 승의성(勝義性)'이라고 설명하신 것은 마지막의 승의승의(勝義勝義)를 가리키고 있다. 그렇다면 일진법계(一眞法界)는 도대체 무엇을 가리키는지, 그 내용이 궁금하다.

대승불교는 공리(空理)의 증득(證得)을 기본(基本)으로 한다. 그래서 대승경전에서는 언제나 아공(我空)법공(法空)이라는 이공(二空)의 증득(證得)을 강조한다. 그런데 지금 세존께서 일진법계(一眞法界)라는 승의승의(勝義勝義)를 부루나에게 강조하고 있다. 지금 '승의(勝義) 중에 진짜 승의성(勝義性)'이란 것을 구별하여 강조한 이유가 있을 것이다. 원래 승의제(勝義諦)는 상식(常識)으로 논리적(論理的)으로 설명하기 어려운 부분이다. 특히 공리(空理)를 말하는 증득승의(證得勝義)는 부사의(不思議)하다고 말하는 진제(眞諦)로서, 언어문자(言語文字)를 사용하는 이론(理論)의 범주(範疇)를 벗어났다고 말한다. 그래서 "증득(證得)한다·체득(體得)한다"는 표현을 쓴다. 그런 증득승의(證得勝義)가 미치지 못하는 진제(眞諦)를 지금 승의승의(勝義勝義)라고 부르는 것 같다. 증득(證得)이나 체험(體驗)으로 해결되지 않는 승의(勝義)가 더 있는 모양이다.

삼라만상(森羅萬象)인 온처계(蘊處界)와 칠대(七大)의 정체(正體)를 밝히면서 등장한 것이 여래장(如來藏)법문이다. 이 여래장(如來藏)이란 단어는 앞에서 설명한 진심(眞心)과 쌍벽(雙

璧)을 이루는 단어로서 이 <능엄경>의 중심이 되는 개념인데, 특별히 이 여래장(如來藏)법문을 지금 '승의(勝義) 중에 진짜 승의성(勝義性)'이라고 강조하고 있다. 즉 장차 등장하는 여래장(如來藏)법문이 매우 어렵다는 이야기다.

여기서 말하는 증득(證得)승의와 승의(勝義)승의의 차이는 무엇일까? 그러자면 우선 "공리(空理)는 증득(證得)할 수 있지만, 일진법계(一眞法界)는 증득(證得)할 수 없다"는 <성유식론>의 이야기부터 풀어야 할 것이다. 승의(勝義)승의는 왜 증득(證得)할 수 없을까? 선가(禪家)에 "언하(言下)에 대오(大悟)한다"는 말이 있다. 이 말은, "사마타(奢摩他)나 비바사나(毘婆舍那)로는 견성(見性)이 안 된다"는 이야기다. 언하(言下)에 대오(大悟)한 사람들이 한결같이 사마타(奢摩他)나 비바사나(毘婆舍那)를 장시간 수행한 대가(大家)들이라는 근거가 없다. 즉 "승의승의(勝義勝義)는 깨달아야지, 증득(證得)이나 체험(體驗)으로는 안 된다"는 이야기다. 이 일진법계(一眞法界)의 내용이 무엇인가를 구체적으로 설명한 해설서는 찾기가 어렵다. 저 각성(覺性)스님은 <능엄경정해>(楞嚴經正解)에서, "<화엄경>과 <대승기신론>에서 말한 일진법계(一塵法界)이다"라고 설명하였다. <화엄경>이라면, 보조(普照)국사의 <원돈성불론>(圓頓成佛論)에 나오는 통현(通玄)장자의 보광명지(普光明智)이치가 이것에 해당한다고 하겠고, <대승기신론>이라면 일심이문(一心二門) 중의 진여문(眞如門)이 여기에 해당한다는 이야기 같다. 이런 이치를 <성유식론>은 승의승의(勝義勝義)라고 표현했고, 한편 선가(禪家)에서는 견성(見性)이라고 말한 것이 아닐까? 우리나라 선가

불교와 여래장

(禪家)에서는 견성(見性)을 이야기할 때에는, 달마대사가 <혈맥론>에서 "마음을 구(求)하되, 마음 알기를 기다리지 마라(求心不得待心知)"라고 하였고, 보조국사는 <수심결>에서 "다만 회(會)하지 못하는 줄 알면 이것이 견성(見性)이다(但知不會 是卽見性)"라고 하신 이야기를 자주 인용(引用)한다. 생각하건대, 이런 구절들은 자성(自性)이란 증득(證得) 체험(體驗)하는 것이 아님을 말하는 내용들이 대부분이다.

　지금 무슨 말을 하려고 이렇게 이야기가 긴가? 옛말에 "네 손가락으로 네 손가락을 만질 수 없다"는 이야기가 있다. "네 눈으로 네 눈을 보려고 한다면, 천만년(千萬年) 동안 정진(精進)하고 노력(努力)하더라도 결코 볼 수 없다! 그런데 하물며 자성(自性)이랴!" 했던 고덕(古德)의 말씀이 생각난다. 지금 세존(世尊)께서는 '승의(勝義) 중에 진짜 승의성(勝義性)'을 '일승(一乘)의 적멸장지(寂滅場地)인 진짜 아련야(阿練若)'라고 표현하셨다. 아련야(阿練若)는 아란야(阿蘭若)라고 음역(音譯)하기도 하는데, 의역(意譯)하면 적멸처(寂滅處)이다. 무엇이 적멸처인가?

제2절 세계(世界)의 성립(成立)

(1) 망상(妄相)의 기원(起源)

[경(經)] 부처님께서 말씀하셨다.

　"부루나(富樓那)야! 네 말과 같이, 청정(淸淨)한 본연(本然)이라면, 어찌하여 홀연히 산하대지(山河大地)가 생겼겠느냐? 너는 여래가 항상,「성각(性覺)이 묘명(妙明)하고, 본각(本覺)이 명묘(明妙)하다.」고 설명하는 것을 듣지 않았느냐."

[佛言：「富樓那！如汝所言，淸淨本然，云何忽生，山何大地？汝常不聞，如來宣說，性覺妙明·本覺明妙]

《풀이》 '성각(性覺)이 묘명(妙明)하다.'는 말과 '본각(本覺)이 명묘(明妙)하다.'는 말의 의미에 대해서는 해설들이 분분(紛紛)하다. 생각하건대, 성각(性覺)과 본각(本覺)은 모두 진각(眞覺)을 가리키고, 묘명(妙明)과 명묘(明妙)에서 명(明)은 각명(覺明)이니 조(照)의 뜻이고, 묘(妙)는 청정(淸淨)하니 적(寂)의 뜻이다. 모두 진각(眞覺)이 적이상조(寂而常照)하고 조이상적(照而常寂)함을 말한 것이다. 그렇다면 굳이 구별(區別)할 필요가 없다 하겠다.

[경(經)] 부루나(富樓那)가 즉시 대답하였다.

"그렇습니다, 세존이시여! 제가 부처님께서 이러한 이치(理致)를 설명하시는 설법을 항상 들었습니다."

부처님께서 말씀하셨다.

"네가 각명(覺明)이라고 말하는 것이, 「각성(覺性)이 본래 밝다」는 뜻이냐, 아니면 「각성(覺性)이 현재 불명(不明)하니까, 각(覺)을 밝히자」는 뜻이냐"

[富樓那言：「唯然，世尊！我常聞佛宣說斯義」佛言：「汝稱覺明。爲復性明，稱名爲覺。爲覺不明，稱爲明覺]

불교와 여래장

《풀이》 각명(覺明)이라는 용어가 무슨 뜻인가 문답(問答)하고 있다. 불언(佛言)을 직역(直譯)하면, "네가 각명(覺明)이라고 말하는 것은, 다시 성(性)이 명(明)한 것을 지칭하여 각(覺)이라고 함이냐, 각(覺)이 불명(不明)한 것을 지칭하여 명(明)할 각(覺)이라고 함이냐"가 된다. 즉 '각명覺明'에서 <u>명(明)자(字)의</u> 품사(品詞)를 형용사(形容詞)로 보느냐, 아니면 동사(動詞)로 보느냐에 따라서, '각(覺)은 본래 <u>밝다</u>'는 해석과 '각(覺)을 <u>밝히자</u>'는 해석이 모두 가능하다는 이야기다.

　예컨대, 우리가 흔히 '밝은 달'을 "명월(明月)"이라고 할 때 '<u>명(明)</u>'자(字)는 형용사(形容詞)인데, 불법을 배워서 '마음을 밝히자'는 "명심(明心)"이라고 말할 때 '<u>명(明)</u>'은 동사(動詞)이다. 지금 "각명(覺明)"을 예로 들면, 두 가지 해석이 모두 가능하다. 지금 그것을 묻고 대답(對答)하고 있다.

[경(經)] 부루나(富樓那)가 말하였다.

　"만약 이 불명(不明)을 각(覺)이라고 한다면, 밝힐 소명(所明)이 없습니다."

[_{부 루 나 언} 富樓那言：「_{약 차 불 명}若此不明, _{명 위 각 자}名爲覺者, _{즉 무 소 명}則無所明」]

《풀이》 부루나(富樓那)는 영민(靈敏)하다. 세존의 뜻을 즉각 알아차리고 대답(對答)이 바로 나온다. "명(明)을 밝힌다는 동사(動詞)로 보지 않는 것을 각(覺)이라고 부른다면, 곧 밝힐 것이 없겠습니다."라고 대답한다. 즉 각명(覺明)은 본래 밝은 각(覺)이므로, 명(明)을 밝다는 형용사(形容詞)로 보아야 옳다는 대답이다. 즉 밝힌다는 동사(動詞)로 보면 틀린다는 뜻이다.

[경(經)] 부처님께서 말씀하셨다.

"만약 밝힐 소명(所明)이 없다면, 명각(明覺)도 없다. 밝힐 대상
(對象)이 있다면 각(覺)이 아니요, 밝힐 대상(對象)이 없다면 명
(明)이 아니다. 무명(無明)은 또한 각(覺)의 맑고 밝은 담명성(湛
明性)이 아니다."

[佛言:「若無所明, 則無明覺。有所非覺, 無所非明。無
明又非覺湛明性]

《풀이》 첫 구절에서, 부루나의 "밝힐 소명(所明)이 없습니다"
라는 말을 받아서, "만약 밝힐 소명(所明)이 없으면 각(覺)을 밝
힌다는 명각(明覺)이 없다"고 하면서, "각(覺)이 본래 밝다"고 이
야기 하여 명(明)자를 형용사(形容詞)로 확인하신다.

다음에 "소(所)가 있으면 각(覺)이 아니다"는 성각인 본각에
는 본래 주객(主客)인 능소(能所)가 없다는 말이다.

다음에 "소(所)가 없으면 명(明)이 아니다"는 대상이 없으니
밝힌다는 동사(動詞)가 아니라는 뜻이다. 이 구절은 해석이 까다
롭다. 직역하면, "밝힐 대상이 없으면 '밝힘'이 없다"는 말인데,
명(明)을 동사(動詞)로 볼 수 없다는 뜻이다. 결국 각(覺)은 본래
밝으니 그것을 밝혀야 할 대상(對象)이 아니므로, '밝히는 행위가
필요(必要)없다'는 말이다.

끝 구절은 무명(無明)이란 단어를 정의(定意)하는 내용이다.
즉 무명(無明)은 '각(覺)의 맑고 밝은 담명성(湛明性)이 아니다

불교와 여래장

[非]'라는 말이다. 각명(覺明)인 본명(本明)은 '맑고' 또 '밝은' 즉 담명성(湛明性)이라는 이중성(二重性)을 가지고 있다. 맑으면 아무것도 없다는 뜻이고, 밝으면 무엇이 있다는 말이니, 담(湛)과 명(明)은 서로 배척(排斥)하는 밝은 개념이다. 담명성(湛明性)이라는 단어에서 이중성(二重性)을 이해하기가 힘들다. 그래서 일심(一心)을 착각(錯覺)하여 주객(主客)이란 개념을 일으킨 것을 무명(無明)이라, 망상(妄想)이라고 부른다. 이미 능소(能所)가 상대(相待)하므로 맑고 밝은 성품인 담명성을 잊어버리니, 분별(分別)이 생겨서 혼미(昏迷)하게 된다.

[경(經)] 성각(性覺)은 원래 각명(覺明)인데, 허망(虛妄)하게 '성각(性覺)을 분명하게 밝혀보자' 하는 명각(明覺)이 되었다.
[性覺必明, 妄爲明覺]

《풀이》 이 구절은 청정(清淨)한 진심(眞心)에서 주객(主客)개념이 생겨서 이른바 무명(無明)이 처음 일어나는 근본(根本)원인(原因)을 간단하게 여덟 글자로 표현한 문장이다. 즉 망(妄)의 기원(起源)이야기다. 따라서 우주(宇宙)와 중생(衆生)세계가 생성(生成)되는 이치를 설명한 중요한 비밀(秘密)법문이기도 하다.

　　교광(交光) 진감(眞鑑)대사의 <능엄경정맥소>(楞嚴經正脈疏)는 "성각(性覺)은 원래 각명(覺明)하니까, 허망하게 '성각(性覺)을 분명하게 한 번 밝혀보자'는 명각(明覺)이 되었다"고 새긴다. 성각(性覺)이 각명(覺明)한 제 성질 때문에, '자신을 한 번 분명하게 밝혀보자'는 생각을 한다는 말이다. 비유(譬喩)하자면, 안근(眼根)은 잘 보는 것이 그 본능(本能)인데, 무엇이든지 잘 보니까 '제 눈으로 제 눈도 한 번 분명하게 보려고' 시도(試圖)한다는 말과 비슷하다. 한편 계환(戒環)대사의 <능엄경요해>(楞嚴經要解)는「성각필명(性覺必明)」의 명(明)자를 동사(動詞)로 보고서, "성각(性覺)이 억지로 요지(了知)하려 한다"는 뜻으로 보았다. 즉 필명(必明)을 성각(性覺)이 '스스로 자신을 밝혀보아야 한다'는 생각, 즉 '강생료지(强生了知)하려는 허망한 생각을 일으킨다'는 의미로 해석한다.

'성각필명(性覺必明)망위명각(妄爲明覺)'에서 명(明)자가 전후(前後)로 두 번 나오는데, 품사(品詞)가 서로 다르다. 앞의 '필명(必明)'은 틀림없이 '밝다'는 형용사(形容詞)고, 뒤의 '명각(明覺)'은 각성을 '밝혀보자'는 동사(動詞)다. 즉 진심(眞心)인 성각(性覺)이 각명(覺明)한 제 성질 때문에, 자기 자신도 한 번 밝혀보려고 하는 망념(妄念)을 일으키면서, 문득 견분(見分)과 상분(相分)으로 나뉜다는 말이다. 즉 본래 밝은 성각(性覺)이 공연히 제 자신을 밝혀보려는 생각을 하니까, 같은 성각이 주체(主體)와 객체(客體)로 이분(二分)되었다.

「망위명각」(妄爲明覺)이라는 구절은 견분(見分)과 상분(相分)이 상대(相待)하면서 망상(妄想)을 일으킨 점에서, 이미 앞에서 변견지심(辯見指心)하는 인오중미(認悟中迷)법문에서 나온「보명묘성(寶明妙性)이 깨달은 오(悟) 중에 있으면서 미(迷)를 인식하려고 하는」구절과 같은 내용이다. 즉 이 법문들은 모두 망심(妄心)이 생긴 최초(最初)의 근본(根本)이유(理由)를 설명하는데, 이 망위명각(妄爲明覺)구절은 저 인오중미(認悟中迷) 구절

불교와 여래장

보다 설명이 더 구체적이라는 차이만 보인다. '허망(虛妄)하게 성각을 밝혀보자는 생각을 함'인 망위명각(妄爲明覺)은 다른 경전에는 없는 독특한 설명이다.

한편 <대승기신론>에서는 최초(最初)의 망념(妄念)인 근본무명(根本無明)을 설명하면서, "진여(眞如)가 일법(一法)임을 여실(如實)하게 알지 못하여 불각(不覺)이 된다"고 한다.[6] 즉 '일법(一法)임을 여실(如實)하게 알지 못한 것'이 무명(無明)의 출현(出現)에 대한 설명 전부다. <능엄경>의 설명인 「성각필명 망위명각」(性覺必明 妄爲明覺)에 비교하면 너무나 피상적인 간단한 설명이다. 따라서 무명(無明)의 기원(起源)이 주객(主客)이나 견상이분(見相二分)임을 이론적(理論的)으로 분명하게 설명한 이 <능엄경>법문을 자세하게 음미(吟味)할 필요가 있다.

[경(經)] 성각(性覺)은 새삼스레 밝힐 대상(對象)이 아니건만, '밝히자'는 것을 인(因)하여서 소(所)인 상분(相分)이 생기고, 소(所)가 허망하게 성립하니 너의 허망한 견분(見分)인 망능(妄能)이 생겼다.

[覺非所明, 因明立所。所旣妄立, 生汝妄能]
 각 비 소 명   인 명 입 소   소 기 망 립   생 여 망 능

《풀이》 허공처럼 해말쑥한 성각(性覺)인 본각(本覺)은 원래 각명(覺明)하면서 청정(淸淨)하기 때문에 주객(主客)이란 개념이 없어서, 새삼스레 밝힐 대상(對象)도 없고 밝히려는 주체(主體)도

---

6) 不覺義者 從無始來 不如實知 眞法一故 不覺心起而有妄念

없다. 그런데 공연히 제 자신을 한 번 <u>분명하게 밝혀보자</u>는 동념(動念)때문에, 문득 견분(見分)과 상분(相分)이 상대(相待)하면서 능소(能所)가 주객(主客)이란 개념(概念)을 일으켰다는 이야기다.

즉 '분명하게 밝혀보자는 생각'을 원인(原因)하여 <u>대상(對象)</u>이 생기고, 이에 따라서 주체(主體)가 대립(對立)하게 되었다. 즉 '대상(對象)이 허망하게 성립하니 너의 허망한 주체(主體)인 망능(妄能)이 생겼다'는 설명이다. 성각(性覺)이 일으킨 '<u>밝혀보자는 생각</u>'은, 본명(本明)한 자리에서 무단히 견상이분(見相二分)으로 주객(主客)을 분립(分立)하는 착각(錯覺)이니, 이렇게 근본무명(根本無明)은 주객(主客)인 능소(能所)개념과 함께 발생한 것이다.

<대승기신론>은 진망화합(眞妄和合)인 아라야식(阿羅耶識)에서 견분(見分)과 상분(相分)이라는 주객(主客)과 능소(能所)가 상대(相待)하기 시작한다고 설명한다. 이때 무명(無明)업식(業識)에서 견분(見分)인 전식(轉識)과 상분(相分)인 현식(現識)이 동시에 나툰다고 설명하면서, 이 셋을 삼세(三細)라고 부른다. 삼세(三細)는 제8식에서 벌어지는 전변이라서, 그 전변하는 모습을 포착하기 어려운 미세(微細)한 것이라는 뜻이다.

'성각이 소(所)인 대상(對象)이 되면, 대상(對象)을 상대(相待)하는 너의 허망한 주체(主體)인 망능(妄能)이 생겼다'는 말은 주객(主客)중에서 '객(客)이 먼저 생겼다'는 뜻이 되지만, 망위명각(妄爲明覺)할 적에 견분(見分)과 상분(相分)은 항상 상대(相待)하므로, 이론상으로는 동시(同時)에 능소(能所)가 대립(對立)

불교와 여래장

한 것이다. 이렇게 '주객(主客)이 상대(相待)하면서' 비로소 분별(分別)이란 망념(妄念)이 일어나기 시작하는데, 주객(主客)은 항상 상대(相待)하므로 그 성립도 선후(先後)를 따질 수가 없는 동시(同時)관계이다.

[경(經)] 같음[同]과 다름[異]이 없는 가운데서 문득 다름[異]이 성립하고, 그 다름을 다름으로 인정하기 때문에 그 다름으로 인하여 같음[同]이 성립된다. 이 같음과 다름을 분명히 구분하고 이로 인하여 다시 '같음도 다름도 없음(無同無異)'이 성립한다.
[無同異中, 熾然成異, 異彼所異, 因異立同, 同異發明, 因此復立無同無異]

《풀이》 주객(主客)이 상대(相對)하니 서로 비교하면서 다름[異]이 생기고, 저절로 동(同)과 이(異)가 상대(相待)하면서 동이(同異)개념이 대립한다. 그러면 다시 이 동이(同異)와 상대(相待)하는 새로운 개념인 무동무이(無同無異)인 제삼(第三)개념이 성립한다. 이런 분별(分別)의 전개(展開)현상을 철학에서는 정반합(正反合)으로 발전하므로 변증법적(辨證法的) 발전과정이라고 설명한다.

[경(經)] 이렇게 요란하게 상대(相對)하여 노(勞)가 생기고, 노(勞)가 오래되어, 진(塵)을 발생하니, 자상(自相)이 혼탁(混濁)하게 된다. 이로 말미암아 진로(塵勞)와 번뇌(煩惱)를 일으키는데, 작용하여서는 세계(世界)가 되고, 고요하여서는 허공(虛空)

이 된다. 허공(虛空)은 같음인 동(同)이고, 세계(世界)는 다름인 이(異)가 된다. 그리고 저 무동이(無同異)는 참 유위법(有爲法)이다.

[如是擾亂, 相待生勞, 勞久發塵, 自相渾濁, 由是引起塵勞煩惱。起爲世界, 靜成虛空。虛空爲同, 世界爲異。彼無同異, 眞有爲法]

《풀이》 우주(宇宙)와 은하계(銀河系)가 생기는 과정(過程)을 설명하고 있다. 동(動)과 정(靜), 허공(虛空)과 우주(宇宙), 유위법(有爲法)과 무위법(無爲法)은 서로 상대적(相對的)인 개념들이다. 상대적(相對的)인 개념인 정(正)과 반(反)이 변증법적으로 합(合)으로 벌어졌다는 이야기다.

이 법문은 <대승기신론>의 육추(六麤)와 비슷하다. 즉, 삼세(三細)가 모습 이전(以前)의 세경(細境)을 설명한 것이라면, 육추(六麤)는 그것이 모습을 갖추면서 작용하는 것을 설명한다. <정맥소>(正脈疏)는 이 법문을 <대승기신론>의 육추(六麤)와 배대(配對)하여 다음과 같이 해석한다. 즉 '노(勞)가 생기고'는 육추(六麤)에서 지상(智相)에 해당하고, '노(勞)가 오래되어'는 상속상(相續相)에, '진(塵)을 발생하니'는 집착상(執著相)에, '자상(自相)이 혼탁(混濁)함'은 집명등상(執名等相)에, '이로 말미암아 진로(塵勞)와 번뇌(煩惱)를 일으키는' 것은 기업상(起業相)에 배대되고, '세계(世界)가 되고, 허공(虛空)이 된다'는 구절은 업계고상(業繫苦相)에 배대(配對)한다.

세계(世界)는 은하(銀河)세계로 다양(多樣)하니 이(異)라고 설명하고, 허공(虛空)은 텅 비었으니 동(同)이라고 한다. 그리고 이렇게 동(同)과 이(異)로 설명되는 기세간(器世間)과 대별(對別)되는 개념으로 이른바 무동무이(無同無異)인 유위(有爲)세계가 생긴다고 설명한다. 정반합(正反合)으로 설명하면, 은하세계(銀河世界)라는 기세간(器世間)에서 생활하는 유정물인 중생(衆生)이 있으니 정반(正反)이란 명제(命題)가 성립하고, 제삼의 업과(業果)세계는 따로 구별되면서 유위법(有爲法)이라고 설명하는 이른바 합(合)이라는 명제(命題)가 생긴다. 그리고 유위(有爲)와 대립하는 무위(無爲)가 나타나면서 다시 새로운 정반(正反)이 생긴다고 설명하고 있다.

(2) 은하세계(銀河世界)의 연기(緣起)

[경(經)] 각(覺)의 망명(妄明)과 허공(虛空)의 어두움[昧]이 상대(相待)하여 요동(搖動)이 생기므로 '바람바퀴'인 풍륜(風輪)이 생겨서 세계를 집지(執持)한다.
허공(虛空)으로 인하여 요동이 생기고, 밝음이 굳어져서 고체(固體)인 지대(地大)가 되는데, 저 금보(金寶)는 밝은 깨달음이 견고하게 된 것이다. 그러므로 금륜(金輪)이 있어서 국토를 유지한다.

[覺明空昧，相待成搖，故有風輪執持世界。
因空生搖，堅明立礙，彼金寶者，明覺立堅，故有金輪保
持國土]

《풀이》 우주(宇宙)라는 기세간(器世間)인 국토세간(國土世間)의 생성(生成)현상을 설명하는 법문이다. 현대과학의 빅뱅이론과 흡사(恰似)한 내용을 가지고 있다는 점을 알 수 있는 법문이다. 처음에, 각(覺)의 망명(妄明)과 허공(虛空)의 어두움[昧]이 상대(相待)하여 요동(搖動)하면서 풍륜(風輪)이 생겨서 확장(擴張)한다는 것은, 빅뱅에서 최초에 폭발하여 팽창(膨脹) 확대(擴大)가 생긴 이유를 설명한 것과 같다. 다시 허공에서 확장과 동시(同時)에 밝음이 굳어져서 고체(固體)인 광물(鑛物)이 형성되면서 금륜(金輪)이 생기는 것은, 빅뱅이 확장하면서 광물질로 된 별들이 형성되는 과정을 설명한 것 같다. 이 구절은 우주(宇宙) 은하(銀河)세계의 생성(生成)과정에서 시초(始初)부분인 빅뱅 당시(當時)의 상황을 구체적으로 설명하는 부분에 해당한다 하겠다. 허공(虛空)의 어두움[昧]이라는 공매(空昧)라는 단어는 인오중미(認悟中迷)법문에 나온 구절을 상기하면 도움이 된다.

> 보명(寶明)한 묘성(妙性)이 오(悟)중에 있으면서 미(迷)를 인식하려고 하여, 회매(晦昧)하여 허공(虛空)이 되고, 허공(虛空)과 회암(晦暗)의 가운데서 암(暗)이 맺혀서 물질(物質)이 된다.

[경(經)] 각(覺)이 굳어서 보배가 되고, 밝음을 흔들어서 바람이 나와서, 풍(風)과 금(金)이 서로 마찰하면서 화광(火光)이 생겨나서 변화하는 성품이 된다.
보배의 밝음은 윤기(潤氣)를 내고, 화광(火光)이 위로 증발시키

므로, 수륜(水輪)이 있어서 시방세계를 둘러싸게 된다.

[堅覺寶成, 搖明風出, 風金相摩, 故有火光爲變化性, 寶明生潤, 火光上蒸, 故有水輪含十方界]

《풀이》 각(覺)은 굳어져서 금보(金寶)가 되고 명(明)은 흔들어서 바람이 되는데, 그 바람과 금(金)이 서로 마찰하면 화광(火光)이 생겨나서 변화하는 성품이 된다는 이야기는, 풍대(風大)로 인하여 확장하는 지대(地大)에서 화광(火光)이 생겨서는 별끼리 충돌과 결합이 일어나는 것을 '화대(火大)가 변화를 일으킨다'고 설명하는 것 같다.

　또 광물(鑛物)의 밝음인 보명(寶明)은 윤기(潤氣)를 내어서 수분(水分)이 생기는데, 이것이 화광(火光) 때문에 증발(蒸發)하기 때문에, 수륜(水輪)이 시방세계(十方世界)를 둘러싸고 있다는 이야기로서, 아마도 우주공간(宇宙空間)에 물의 원소(元素)인 수소(水素)가 가득한 것을 가리키는 것 같다.

[경(經)] 불은 올라가고 물은 내려가는데, 서로 어울려 고체(固體)가 생긴다. 축축하면 바다가 되고 건조하면 육지가 된다. 이런 이유로 큰 바다 가운데서 화광(火光)이 항상 일어나고, 육지 가운데는 강하(江河)가 항상 흐른다.

물의 세력이 불보다 약(弱)하면 응결(凝結)되어서 높은 산(山)이 되니, 그러므로 산의 돌이 서로 부딪치면 불꽃이 나고, 녹으면 물이 된다.

흙의 세력이 물보다 약(弱)하면 습기가 땅에서 돋아나면서 초목

(草木)이 되니, 그러므로 숲이 타고 나면 흙이 되고, 쥐어짜면 물이 나온다.

허망(虛妄)이 서로 얽혀서 발생(發生)하되 번갈아 서로 종자(種子)가 되니, 이러한 인연(因緣)으로 세계(世界)가 상속(相續)하고 있다.

[火騰水降, 交發立堅, 濕爲巨海, 乾爲洲潬, 以是義故, 彼大海中火光常起, 彼洲潬中江河常注。水勢劣火結爲高山, 是故山石擊則成炎, 融則成水。土勢劣水抽爲草木。是故林藪, 遇燒成土, 因絞成水。交妄發生, 遞相爲種, 以是因緣, 世界相續。]

《풀이》 이 설명은 은하세계에서 산하대지(山河大地)와 식물(植物)세계가 생기고 상속하는 과정을 설명한 부분이다. 즉 광물 덩어리 위에서 수화(水火)가 교역(交易)하니 견고(堅固)해지는데, 축축한 건 바다가 되고 건조한 것은 육지가 된다. 또 수화(水火)는 교발(交發)하기도 하니, 바다 속에서 뜨거운 화산이 항상 폭발하고 있으며, 마른 육지에는 강물이 항상 흐른다는 이야기다. 산은 화대(火大)가 수대(水大)를 능가(凌駕)하여 화성(火性)이 맺힌 것이고, 산석(山石)이 서로 부딪치면 불꽃이 나고, 녹으면 물이 된다는 것은, 화산폭발로 산이 생기면서 화쇄류(火碎流)가 일어나는 이야기 같다.

초목(草木)은 지(地)와 수(水)가 교발(交發)하여 생기는데, 토세(土勢)가 수세(水勢)보다 열세(劣勢)가 되어 물기를 머금어 축축하면 초목(草木)이 생긴다고 설명하는 것은, 최초에 식물(植

불교와 여래장

物)이 물속에서 생겼다는 이야기 같다. 나아가 초목이 타고 나면 토지(土地)가 되고, 초목을 쥐어짜면 물이 나온다는 이야기는, 식물(植物)의 원소(元素)는 지대(地大)와 수대(水大)임을 강조하고 있다.

이 구절은 기세간(器世間)인 은하계에서 지수화풍(地水火風) 사대(四大)가 일으키는 변화와 식물(植物)의 시발(始發)과 상속(相續)을 사대(四大)의 생극(生剋)작용을 가지고 설명한 부분이다. 동물(動物)은 중생(衆生)세간에 해당되므로 따로 설명을 하고 있다.

(3) 중생세계(衆生世界)의 연기(緣起)

[경(經)] 다시 부루나(富樓那)야! '밝히자는 허망'인 명망(明妄)이 생긴 것은 다른 이유가 아니고, '각(覺)이 분명(分明)하다'는 각명(覺明)이 바로 허물이다.
[復次, 富樓那! 明妄非他, 覺明爲咎]

《풀이》 이 법문은 준동함령(蠢動含靈)인 유정(有情)세계를 설명하는 내용이다. 먼저 '밝히려는 허망'인「명망(明妄)」이란 단어는 앞에서 설명한 '성각필명 망위명각(性覺必明 妄爲明覺)'에서「망위명각」(妄爲明覺)을 축약(縮約)한 것이다. 즉 허망(虛妄)하게 성각을 밝혀보자는 명각(明覺)이 된 것을 간단하게「명망(明妄)」이라고 말하고 있다. 다시 말하면, 밝은 성각(性覺)이 밝혀보려는 착각(錯覺)을 일으켜서 허망(虛妄)한 무명(無明)이 된 과정을 <u>명망(明妄)</u>이라고 표현한다. 그런 착각이 생긴 이유가 무엇인가를 설명하고 있다. 그 이유는 "각명(覺明) 이놈 때문이다" 인데, 즉 '각(覺)이 분명(分明)하게 알기' 때문에 착각(錯覺)도 한다고 설명한다. 청정각명(淸淨覺明)인 진심(眞心)이 각(覺)인 자신(自身)을 한 번 밝혀보려고 시도(試圖)하면서 명망(明妄)이 된 것이다. 왜 허망하게 밝혀보려고 시도(試圖)하였는가? 청정각명(淸淨覺明)인 제가 원래부터 모든 것을 분명(分明)하게 잘 알기[覺知] 때문이다! 각명(覺明)이 원인이다.

[경(經)] 대상(對象)이 허망하게 일단 성립하면, 밝은 이치가 그것을 유탈(踰脫)하지 못한다. 이러한 인연으로 해서, 듣는 청(聽)은 소리를 벗어나지 못하고, 보는 견(見)은 빛깔을 벗어나지 못한다. 빛깔·소리·냄새·맛·촉감·생각거리 등 여섯 가지 허망한 대상(對象)이 이루어지고, 이로 인(因)하여 보고, 깨닫고, 듣고, 알고 하는 견문각지(見聞覺知)의 작용(作用)이 벌어진다.

[所妄既立, 明理不踰。以是因緣, 聽不出聲, 見不超色。色香味觸, 六妄成就。由是分開見覺聞知。]

《풀이》 착각(錯覺)으로 일어난 주객(主客)이 상대(相對)하면서, 육성(六性)에서 전변한 육정(六精)과 육진(六塵)이 상대(相待)하면서 견문각지(見聞覺知)현상이 일어나는 과정을 간략하게 설명하고 있다. 육근(六根)이 육진(六塵)을 반연하면서 육식(六識)이란 인식(認識)이 생긴다는 말이다. 이 구절은 영지(靈知)인 각명(覺明)이 육성(六性)으로 전변하고, 육성(六性)이 각기(各其) 견분인 육정(六精)과 상분인 육진(六塵)으로 전변(轉變)하는 과정을 간단한 문장으로 밝히고 있다. 일단 육근(六根)과 육진(六塵)으로 12처(處)가 형성되면 견문각지(見聞覺知)하는 작용이 제각기 독립적(獨立的)으로 일어나게 된다는 이야기다.

인오중미(認悟中迷)법문에 나오는 글로 보충(補充)하면 이해하기 쉽다.

> 물질이 망상(妄想)과 섞이면서 생각과 모습을 오온(五蘊)이라 여기고, 연(緣)을 모아 안으로 흔들리면서 밖으로 나가 분주하게 설치는 그 혼요요(昏擾擾)한 모습을 자기 심성(心性)이라고 한다. 한번 미(迷)하여 마음이라고 믿고는「마음은 몸 안에 있다」고 잘못 알고, 이 몸과 밖에 있는 산하(山河)와 대지(大地)와 허공(虛空)이 모두 묘명진심(妙明眞心) 가운데 있는 물건인 줄을 알지 못한다.

[경(經)] 동업(同業)끼리는 서로 뒤얽히니, 결합(結合)하거나 분리(分離)하면서 성립(成立)하고 변화(變化)한다.
[同業相纏, 合離成化。]

《풀이》 "동업(同業)끼리는 서로 뒤얽히는데, 결합(結合)하거나 분리(分離)하면서 성립(成立)하고 변화(變化)한다"는 구절은, 중생들이 출생(出生)하는 과정을 네 가지로 분류하여 설명하고 있다. 먼저 "동업(同業)끼리는 서로 뒤얽히는데"란 구절은 중생의 업식(業識)들 중에서 서로 같은 사이클을 가진 동업(同業)인 태생(胎生)과 난생(卵生)들을 가리킨다. 다음에 "결합(結合)하거나 분리(分離)하면서 성립(成立)하고 변화(變化)한다"는 구절은 습생(濕生)과 화생(化生)들을 말하는데, 습생(濕生)은 습기(濕氣)가 있는 것에 결부(結付)하여 출생하는 것이고, 화생(化生)은 변화(變化)하면서 출생하는 것이다. 습생(濕生)은 습기(濕氣)가 있는 곳에서 생기는 종류들인데, 세균(細菌)이나 바이러스같이 기생하는 것들은 모두 여기에 속한다. 화생(化生)은 굼벵이가 나비로 변화하는 것도 있지만, 색계천(色界天) 이상의 천상행(天上行)과 극락행(極樂行) 그리고 지옥행(地獄行) 같은 것이 화생(化生)이다. 또 불보살(佛菩薩)의 현신(現身)인 화신(化身)들도 모두 화생(化生)이다.

[경(經)] 밝음을 보고서 색(色)을 발(發)한다. 분명(分明)하게 보고는 생각을 이루되, 소견(所見)이 다르면 서로 미워하고, 생각이 같으면 서로 사랑하는데, 정액(精液)이 흘러서 종자(種子)가 되고, 생각(想)을 받아들여서 태(胎)가 된다. 암수가 서로 교접(交接)할 적에, 동업(同業)끼리 서로 끌어당기니, 그러한 인연으로 수정(受精)되고, 자궁(子宮)에 착상(着床)하여 서 갈라람(羯羅藍)과 알포담(遏蒱曇)이 된다.

[見明色發。明見想成, 異見成憎, 同想成愛, 流愛爲種, 納想爲胎, 交遘發生, 吸引同業, 故有因緣, 生羯囉藍, 遏蒱曇等]

《풀이》 먼저 태생(胎生)을 설명한다. "밝음을 보고서 색(色)을 발(發)한다"는 구절은, 낡은 색신(色身)을 버린 중음신(中陰身)이 인연이 깊은 부모(父母)를 밝게 알아보고서 새로운 색신(色身)을 나툰다는 뜻이다. "분명(分明)하게 보고는 생각을 이루되, 소견(所見)이 다르면 서로 미워하고, 생각이 같으면 서로 사랑한다"는 구절은 장차 태생(胎生)하되 성별(性別)은 애락(愛樂)하는 유연(有緣)에 따라서 결정된다는 소리다. "암수가 서로 교접(交接)할 적에, 같은 업(業)끼리 서로 끌어당긴다."는 구절은 동업(同業)인 제 어미를 찾아가는 과정을 설명한 것이다. "갈라람(羯羅藍)과 알포담(遏蒱曇)"은 입태(入胎)하여 자라나는 태아(胎兒)의 모습을 가리키는 인도(印度) 고대 의학(醫學)용어라고 한다.

[경(經)] 태생(胎生)과 난생(卵生)과 습생(濕生)과 화생(化生)이 제각기 그 상응(相應)하는 업(業)을 따른다. 난생(卵生)은 생각[想]으로 인하여 생기고, 태생(胎生)은 정(情)으로 인하여 생기고, 습생(濕生)은 합(合)하여 감응하고, 화생(化生)은 낡은 허물을 벗으면서 생긴다.

정(情)·상(想)·합(合)·리(離)가 번갈아 서로 변역(變易)하면서 업(業)을 받는데, 혹은 하늘에서 날기도 하고, 혹은 물속에 잠기기도 한다. 이러한 인연으로 중생(衆生)이 계속하여 상속(相續)한다.

[胎卵濕化, 隨其所應。卵唯想生, 胎因情有, 濕以合感, 化以離應。情想合離, 更相變易, 所有受業, 逐其飛沈, 以是因緣衆生相續]

《풀이》 중생(衆生)이 사종(四種)으로 생기는 원인(原因)을 설명한다. 여기서는 모든 유정물(有情物)이 정상(情想)합리(合離)하면서 출몰(出沒)한다는 간단한 이야기로 정리되어 있다. 난생(卵生)은 생각[想]이 많으므로 부정(不定)하여 비등(飛騰)하고, 태생(胎生)은 정(情)이 많으므로 미연(迷戀)하여 침잠(沈潛)하고, 습생(濕生)은 합(合)이 많아서 친부(親附)하여 부동(不動)하고, 화생(化生)은 이(離)가 많아서 사차(捨此)하고 취피(趣彼)하여 생긴다고 설명한다. 동물인 중생(衆生)을 이렇게 사생(四生)을 기준으로 구분하는 것은 인도 고대 생물학이다.

(4) 업과세계(業果世界)의 연기(緣起)

[경(經)] 부루나(富樓那)야! 생각[想]과 애욕[愛]이 함께 얽혀서 그 애욕(愛慾)을 능히 여의지 못하므로, 모든 세간의 부모(父母)와 자손들이 서로 생겨나서 끊어지지 않는다. 이런 무리는 <u>욕탐(欲貪)</u>이 근본(根本)이 된 것이다.

[富樓那! 想愛同結, 愛不能離, 則諸世間, 父母子孫相生不斷, 是等則以欲貪爲本]

《풀이》 동업(同業)중생이 되는 것은 업식(業識)에 따라서 달라지니, 애(愛)와 취(取)라는 업식(業識)이 인(因)을 만들어서 상응하는 과보(果報)를 받는다는 이야기다. 탐진치(貪嗔痴)가 원인이고, 중생(衆生)의 몸이 과보(果報)다. 업과(業果)세간의 기본은 대부분이 음양(陰陽)이라는 애욕(愛慾)으로 이루어지는데, 인간도 후손(後孫)을 생산하므로, 음욕(婬欲)이 윤회(輪廻)의 근본 원인(原因)이 된다고 서두(序頭)에서 강조하고 있다. 범부가 해탈(解脫)하려면 독신(獨身)이어야 쉽다는 이유를 설명하는 장면이다.

[경(經)] 탐심(貪心)과 애욕(愛慾)이 서로 부추기면 탐욕(貪慾)을 능히 그치지 못한다.

모든 세간(世間)의 난생(卵生)·화생(化生)·습생(濕生)·태생(胎生)이 그 힘의 강약(强弱)을 따라서 번갈아 서로를 잡아먹으면, 이런 무리는 살생(殺生)을 탐내는 살탐(殺貪)이 근본이 된 것이다.

사람이 양(羊)을 잡아먹으면, 그 양(羊)은 죽어서 사람이 되고 사람은 죽어서 양(羊)이 되어서, 이렇게 여러 가지 모습으로 바뀌면서 죽고 죽고 나고 나면서, 번갈아서 서로 잡아먹되, 악업(惡業)으로 인하여 함께 태어나는 것이 미래(未來)가 끝나도록 계속된다. 이런 무리는 훔치기를 좋아하는 도탐(盜貪)이 근본이 된 것이다.

「너는 나에게 목숨을 빚졌고, 나는 너에게 갚을 빚이 있다」는 이러한 인연으로 백천겁(百千劫)이 지나도록 언제나 생사(生死)하는 세계에 남게 된다. 또「너는 내 마음을 사랑하고, 나는 너의 미색(美色)을 사랑한다」는 이러한 인연으로 백천겁(百千劫)이 지나도록 언제나 서로 얽히어서 윤회(輪廻)한다.

이러한 살(殺)·도(盜)·음(婬) 세 가지가 근본(根本)이 되는데, 이러한 인연으로 업과(業果)가 상속(相續)된다.

[貪愛同滋, 貪不能止。則諸世間, 卵化濕胎, 隨力強
탐애동자　　탐불능지　　즉제세간　　난화습태　　수력강

弱, 遞相呑食, 是等則以殺貪爲本。以人食羊, 羊死爲
人, 人死爲羊, 如是乃至十生之類, 死死生生, 互來相
噉, 惡業俱生, 窮未來際, 是等則以盜貪爲本。汝負我
命, 我還債汝, 以是因緣經百千劫, 常在生死。汝愛我
心, 我憐汝色, 以是因緣經百千劫, 常在纏縛, 唯殺盜
婬, 三爲根本, 以是因緣業果相續]

《풀이》 중생끼리 서로 잡아먹는 버릇이 살탐(殺貪)이다. 서로 죽이고 죽는 살탐(殺貪)현상이 인과응보(因果應報)로 작동하여 태란습화(胎卵濕化)가 계속된다고 한다. 또 훔치는 버릇인 도탐(盜貪)때문에 살생(殺生)과보와 채권(債權)채무(債務)관계가 이루어진다. 다시 애모(愛慕)와 미색(美色)이라는 음탐(婬貪) 때문에 애정(愛情)행각이 벌어진다는 이야기다. "자식은 전생의 빚을 받으러 온 빚쟁이다"라는 속담(俗談)도 도탐(盜貪)의 인과(因果)관계를 단적으로 나타내고 있다. 이른바 효자(孝子)와 불효자(不孝子)도 모두 과거(過去)의 업력(業力)에서 야기되는 인과응보(因果應報)라고 하겠다. 삼계(三界)윤회(輪回)가 알고 보면 한바탕 꿈이지만, 깨어나지 못하고 꿈속에서 헤맬 때는 고통과 번뇌(煩惱)가 현전(現前)한다.

(5) 업(業)을 따라 나타난다

[경(經)] 부루나(富樓那)야! 이와 같이 세 가지로 전도(顚倒)되어

상속(相續)되는 것은, 모두 이 각명(覺明)인 명료지성(明了知性)에서 그 요지(了知)로 인하여 '모습'을 나툰 것이다. 망견(妄見)으로부터 산하대지(山河大地)와 온갖 유위상(有爲相)들이 생기고, 차례대로 천류(遷流)한다. 이 허망(虛妄)으로 인(因)하여, 끝이 나면 다시 시작(始作)한다."

[富樓那! 如是三種顚倒相續, 皆是覺明, 明了知性, 因了發相。從妄見生, 山河大地, 諸有爲相, 次第遷流。因此虛妄, 終而復始]

《풀이》 세계(世界)상속과 중생(衆生)·업과(業果)상속이 모두 각명(覺明)인 명료지성(明了知性)에서 생긴 망상(妄相)이 원인이 되어서 생기는 과보(果報)라는 결론이다. 상주진심(常住眞心)은 청정(淸淨)각명(覺明)인데, 이 각명(覺明) 때문에 망위명각(妄爲明覺)하여서 무명(無明)망상(妄想)이 생기고 삼라만상(森羅萬象)이 벌어진다는 설명이다. 여기서 각명(覺明)을 특별히 명료지성(明了知性)이라고 정의(定意)하고 있다. 이 지성(知性)이 "요지(了知)로 인하여 온갖 모습을 나툰다"고 하면서 삼라만상(森羅萬象)이 망견(妄見)에서 생겼다고 한다. 일체유심조(一切唯心造)나 삼계유심(三界唯心) 만법유식(萬法唯識)의 뜻을 새겨들어야 한다. 즉 마음이 '각명(覺明)하여 요지(了知)하기 때문에 모습이라는 대상(對象)이 생긴다'는 뜻이다. 즉 앞에서 나온 이른바 무명에서 비롯한 동분망견(同分妄見)과 별업망견(別業妄見)이 산하대지(山河大地)와 온갖 유위상(有爲相)을 조작한다는 이야기이다. 또 칠대(七大)의 정체에서 설명한 '중생의 마음에 따르고 소지(所知)의 상량(商量)에 응(應)하여, 업(業)을 따라 나타난다'는 구절을 구체적으로 설명한 법문이기도 하다.

　　감산(憨山)대사는 "각(覺)은 원래 밝으니 새삼스레 밝힐 대상(對象)이 아니건만, 밝히자는 망념(妄念)을 인(因)하여서 대상(對象)이 되었고"라는 구절인 「인명입소」(因明立所)를 구체적으로 설명한 내용들이라고 한다.

제3절　네 가지 비유(譬喩)

[경(經)] 부루나(富樓那)가 말하였다.

　"만약 이 묘각(妙覺)의 본래 묘한 각명(覺明)이 여래(如來)의 마음과 더불어 늘지도 않고 줄지도 않는데, 무단히 산하대지(山河大地)와 온갖 유위상(有爲相)들이 홀연히 생긴 것이라면, 여래(如來)께서는 이미 묘공명각(妙空明覺)을 얻으셨으니, 산하대지(山河大地)와 유위(有爲)와 버릇과 번뇌가 어느 때에 다시 생기겠습니까?"

[富樓那言：「若此妙覺，本妙覺明，與如來心，不增不減，無狀忽生山河大地諸有爲相；如來今得妙空明覺，山河大地有爲習漏，何當復生」]

《풀이》 부루나의 질문이다. 부처님도 성각필명(性覺必明)하니 언젠가 망위명각(妄爲明覺)하게 되면 산하대지(山河大地)가 다시 나타날 것이라는 생각에서 나온 질문(質問) 같다. "마음과 부처와 중생이 셋이 무차별(無差別)하다"는 입장에서 보면 당연히 나올 법한 질문(質問)이다. 즉 진심(眞心)에서 무명(無明)이 생기듯이, 세존(世尊)의 진심(眞心)에서도 언제쯤인가 산하대지가 생기지 않겠느냐는 이야기다. <원각경>에도 이와 꼭 같은 문답(問答)이 등장한다.

[경(經)] 부처님께서 부루나(富樓那)에게 말씀하셨다.

"비유컨대 마치 어느 미(迷)한 사람이 어떤 마을에서 남쪽을 북쪽으로 착각(錯覺)하였다면, 그 착각(錯覺)이 미(迷)함을 인(因)하여 있는 것이냐, 깨달음을 인하여 생긴 것이냐?"

부루나(富樓那)가 대답하였다.

"이 미(迷)한 사람은 미(迷)를 인(因)하지도 않았고, 깨달음을 인(因)하지도 않았나이다. 왜냐하면, 미(迷)란 것이 본래 뿌리가 없는데 어떻게 「미(迷)를 인(因)하였다.」고 하겠으며, 깨달음에서는 미(迷)가 생기지 않는 것이니 어떻게 「깨달음을 인(因)하였다.」고 하겠습니까?"

[佛告富樓那 :「譬如迷人, 於一聚落, 惑南爲北, 此迷爲復, 因迷而有？因悟所出？」

富樓那言：「如是迷人, 亦不因迷, 又不因悟。何以故？迷本無根, 云何因迷？悟非生迷, 云何因悟？」]

《풀이》 세존께서 비유(譬喩)로 알기 쉽게 설명하신다. 아래로 네 개의 비유(譬喩)가 나오는데, 첫 번째 비유는 방향(方向)을 착각(錯覺)한 사례를 가지고 무명(無明)이라는 착각(錯覺)을 설명한다.

[경(經)] 부처님께서 말씀하셨다.

"그 미(迷)한 사람이 남북을 착각(錯覺)하고 있을 때에 문득 깨달은 사람이 가르쳐주어서 방향(方向)을 제대로 알게 되면, 부루나(富樓那)야! 어떻게 생각하느냐, 이 사람이 비록 미(迷)하였지만 이 마을에서 다시 방향(方向)을 착각(錯覺)하는 일이 생기겠느냐?"

"아닙니다, 세존이시여!"

"부루나(富樓那)야! 시방의 여래(如來)도 또한 이와 같으니라. 이 미(迷)라는 것이 근본이 없어서 그 성품이 결국 공(空)한 것이다. 예전부터 본래로 미(迷)가 없었는데, 각(覺)에 미(迷)함이 있는 듯하지만, 미(迷)를 깨달아서 미(迷)가 없어지면, 각(覺)에는 미(迷)가 생기지 않는다.

[佛言:「彼之迷人, 正在迷時, 倏有悟人指示令悟。富樓那! 於意云何, 此人縱迷, 於此聚落, 更生迷不?」
「不也, 世尊!」
「富樓那! 十方如來亦復如是。此迷無本, 性必竟空, 昔本無迷, 似有迷覺, 覺迷迷滅, 覺不生迷。]

《풀이》 비록 "미(迷)를 깨달아서 미(迷)가 없어지면, 각(覺)에는 미(迷)가 생기지 않는다"고 하지만, 그러나 방향(方向)에 대한 기억(記憶)이 사라지면, "한참 뒤에 다시 방향을 착각할 수가 있지 않은가?" 하는 의문이 부루나에게 남아 있다.

불교와 여래장

그래서 두 번째 비유가 등장한다.

[경(經)] "마치 눈병이 난 사람이 허공에서 헛꽃을 보다가, 그 눈병이 없어지면 그 헛꽃도 허공에서 사라지는 것과 같다. 만약 어떤 어리석은 사람이 저 허공꽃이 없어진 자리에서 허공꽃이 다시 나타나기를 기다린다면, 이 사람을 어리석다고 하겠느냐, 지혜롭다고 하겠느냐."

부루나(富樓那)가 말하였다.

"허공에 원래로 꽃이 없는데도, 허망(虛妄)하게 꽃이 생기고 사라짐을 보는 것이니, 꽃이 허공에서 사라짐을 본다고 하여도 이미 잘못된 '뒤바뀜'인데, 「헛꽃이 다시 나타난다」고 한다면 이것은 미친 사람의 어리석음이니, 어찌 이런 광인(狂人)을 두고서 '어리석다'거나 '지혜롭다'고 말할 수가 있겠습니까?"

부처님께서 말씀하셨다.

"네가 그렇게 안다면, 어떻게 「모든 부처님의 묘각명공(妙覺明空)에서 언제 다시 산하대지(山河大地)가 나옵니까?」하고 물을 수가 있겠느냐?"

[亦如翳人見空中花, 翳病若除華於空滅；忽有愚人, 於彼空花所滅空地, 待花更生。汝觀是人, 爲愚？爲慧？」富樓那言：「空元無花, 妄見生滅, 見花滅空, 已是顚倒；勅令更出, 斯實狂癡。云何更名, 如是狂人, 爲愚爲慧」佛言：「如汝所解, 云何問言："諸佛如來妙覺明空, 何當更出山河大地"]

《풀이》 "허공꽃은 눈병에서 생겼으니, 만일 다시 눈병이 나면 허공꽃은 여전히 있지 않는가?" 하는 의문이 생긴다.

그래서 세 번째 비유가 등장한다.

[경(經)] "또 금광석(金鑛石)에 정금(精金)이 섞여 있다가 그 금이 한 번 순금(純金)이 되면 다시는 섞이지 않는다.

[又如金鑛, 雜於精金, 其金一純, 更不成雜]

《풀이》 이 비유에 대해서도 "화산이 크게 폭발하거나 천지(天地)가 개벽(開闢)하면, 순금(純金)이 또 다시 금광석(金鑛石)이 되기도 한다"는 이론(異論)이 제기될 수 있다. 그래서 네 번째 비유가 등장한다.

[경(經)] 또 나무가 타서 재가 되면, 그 재는 다시 나무로 되지 않는다. 모든 부처님의 보리(菩提)와 열반(涅槃)도 또한 그와 같다".

[如木成灰, 不重爲木。諸佛如來菩提涅槃, 亦復如是]

《풀이》 부처님의 보리(菩提)와 열반(涅槃)을 「나무가 타서 재가 되거나, 촛불이 꺼져서 없어진 것」에다 비유하면서, 타고 남은 재는 아무것도 없으니, 다시 불타지 않는다고 설명하고 있다. 불타(佛陀)는 완전하게 윤회(輪廻)가 끝났다는 점을 납득시키고자, 이렇게 네 가지 비유(譬喩)를 들어서 설명하고 있다.

이상(以上)으로 "여래(如來)는 언제 다시 번뇌(煩惱)를 일으

불교와 여래장

키는가?"라는 부루나(富樓那)의 질문에 대한 세존(世尊)의 네 가지 비유(譬喩)가 끝났다. 첫 비유(譬喩)는 방향을 착각한 것을 가지고 무명(無明)이 본공(本空)임을 설명하고, 둘째 비유는 허공꽃을 들어서 만법(萬法)이 허망(虛妄)한 모습임을 상기시켰고, 셋째 비유는 순금(純金)은 불변(不變)임을 말하였고, 넷째 비유에서 열반을 타고난 재에 비유하셨다. 감산(憨山)스님은 첫째 비유는 '전(前)에 미(迷)한 적이 없고, 후(後)에 오(悟)한 적이 없다'는 뜻이고, 둘째 비유는 '진(眞)에는 본래 망(妄)이 없고, 오(悟)에서 미(迷)가 생기지 않는다'는 뜻이고, 셋째 비유는 '각성(覺性)은 불변(不變)한다'는 뜻이며, 넷째 비유는 '과덕(果德)은 무생(無生)이다'는 뜻이라고 설명한다.

그럼에도 불구하고, 진심(眞心)과 여래장(如來藏)이 있으면 망심(妄心)과 삼라만상(參羅萬像)이 나오기 마련이라고 생각하는 것이 중생들의 생각이니, 이런 비유(譬喩)로 사람들은 의문(疑問)을 완전히 풀어줄 수 있을지는 의문이다.

이 문제와 관련된 이야기 중에, 당(唐)나라 때에 "진심(眞心)에서 왜 망(妄)이 생기는가?"를 두고 법성종(法性宗)에서 벌린 이른바 <진망게>(眞妄偈)사건이 있었다. 그 내용을 <종경록> 제5권에서 다음과 같이 초록(抄錄)하였다.

복례(復禮)법사(法師)가 천하의 학사(學士)들에게 질문(質問)한 <진망게(眞妄偈)>에서 그는 이렇게 질문(質問)했다.
『진(眞)의 법성(法性)은 본래 청정(淸淨)하거늘 망념(妄念)

이 어떻게 하여서 일어나는가? 진(眞)으로부터 망(妄)이 생긴다면 이 망(妄)을 어찌하여야 그칠 수가 있을까? 처음이 없으면 곧 끝이 없고, 끝이 있다면 마땅히 시작(始作)도 있다. [그런데 망(妄)은] 시작(始作)은 없으나 끝은 있다. 오랫동안 몽매(蒙昧)하여 이치(理致)를 모르니, 원컨대 현묘(玄妙)를 열어서 부디 바르게 풀이하여 생사(生死)에서 벗어나게 하여 주십시오.』[7]

징관(澄觀)화상(和尙)이 답(答)을 하였다.

『진(眞)을 헷갈리면 망념(妄念)이 생기고, 진(眞)을 깨달으면 망(妄)이 그친다. 능미(能迷)는 소미(所迷)가 아니거늘 어찌 비슷할 수가 있겠는가. 종래로 일찍이 깨닫지 못했기에, 망(妄)은 비롯함이 없다고 말하지만, 망(妄)을 알고 보면 본래 스스로 진(眞)이니, 바야흐로 이것이 항상(恒常)하는 이치(理致)다. 분별(分別)하는 마음이 없어지지 않으면, 생사(生死)에서 벗어나지 못한다.』[8]

이 문답을 보고 종밀(宗密)선사(禪師)가 논평(論評)하였다.
『대승(大乘)의 경교(經敎)에는 통틀어 삼종(三宗)이 있을 뿐이다. 첫째는 법상종(法相宗)이요, 둘째는 파상종(破相宗)이며, 셋째는 법성종(法性宗)이다. 지금 이 질문(質問)은 바로

---

7) 復禮法師問天下學士。眞妄偈云。「眞法性本淨。妄念何由起。從眞有妄生。此妄安可止。無初即無末。有終應有始。無始而有終。長懷懵玆理。願爲開玄妙。析之出生死」
8) 澄觀和尚答云。「迷眞妄念生。悟眞妄則止。能迷非所迷。安得全相似。從來未曾悟。故說妄無始。知妄本自眞。方是恒常理。分別心未亡。何由出生死」

불교와 여래장

법성종(法性宗)에서 내세우는 핵심적(核心的)인 이론(理論)이니, 이종(二宗)을 묻는 것이 아니다.

만약 법상종(法相宗)이면, 일체 유루(有漏)의 망법(妄法)과 무루(無漏)의 정법(淨法)이 시작이 없는 때로부터 저마다 그 종자(種子)가 아뢰야식(阿賴耶識) 중에 있으면서, 연(緣)을 만나서 훈습(熏習)하면 저마다 자성(自性)을 쫓아 일어나지만, 진여(眞如)와는 아무런 관계가 없다고 말한다. 그러하니, '진(眞)으로부터 망(妄)이 생긴다'고 말할 사람이 없다. 그들은 '진여(眞如)는 한결같이 무위적멸(無爲寂滅)이고 일어남도 그침도 없다'고 말하므로, 그들을 '진(眞)으로부터 망(妄)이 생긴다'는 이론으로 힐난할 수가 없다.

만약 파상종(破相宗)이라면, 한결같이 범부와 성인, 더러움과 깨끗함 등, 일체(一切)가 모두 공(空)이어서, 본래 소유(所有)가 없음을 말한다. 설령 열반(涅槃)보다 더 뛰어난 일법(一法)을 보더라도 역시 허깨비[幻]요 꿈과 같다고 한다. 그들은 또 본래 진(眞)조차도 세우지 않으니, 하물며 망(妄)이겠는가! 그러므로 '진(眞)으로부터 망(妄)이 생긴다'는 이론으로 힐난하지 못한다.

오직 법성종(法性宗)만이 의문(疑問)을 가진다. 이 종(宗)의 경론(經論)은, '진(眞)에 의지(依支)하여 망(妄)을 일으킨다'고 말하니, 마치 '법신(法身)이 다섯 갈래에 유전(流轉)하고, 여래장(如來藏)이 고(苦)와 낙(樂) 등을 받는다'고 말하는 것과 같다. 또 '망(妄)을 깨달으면 그대로 진(眞)이라'고 말하니, 마치 '처음 발심(發心)할 때에 바로 아뇩보리(阿耨菩提)를 이루며, 망(妄)을 알면 본래 스스로 진(眞)인지라, 부처를 보면 곧 청정(淸淨)이다'라고 말하는 것과 같다. 또 '범부(凡夫)와 성인(聖人)이 혼융(混融)한다'라고 말하니, 마치 '일체 중생(衆生)들은 본래부터 정각(正覺)을 이루고 반열반(般涅槃)이며, 비로자나(毘盧遮那)의 몸 안에 육도(六道)의 중생들을 두루 갖추고 있다'고 말하는 것과 같다. 진(眞)과 망(妄)은 상즉(相卽)이라고 하니, 비록 번뇌(煩惱)와 보리(菩提)를 설명하지만 시작과 끝이 없다고 설명하면서, 또한 '번뇌(煩惱)가 모조리 없어져야 바야흐로 묘각(妙覺)이다'라고 설명한다. <화엄경>과 <기신론> 등의 경론(經論)에 나오는 전체(全體) 문장에서, 뜻[義]과 종(宗)에 장애(障碍)가 있고, 스스로 말들이 서로 어긋난다.

그것을 간별(揀別)하고자 하여도, 하나를 취하고 하나를 버릴 수가 없다. 또 그것을 합(合)하고자 하여도, 또한 회합(會合)하기 어렵다. 모두 함께 쓰면 서로 어긋난다. 그래서 천하(天下)의 학사(學士)들에게 시험(試驗) 삼아 물었던 것이다.

통달한 이는 즉시 진(眞)을 알아 도(道)에 든다. 만약 모든 스님들의 대답이 모두가 문의(問意)에 헷갈리거나, 모두가 모습을 없애고 이(理)에 귀착하는 입장에서 설명한다면, 도무지 저 '진(眞)으로부터 망(妄)이 일어나는 이유(理由)'와 '망(妄)을 닦아 진(眞)을 증득하는 이치(理致)'를 묻는 이 질문(質問)의 의도(意圖)를 모르는 것이다. 하지만, '진(眞)에 헷갈려 망(妄)을 일으키는 것'에는 원인(原因)인 이유(理由)가 있으며, '망(妄)을 쉬면 진(眞)으로 돌아가는 것'에도 까닭이 없지 않다.

<u>복례(復禮)</u>법사가, 진(眞)과 망(妄)이 다 같이 고요하고, 이(理)와 사(事)가 모두 여여(如如)함을 어찌 몰랐겠는가! 여(如)하고 적(寂)한 가운데서 어찌 문답(問答)이 있겠는가!

그러나 법상종·파상종 이문(二門)은 뜻[義]과 이치(理致)가 쉽게 분별되므로, 곧 어긋나거나 방해됨이 없다. 법상종은 한결같이 '망(妄)이 있으므로 끊어야 하고, 진(眞)이 있으므로 증득하여야 한다'고 설명한다. 파상종은 한결같이 '비진(非眞)이고 비망(非妄)이며, 무범(無凡)이고 무성(無聖)이다'라고 설명한다. 이 이문(二門)은 모두가 헤아리고 설명할 수가 있다.

그러므로 <승만경>에서 이르셨다. 『중생의 자성(自性)인 청정심(淸淨心)은 번뇌(煩惱)에 물드는 바가 없다. 물들지 않으면서 물이 들고, 물들면서 물이 들지 아니한다.』모두들 말하기를 '알기 어렵다'고 한다. <u>복례(復禮)</u> 법사는 바로 이러한 뜻을 물었던 것이고, 모든 스님들의 대답은, 다만 '때와 더러움이 없다'고 설명했을 뿐이다. 오직 <u>징관(澄觀)</u>화상의 대답만이 '진여(眞如)는 불변(不變)하지만 수연(隨緣)을 장애(障礙)하지 않는다'는 이치에 바야흐로 계합(契合)하였다. 이에 <u>종밀(宗密)</u>선사가 답(答)한다.

『본정(本淨)을 본래 깨닫지 못해서 이로 말미암아 망념(妄念)이 일어났다. 진(眞)과 망(妄)이 바로 공(空)인 줄을 알면, 공(空)을 알므로 망(妄)은 이내 그친다. 그치면 유종(有終)이라 하고, 헷갈리면 무시(無始)라고 한다. 인연(因緣)은 허깨

비나 꿈과 같은데, 무엇이 끝이며, 무엇이 시작인가? 이것이 바로 중생(衆生)의 근원(根原)이니, 궁구(窮究)하면 생사(生死)에서 벗어난다.』9)

또 사람들이 '진(眞)이 능히 망(妄)을 낸다. 진(眞)이 있는 한 망(妄)은 끝나지 않는다'고 생각하므로, 종밀(宗密)선사가 이런 생각을 바로잡고자 거듭 답(答)을 했다.

『진(眞)이 망(妄)을 낳는 것이 아니고, 망(妄)은 진(眞)을 미혹하여 일어난다. 망(妄)이 본래 진(眞)인 줄 알면, 진(眞)을 아니까 망(妄)은 이내 그친다. 망(妄)이 그치면 종말(終末)인 듯하고, 오(悟)가 오면 시초(始初)인 듯하다. 미오(迷悟)의 자성(自性)은 모두 비었고, 성공(性空)이므로 종시(終始)가 없다. 생사(生死)가 이리하여 미혹(迷惑)하니, 이것을 통달(通達)하면 생사(生死)를 벗어난다』10)

이 초록(抄錄)에 대하여 송(宋)나라 각범(覺範)선사가 <임간록>(林間錄)에서 다음과 같이 논평하였다.

두 분 선배가 대답(對答)한 글을 보니, 복례(復禮)법사의 문의(問意)에 부응(副應)하지 못했다. 질문은 "진법(眞法)은 본래 청정(淸淨)한데, 망념(妄念)이 어째서 생기는가?"인데,

---

9) 宗密試答曰。「本淨本不覺。由斯妄念起。知眞妄即空。知空妄即止。止處名有終。迷時號無始。因緣如幻夢。何終復何始。此是衆生原。窮之出生死」
10) 宗密又答曰。「不是眞生妄。妄迷眞而起。知妄本自眞。知眞妄即止。妄止似終末。悟來似初始。迷悟性皆空。性空無終始。生死由此迷。達此出生死」

불교와 여래장

다만 "진(眞)을 미(迷)하여서 불각(不覺)이다"라고만 말하니, 누가 그런 대답을 못 하겠느냐! 내가 지금 그 뜻을 밝혀 보겠다.

『진법(眞法)은 본래 무성(無性)이라, 연(緣)을 따라 염(染)과 정(淨)이 생긴다. 모르면 무명(無明)이라 하고, 알면 불지(佛智)다. 무명(無明)은 모두 망정(妄情)이고, 지각(知覺)은 모두 진리(眞理)다. 당념(當念)에 고금(古今)을 끊으면, 어디에서 종시(終始)를 찾겠느냐! 본래 저절로 언전(言詮)을 떠났으니, 분별(分別)하면 곧 생사(生死)니라』[11]

생각하건대, <능엄경>과 <대승기신론>에는 무시무명(無始無明)이란 단어가 나오고, <능엄경> 제5권 세존(世尊)의 게송(偈頌)에는 "망(妄)과 진(眞)이 둘 다 허망이다"라고 했으니, 각범(覺範) 선사의 "인연을 따라서 염과 정이 생긴다"는 무성(無性)이론이 간단하고 명료한 설명 같다.

---

11)　覺範答曰。「眞法本無性。隨緣染淨起。不了號無明。了之卽佛智。無明全妄情。知覺全眞理。當念絕古今。底處尋終始。本自離言詮。分別卽生死」

제 4 장

여래장의 정체

제4장 여래장(如來藏)의 정체(正體)

제1절 여래장과 삼라만상(森羅萬象)

[경(經)] 부루나(富樓那)야! 또 네가 두 번째 질문에서, 「지수화풍(地水火風)의 본성이 원융(圓融)하여서 우주에 두루하다면, 물과 불이 서로 밀어내고 빼앗지 않는가?」라고 질문하였고, 또 「허공과 대지가 우주에 두루하다면, 그것들이 서로가 서로를 용납(容納)하지 못할 것이다」라고 물었다.

[富樓那! 又汝問言：地水火風, 本性圓融, 周徧法界, 疑水火性, 不相陵滅。又徵虛空及諸大地, 俱徧法界, 不合相容]

《풀이》 '부루나'의 두 번째 질문에 대한 부처님의 설법이다. 지금 "물질과 정신이 항상 법계(法界)에 두루하여 있으니, 즉 칠대(七大)가 모두 여래장(如來藏) 진여성(眞如性)이다"라는 설명을 들으니, '부루나'는 상식적으로 "일곱 가지가 어떻게 여래장(如來藏)에서 공존할 수 있을까?" 하는 의심(疑心)이 났다. "만일 물과 불이 동시(同時)에 같은 곳에 존재하면, 두 개가 서로 다투고 밀어내어서, 물이 마르거나 아니면 불이 꺼질 것이다. 또 허공은 트인 것이고 대지(大地)는 막힌 것이니, 이 두 가지도 동시(同

時)에 같은 곳에 공존할 수가 없지 않느냐?"는 질문은 상식적으로 보면 당연한 내용이다. 여래장(如來藏) 속에 만법(萬法)이 다 함장(含藏)되어 있다는 말은, 마치 두드리기만 하면 나오는 '도깨비 방망이' 같은 이야기니, 이해하가 어렵다.

해답은 만법(萬法)의 본성(本性)이 모두 변재(徧在)하는 잠재성(潛在性)으로 여래장(如來藏)에 은장(隱藏)되어 있다는 이야기다. 이제부터 여래장연기(如來藏緣起)의 내용에 대하여 구체적으로 살펴본다. 감산(憨山)대사는 이러한 법문들을 이사무애(理事無礙)도리를 설명한 것이라고 말한다.

[경(經)] 부루나(富樓那)야! 비유컨대 마치 허공(虛空)은 원래 여러 가지 모양이 아니므로, 여러 가지 모양이 나타나는 것을 거부(拒否)하지 않는 것과 같다.

왜냐하면, 부루나(富樓那)야! 저 허공(虛空)이 해가 비치면 밝고, 구름이 끼면 어둡고, 바람이 불면 흔들리고, 비가 개이면 맑고, 기운이 엉기면 흐리고, 황사(黃砂)가 쌓이면 흙비가 되고, 물이 맑으면 비치게 된다.

너는 어떻게 생각하느냐. 이러한 여러 곳에 있는 모든 유위상(有爲相)이, 저것[태양·구름·바람·먼지]들로 인하여 생긴 것이냐, 아니면 허공(虛空)에 본래부터 있는 것이냐.

만약 '밝음'이 태양(太陽)으로 인하여 생긴다면, '부루나'야! 태양이 비칠 적에는 태양이 바로 '밝음'이니, 시방의 세계가 같이 일색(日色)이 되어야 할 것인데 어찌하여 허공 중에 다시 둥근 태양(太陽)을 보게 되느냐.

불교와 여래장

만일 그것이 본래 허공(虛空)의 '밝음'이라면, 허공 스스로가 밝게 비칠 것인데 어찌하여 밤중에나 구름이 끼였을 적에는 허공(虛空)이 스스로 빛을 내지 못하느냐.

[富樓那! 譬如虛空, 體非群相, 而不拒彼諸相發揮。所以者何? 富樓那! 彼太虛空, 日照則明, 雲屯則暗, 風搖則動, 霽澄則淸, 氣凝則濁, 土積成霾, 水徵成映。於意云何, 如是殊方諸有爲相, 爲因彼生, 爲復空有。若彼所生, 富樓那! 且日照時旣是日明, 十方世界同爲日色, 云何空中更見圓日。若是空明, 空應自照, 云何中宵, 雲霧之時不生光耀]

《풀이》 먼저 허공의 날씨를 비유(譬喩)로 삼아서 여래장을 설명한다. 먼저 '밝음'을 예(例)로 들어서 그 청명(晴明)의 근본출처를 살피고 있다. '밝음'이 태양에서 왔느냐? 아니면 허공에서 왔느냐? 태양에서 왔다면 밝음이 바로 태양이니, 하늘에 다른 빛깔인 해가 따로 있을 수가 없다. 허공에서 왔다면 허공이 바로 명(明)이니, 흐릴 수가 없고 항상 밝아야 할 것이다. 즉, 허공이 밝을 적에 그 밝음은 태양에서 온 것도 아니고, 허공 자체에서 온 것도 아니다. 그러면 청명(淸明)의 출처(出處)는 어디인가?

[경(經)] 마땅히 알아라. 이 '밝음'은 태양도 아니고 허공도 아니며, 또 태양이나 허공과 다른 것도 아니다.

[當知是明, 非日非空, 不異空日]

《풀이》 낮의 청명(淸明)한 밝음은 태양이나 허공에서 나온 것이 아니란다. 그러나 태양이나 허공이 없으면 그 밝음이 나타나지도 못한다. 따라서 맑은 하늘인 명천(明天)에는 허공과 태양이 필요충분조건이기는 하지만, 그것들이 바로 맑음의 출처(出處)는 아니라는 이야기다. 낮의 청명(淸明)한 밝음에 대하여, 허공과 태양이 같이 부즉불이(不卽不異)인 관계라고 설명한다. 상식적으로 보면 애매모호(曖昧模糊)한 대답이지만 논리상(論理上)으로 틀린 말은 아니다. 그렇다면 낮과 밤의 밝음과 어둠이란 현상은 도대체 어디서 와서 어디로 간다는 말인가?

그래서 부연(敷衍)하는 설명이 계속하여 이어진다.

[경(經)] 모습[相]으로 보면 원래(元來) 허망(虛妄)해서 가려낼 수가 없으니, 마치 허공에 나타난 헛꽃에서 열매가 맺히기를 기다리는 것과 같다. 어떻게 서로 밀어내고 빼앗는 능멸(陵滅)을 따지겠느냐.

[觀相元妄, 無可指陳。猶邀空花, 結爲空果, 云何詰其相陵滅義]

《풀이》 낮의 밝음에 대한 설명이 계속된다. 내용상으로는 성상(性相)법문이 재등장하고 있다. '모습[相]으로 보면 원래(元來) 허망(虛妄)하다'고 하는 상(相)이야기다.

낮이라는 밝음을 관상원망(觀相元妄)이라고 정리하면서 명(明)과 암(暗)의 능멸(陵滅)을 따질 것이 없다고 한다. 상(相)으로 보면 명(明)과 암(暗)이란 것이 원래 허망(虛妄)하여, 허공꽃

　　　　　　　　　　　　　　불교와 여래장

과 같으니, 명(明)과 암(暗)이 서로 저촉(抵觸)할 것이 없다는 말이다.

즉, 물이 불을 서로 능멸(陵滅)하더라도, 그 물과 불이 모두 허공꽃이라면, 수극화(水克火)라는 상극(相剋)작용이 일어날 수 없다는 이야기다. 수극화(水克火)는 눈앞에 보이는 현상(現象)이다. 그런데 지금 "수화(水火)라는 모습은 원래(元來) 허망(虛妄)하니 수극화(水克火)이야기는 희론(戲論)이다"라고 단언(斷言)하고 있다. 그렇다고 '모습으로 보아도 수극화(水克火)라는 상극(相剋)작용은 없다'라는 이런 이야기는 아니다. 이 관상원망(觀相元妄)법문은 <중론>(中論)을 숙독(熟讀)하여야 비로소 이해할 수 있는 논증(論證)법문이지, 상식적으로 석공(析空)해서는 시원한 답(答)이 없다.

[경(經)] 성품[性]으로 보면 원래로 참[眞]이라서, 오직 묘각명(妙覺明)뿐이다. 묘각명(妙覺明)한 마음은 본래 물도 불도 아닌데, 어떻게 서로가 용납(容納)하지 않느냐고 묻겠느냐?

[觀性元眞, 唯妙覺明。妙覺明心, 先非水火, 云何復問 不相容者]

《풀이》 성상(性相)법문이 계속된다. 관성원진(觀性元眞)은 '만법의 출처인 여래장 묘진여성은 진(眞)이라'고 강조하면서, 성(性)으로 보면 원래 진상(眞常)이라서 오직 각명(覺明)뿐이라고 설명한다. 낮이라는 밝은 현상이 관상원망(觀相元妄)이라 허공꽃 같지만, 그 본성(本性)은 오직 묘각명(妙覺明)이니 묘각명심

(妙覺明心)이라는 대답이다. 성상(性相)법문에서 처음에는 만법이 여래장(如來藏)묘진여성(妙眞如性)이라고 설명했는데, 지금은 각명(覺明)한 묘각명심(妙覺明心)이라고 설명하고 있다. 즉 여기에 와서는 여래장(如來藏))이 묘각명심(妙覺明心)으로 바뀌었다. 그리고 "묘각명(妙覺明)한 마음은 본래 물도 불도 아니다"고 하니, 여래장(如來藏)이 묘각명심(妙覺明心)이라고 명시(明示)하면서 모습인 상(相)이 없다는 점을 강조한다. 즉 성상법문에서 여래장의 본성(本性)은 묘진여성(妙眞如性)으로 "명(明)도 아니고 암(暗)도 아니며, 물도 아니고 불도 아니니", 환언(換言)하면 "모두가 변재(徧在)하는 잠재성(潛在性)으로서 아무런 모습이 없다"는 뜻이었는데, 그 여래장(如來藏)을 바로 묘각명심(妙覺明心)이라는 단어로 바꾸어 설명하고 있다.

여기에서 세존(世尊)은 진심(眞心)과 여래장(如來藏)이 같은 놈이라고 선언하신 것이다. 여래장(如來藏)인 잠재(潛在)하는 진여성(眞如性)은 곧 진심(眞心)인 묘각명심(妙覺明心)이므로 본래 청정(淸淨)한 거기에는 물도 불도 없다는 설명이다.

[경(經)] 참된 묘각명(妙覺明)도 역시 이와 같아서, 네가 공(空)으로 밝혀내면 공(空)이 나타나고, 지수화풍(地水火風)으로 각각 밝혀내면 지수화풍(地水火風)으로 각각으로 나타난다. 만일 함께 밝혀내면 모두 함께 나타난다.

[眞妙覺明亦復如是。汝以空明, 則有空現, 地水火風各各發明, 則各各現。若俱發明, 則有俱現]

《풀이》 이제 결론(結論)이 났다. 여래장과 진심이 같으니, 청정(淸淨)한 각명(覺明)은 바로 여래장인 진여성(妙眞如性)이어서 아무런 모습도 없어 청정하다. 지수화풍(地水火風)도 아니고 공견식(空見識)도 아니다. 여기 나오는 묘(妙)한 각명(覺明)은 상주(常住)진심(眞心)에 나오는 청정각명(淸淨覺明)이라는 그 각명(覺明)이다. 삼라만상(森羅萬象)의 출처(出處)인 여래장(如來藏)의 묘(妙)한 진여성(眞如性)이 바로 상주(常住)하는 진심(眞心)의 청정(淸淨)한 각명(覺明)임을 반복하면서 밝히고 있다.

마음은 각명(覺明)하기 때문에, 청정(淸淨)을 고수(固守)하지 않고, 주위의 여건(與件)에 따라서 지수화풍(地水火風)인 삼라만상(森羅萬象)을 능히 나툰다는 설명이다. 이른바 "자성(自性)을 고수(固守)하지 않고 인연 따라 모습인 상(相)을 나툰다"는 불수자성수연성(不守自性隨緣成)과 같은 말이다. 청명(淸明)한 맑음도 그렇게 나툰 것이다!

[경(經)] '함께 나타난다'[俱現]는 것은 어떤 것이냐. 부루나(富樓那)야. 예를 들어, 강물에 해 그림자가 나타났을 적에, 두 사람이 그 물속의 해를 함께 보고 있다가 헤어져서 동쪽과 서쪽으로 제각기 걸어가면, 물속의 해도 제각기 두 사람을 따라서 하나는 동쪽으로 가고 하나는 서쪽으로 가서, 애초부터 표준(標準)이 없다.
「이 해가 하나인데, 어찌하여 제각기 가느냐?」라고 하거나, 「제각기 가는 해가 둘인데, 어찌하여 하나로 나났느냐?」라고 따질 수가 없는 것이니, 이것은 완연히 허망(虛妄)하여 빙거(憑據)할

수 없는 것이다.

^{운하구현}　^{부루나}　^{여일수중현어일영}　^{양인동관수중}
[云何俱現？富樓那！如一水中現於日影，兩人同觀水中
^{지일}　^{동서각행}　^{즉각유일}　^{수이인거}　^{일동일서}　^{선무}
之日，東西各行，則各有日，隨二人去，一東一西，先無
^{준적불응난언}　^{차일시일}　^{운하각행}　^{각일기쌍}　^{운하}
准的不應難言：「此日是一，云何各行？各日旣雙，云何
^{현일}　^{완전허망}　^{무가빙거}
現一？」宛轉虛妄，無可憑據]

《풀이》 산하대지(山河大地)를 동시에 모두에게 함께 나툰다는
말은, 호숫가에 모인 여러 사람이 모두 함께 수중(水中)에서 해
를 보는 것과 같다는 뜻이다. 그러나 수중(水中)의 일영(日影)은
각자의 업(業)인 안력(眼力)에 따라서 그 모습이 각각(各各)으로
다르게 나타나는 것을 비유로 설명하신 법문이다. 물속에는 원래
해가 없건만 각자의 위치에 따라서 보이는 일영(日影)을 보고, 정
말 해가 물속에 있는 것으로 착각(錯覺)하고 있는 것과 같다. 사
실은 일영(日影)이란 경계(境界)는 없는 것인데도, 제 업력(業
力)에 따라서 제 망견(妄見)이 나투는 경계(境界)를 각각 다르게
본다.

　여기에서 두 사람이 헤어져서, 동쪽과 서쪽으로 제각기 걸어
가면, 제각기 보이는 물속의 해를 각각 다르게 보는 것도 같은 착
각 현상이다.

제2절 합진(合塵)과 멸진(滅塵)

[경(經)] 부루나(富樓那)야! 네가 색(色)과 허공(虛空)으로 여래장(如來藏)에서 서로 뒤엎고 서로 빼앗으므로, 여래장(如來藏)이 그에 따라서 색(色)과 허공(虛空)이 되어 우주(宇宙)에 두루하다. 그리하여 그 가운데서, 바람은 움직이고, 허공은 맑고, 해는 밝고, 구름은 어둡다.

이와 같이 중생들이 어리석어서 본각(本覺)을 등지고 육진(六塵)에 합(合)하므로, 진노(塵勞)가 일어나서 세간상(世間相)이 있게 된 것이다.

「富樓那! 汝以色空, 相傾相奪於如來藏, 而如來藏隨爲色空, 周徧法界。是故於中, 風動, 空澄, 日明, 雲暗。衆生迷悶, 背覺合塵, 故發塵勞, 有世間相]

《풀이》 여래장에서 만법이 출몰하는데, 색(色)이 출현하고 허공(虛空)이 나타나는 것이 모두 여래장(如來藏)에서 연기(緣起)하면서 각각 출몰(出沒)한다는 뜻이다.

　‘색(色)과 허공(虛空)이 여래장(如來藏)에서 서로 뒤엎고 서로 빼앗는다’는 구절에 대해서 해석이 두 가지가 있다. 하나는 ‘색(色)과 허공(虛空)이 여래장에서 서로 자리다툼을 한다’고 해석하고, 다른 하나는 ‘색(色)과 허공(虛空)이 서로 여래장(如來藏)을 경탈(傾奪)한다’고 해석한다. 전자는 운허(耘虛)스님 탄허(呑虛)스님과 <정맥소>의 해석이고, 후자는 각성(覺性)스님과 감산대사의 해석이다.

즉 하늘에 바람과 해와 구름이 있고, 땅에 산하대지가 엄연히 존재하는 이 중생세계의 모습은 모두가 여래장(如來藏)인 진여성(眞如性)에서 기멸(起滅)하고 있다. 여래장을 모르는 중생들은 모습의 인연관계에만 끄달려서 상식적인 연기법(緣起法)으로만 이해하고 이런 실상(實相)을 모르고 있다. 이 구절은 칠대법문에 나온 '수중생심(隨衆生心) 응소지량(應所知量) 순업발현(循業發現)'을 구체적으로 설명한 내용이다. 즉 본각(本覺)인 여래장을 등지고 육진(六塵)에 취착(取著)하는 망견(妄見)을 진실하다고 믿어서 배각합진(背覺合塵)하고 있는 중생을 그리고 있다. 경계(境界)인 육진(六塵)세계가 오로지 자기(自己)업식(業識)들이 연출(演出)한 망견(妄見)세계(世界)인 줄 모른다. 그것을 모르면 물전(物轉)이 되어서 만물에 끄달려서, 모습인 경계(境界)에 결박(結縛)되어 삼계(三界)윤회(輪廻)를 벗어나지 못하고 계속 고생하게 된다.

[경(經)] 그러나 나 여래(如來)는 묘명(妙明)인 불멸불생(不滅不生)으로 여래장(如來藏)에 합(合)한다. 그래서 여래장이 오직 묘각명(妙覺明)이라, 법계를 두렷하게 비춘다. 그러므로 그 가운데서, 일(一)이 무량(無量)이 되고 무량이 하나가 되며, 소(小) 가운데에 대(大)를 나타내고 큰 가운데에 작은 것을 나타내며, 도량(道場)에서 움직이지 않고 시방(十方)세계에 두루하며, 몸이 시방의 한량없는 허공(虛空)을 머금고, 한 터럭 끝에 보왕(寶王)의 많은 세계를 나타내고, 작은 먼지 속에 앉아서 큰 법륜(法輪)을 굴린다. 이른바 육진(六塵)이 사라지고 본각(本覺)에 합(合)하므

불교와 여래장

로, 진여(眞如)의 묘각명성(妙覺明性)을 발(發)하는 것이다.

[我以妙明不滅不生, 合如來藏。而如來藏, 唯妙覺明,
圓照法界。是故於中, 一爲無量, 無量爲一。小中現大,
大中現小。不動道場, 徧十方界。身含十方無盡虛空。於
一毛端, 現寶王刹。坐微塵裏, 轉大法輪。滅塵合覺, 故
發眞如, 妙覺明性]

《풀이》 이것은 순업발현(循業發現)하여 본각(本覺)을 등지고
허망한 육진(六塵)에 합(合)하는 모습놀이를 털어버리고, 본각
(本覺)에 합하는 여래(如來)의 이른바 구경열반(究竟涅槃)인 멸
진합각(滅塵合覺)하는 방법과 그 결과를 구체적으로 설명하신
법문이다. 앞에 나온 변견지심(辯見指心)법문에서, 중생은 만물
을 집취(執取)하므로 모습에 끄달려서 물전(物轉)하지만, 부처
님은 상(相)이 허망한 줄 알아서 사물을 운전(運轉)하므로 전물
(轉物)한다는 이야기와 같은 내용이다. 모습에 끄달려서 순업발
현(循業發現)한 중생(衆生)이야기가 나왔으니, 반대로 반본환원
(反本還元)하는 불보살(佛菩薩)이야기도 등장할 차례이다. 청중
(聽衆)들이 "중생과 부처의 여래장(如來藏)이 차원(次元)이 서로
다른 것이 아닌가?" 하고 오해할까 염려되기도 하여, 멸진합각
(滅塵合覺)의 의미를 자세하게 설명하신 것 같다.

　　부처가 되는 묘수(妙手)는 "묘명(妙明)인 불멸불생(不滅不
生)으로 여래장(如來藏)에 합(合)한다"는 것이다. 지금 경계(境
界)라는 상(相)에 끄달리던 물전(物轉)에서 해탈(解脫)하여 능히
자유롭게 수처작주(隨處作主)하여 전물(轉物)하는 묘법(妙法)을

각명(覺明)과 여래장의 합(合)이라고 설명하고 있다. 지금 묘각명(妙覺明)인 불멸불생(不滅不生)이 여래장(如來藏)과 합(合)한다고 하는데, 어떻게 합(合)하는가? 양자(兩者)가 어느 정도 공통점이 있어야 합(合)할 수 있다. 핵심은 양자가 모두 청정(淸淨)공적(空寂)하여 무상(無相)이면서, 잠재성(潛在性)을 가진 각명(覺明)영지(靈知)한 성(性)이라는 공통성을 가진다는 점에 있다. 청정(淸淨) 공적(空寂)하니 일(一)과 무량(無量), 찰나(刹那)와 영원(永遠)의 구별이 없고, 시간(時間)과 공간(空間)이 아직 없으니, 합(合)과 불합(不合)을 따질 것이 없다. 다만 성상(性相)이 무이(無二)인 줄 알아서, 육진(六塵)을 박멸(撲滅)하고 각명(覺明)에 합일(合一)하면 그것이 멸진합각(滅塵合覺)이다. 그러면 어떻게 상(相)인 육진(六塵)을 박멸(撲滅)하는가? 그에 대한 부처님의 해답은 곧 이어서 나오는 여래장(如來藏)정의(定義)에서 자세하게 나온다.

"여래장(如來藏)이 오직 묘각명(妙覺明)이라, 법계(法界)를 두렷하게 비춘다"는, 원조법계(圓照法界)의 구체적인 내용은 어떤 것일까? <법성게>(法性偈)에 나오는 「일즉일체다즉일」(一卽一切多卽一)이라는 <화엄경>의 십현문(十玄門)도리가 그것이라고 한다. "하나가 무량이 되고 소(小) 가운데 대(大)를 나타낸다"는 등등의 설명은 <화염경>의 법계연기(法界緣起)와 같다. 그것이 법계(法界)의 진면목이라고 한다.

감산(憨山)대사는 이 법문은 "미오(迷悟)가 동원(同源)임을 밝히어서 사(事)와 이(理)가 무애(無礙)함을 설명하는 내용이다"라고 말한다.

제3절 여래장의 내용(內容)

[경(經)] 이 여래장(如來藏)인 본묘원심(本妙圓心)은 마음도 아니고, 공(空)도 아니며, 지수화풍(地水火風)도 아니고, 눈도 아니고, 귀·코·혀·몸·뜻도 아니며, 빛깔도 아니고, 소리·냄새·맛·감촉·법(法)도 아니고, 안식계(眼識界)도 아니며 이와 같이 내지(乃至) 의식계(意識界)도 아니다.

밝음도 안밝음[無明]도 아니고, 밝음이나 안밝음이 다함[盡]도 아니며, 내지(乃至) 또한 노(老)도 아니고 사(死)도 아니고, 노사(老死)가 다함[盡]도 아니며, 괴로움[苦]도 아니고 괴로움의 원인[集]도 아니며, 괴로움이 없음[滅]도 아니고 괴로움을 없애는 길[道]도 아니며, 지혜[智]도 아니고, 얻음[得]도 아니다.

보시(布施)도 아니고, 지계(持戒)도 아니며, 인욕(忍辱)도, 정진(精進)도 선정(禪定)도, 반야(般若)도 아니다. 바라밀다(波羅蜜多)도 아니고, 여래(如來)도 아니며, 응공(應供)·정변지(正遍知)도 아니고, 대열반(大涅槃)도 아니며, 상락아정(常樂我淨)도 아니다. 이렇게 여래장(如來藏)은 세간(世間)과 출세간(出世間)을 모두 구비하지 않는다.

[而如來藏, 本妙圓心。非心非空。非地非水非風非火。非眼非耳非舌身意, 非色非聲香味觸法, 非眼識界如是乃至非意識界。非明無明, 明無明盡, 如是乃至非老非死, 非老死盡。非苦非集非滅非道。非智非得 ; 非檀那, 非尸羅, 非毘梨耶, 非羼提, 非禪那, 非般剌若, 非波羅蜜多。如是乃至, 非怛闥阿竭, 非阿羅訶三耶三菩。非大涅

槃, 非常非樂非我非淨。以是俱非世出世故]

《풀이》 여래장(如來藏)의 정의(定義)을 설명하는 법문을 시작
한다. 불교에서는 진짜를 상주(常住)라고 설명한다. 진짜 마음은
상주(常住)진심(眞心)이라 부르고, 또 진짜 몸은 상주(常住)법신
(法身)이라고 부른다. 여래장(如來藏)은 묘진여성(妙眞如性)이
어서 관성원진(觀性元眞)인지라 원래로 상주(常住)한다.

지금 여래장의 의미(意味)내용(內容)을 설명하면서, '아니다'
인 '비(非)'로 일관하는 법문이 나오고 있다. 이른바 부정(否定)
하는 차전(遮詮)법문이라는 것이다. 마치 아니 불(不)자가 많은
<반야심경>과 거의 같은 내용이다.

여래장에는 일체(一切)의 모습이란 것이 전혀 없음을 강조하
고 있다. 즉 여래장(如來藏)은 성(性)인지라 아무 모습이 없어서
청정(淸淨)하여 공적(空寂)할 뿐이다. 거기에는 아무런 모습도
찾을 수 없으니, 마치 해말쑥한 허공과 같다. 그래서 이 법문은
공(空)여래장을 설명한다고 말한다.

비지비득(非智非得)까지는 <심경>의 무지역무득(無智亦無
得)과 같은데, 그 다음에 육(六)바라밀(波羅蜜)이 등장하는 점이
다르다.

[경(經)] 여래장(如來藏)인 원명심묘(元明心妙)는 곧 마음이요,
곧 공(空)이며, 곧 지수화풍이며, 곧 눈이요, 곧 귀·코·혀·몸·뜻이
요, 곧 빛이요, 곧 소리·냄새·맛·감촉·법(法)이며, 곧 안식계(眼
識界)이며 이와 같이 내지(乃至) 곧 의식계(意識界)이다. 곧 밝

음이요 안 밝음[無明]이며, 곧 밝음과 안 밝음이 다함[盡]이며, 내지(乃至) 곧 노(老)요 곧 사(死)며, 곧 노사(老死)가 다함[盡]이며, 곧 괴로움[苦]이요, 곧 괴로움의 원인[集]이요, 곧 괴로움이 없음[滅]이요, 곧 괴로움을 없애는 길[道]이며, 곧 지혜[智]요, 곧 얻음[得]이니라.

곧 보시(布施)요, 지계(持戒)요, 인욕(忍辱)이요, 정진(精進)이요, 선정(禪定)이요, 반야(般若)이다. 곧 바라밀다(波羅蜜多)요, 이와 같이 내지 곧 여래(如來)요, 곧 응공(應供)·정변지(正遍知)요, 곧 대열반(大涅槃)이요, 곧 상락아정(常樂我淨)이다. 이렇게 여래장(如來藏)은 세간(世間)과 출세간(出世間)을 모두 구비하고 있다.

[卽如來藏, 元明心妙, 卽心卽空 ; 卽地卽水卽風卽火 ; 卽眼卽耳鼻舌身意 ; 卽色卽聲香味觸法 ; 卽眼識界如是乃 至卽意識界 ; 卽明無明, 明無明盡, 如是乃至卽老卽死, 卽老死盡 ; 卽苦卽集卽滅卽道 ; 卽智卽得 ; 卽檀那, 卽尸 羅, 卽毘梨耶, 卽羼提, 卽禪那, 卽般刺若, 卽波羅蜜 多 ; 如是乃至, 卽怛闥阿竭, 卽阿羅訶三耶三菩, 卽大 涅槃, 卽常卽樂卽我卽淨, 以是卽俱世出世故]

《풀이》 이번에는 모든 문장이 '이다'인 '즉(卽)'으로 일관하고 있다. 이른바 긍정(肯定)하는 표전(表詮)법문이다. 앞에서 원명 심묘(元明心妙)라고 부르고는, 이어서 '이다'인 즉(卽)으로 모든 모습을 긍정(肯定)한다. 여래장에는 모든 잠재성(潛在性)과 가능 성(可能性)이 다 구비(具備)되어 있음을 구체적으로 열거한다.

이른바 진심(眞心)인 여래장(如來藏)은 각명(覺明)하여 영지(靈知)하므로, 무량한 성공덕(性功德)이 구비되서, 조건이 갖추어지면 능히 인연(因緣)을 따라서 만법(萬法)을 나툴 가능성(可能性)이 있음을 새삼 강조한 구절이다. 그래서 이 법문은 불공(不空)여래장을 설명한다고 말한다.

[경(經)] 여래장(如來藏)인 묘명심원(妙明心元)은 즉(卽)도 여의고, 비(非)도 여의며, 또 시(是)에 즉(卽)하고, 비(非)에 즉(卽)한다.
_{즉여래장} _{묘명심원} _{이즉이비} _{시즉비즉}
[卽如來藏, 妙明心元, 離卽離非, 是卽非卽]

《풀이》 드디어 여래장의 최종(最終) 정의(定義)가 나왔다. 여래장(如來藏)은 묘명심원(妙明心元)인데, 성(性)으로 보면 각명(覺明)하여 만법(萬法)의 잠재성이 가득하지만, 상(相)으로는 티끌 하나 찾아볼 수가 없이 청정(淸淨)한 것이다. 상주(常住)하는 진심(眞心)이 일면(一面) 청정(淸淨)하면서도 일면(一面) 각명(覺明)하여서, 그 내용이 이중성(二重性)인 것과 같은 이치다. 마치 빛이 입자성과 파동성을 함장한 이중성(二重性)인 것과도 다르지 않다. 이것이 여래장의 정체(正體)이다. 청정(淸淨)하므로 이즉이비(離卽離非)요, 각명(覺明)하므로 시즉비즉(是卽非卽)이다.

그래서 지금 쌍차(雙遮)인 비(非)와 쌍조(雙照)인 즉(卽)을 종합하여, '여래장(如來藏)은 이즉이비(離卽離非)요 시즉비즉(是卽非卽)'이라고 정의(定義)하셨다. 즉 전구(前句)인 이즉이비(離卽離非)에서는 '이다[卽]'와 '아니다[非]'를 쌍탈(雙脫)쌍차

(雙遮)하였고, 후구(後句)인 시즉비즉(是卽非卽)에서는 '시(是)'와 '비(非)'를 쌍여(雙與)쌍조(雙照)하였다. 그런데 쌍차(雙遮)에서 즉(卽)과 비(非)는 제대로 대조(對照)가 되지만, 쌍조(雙照)에서는 시(是)와 비(非)로 대조(對照)하고 있는 것이 어색하다고 해석상에 이견(異見)이 있다.

이른바 사구백비(四句百非)이론에 따르면, 공(空)이 제1구(句)이면, 유(有)가 제2구(句)가 되고, 역공역유(亦空亦有)는 제3구(句), 비공비유(非空非有)는 제4구(句)가 된다. 이렇게 단단구비(單單俱非)라는 사구(四句)원칙을 지금 <능엄경> 여래장법문에 대조(對照)하면, 먼저 차전(遮詮)인 제1구와 표전(表詮)인 제2구는 상세히 열거했는데, 마지막에 와서는 제3구와 제4구를 간단하게 이즉이비(離卽離非) 시즉비즉(是卽非卽)라고만 설명하고 있다. 이즉이비(離卽離非)는 제4구고 시즉비즉(是卽非卽)은 제3구인 셈이다.

앞 구절인 이즉이비(離卽離非)는 즉(卽)과 비(非)가 쌍리(雙離)이니 부정(否定)인 쌍차(雙遮)에 해당하는 비구(非句)다. 그렇다면 뒷구절인 '시즉비즉(是卽非卽)'은 시(是)와 비(非)가 쌍즉(雙卽)이니 긍정(肯定)인 쌍조(雙照)로서 구구(俱句)에 해당한다고 보는 것이 무난하다 하겠다. 그런데 통설은 시즉비즉(是卽非卽)구절을 분해하여 '시즉(是卽)'은 역공역유(亦空亦有)인 구구(俱句)니 제3구라 하고, '비즉(非卽)'은 비공비유(非空非有)인 비구(非句)니 제4구라고 해석한다. 이 부분도 한역(漢譯)이 정확하지 않아서 일어나는 혼동이다.

우리가 사용하는 언어와 논리로 특정 사물(事物)의 의미내용을 자세하게 밝히려고 노력하여도 이런 사구(四句)밖에는 더 설명할 방법이 없다. 원래 언어문자를 사용하는 상식적인 세속제(世俗諦)도 제대로 표현하려면 재능이 필요한데, 하물며 성(性)에 속하는 승의제(勝義諦)인 진심(眞心) 여래장(如來藏)을 이런 사구(四句)로 밝히려는 시도(試圖)는 불가능(不可能)한 일이다.

참고로, 여기에서 진심(眞心)인 여래장(如來藏)을 표현하는 용어(用語)가 달라진 점을 관찰할 필요가 있다. 공(空)여래장은 본묘원심本妙圓心, 불공(不空)여래장은 원명심묘元明心妙라고 표현하더니, 이즉이비(離卽離非) 시즉비즉(是卽非卽)에서는 묘명심원妙明心元이라고 표현하고 있다. 청정(淸淨)을 말하는 묘(妙)와 각명(覺明)을 말하는 명(明)이, 단어마다 그 선후(先後)의 위치(位置)가 바뀌고 있다. 이런 표현들을 자세히 음미(吟味)하여 여래장(如來藏)의 특징(特徵)을 정의(定意)할 수밖에 없다.

제4절 소지심(所知心)과 보리(菩提)

[경(經)] 세간(世間)에 속하는 삼계(三界)의 중생(衆生)과, 출세간에 속하는 성문(聲聞)과 연각(緣覺)이, 그 분별하여 아는 마음인 소지심(所知心)으로, 어떻게 여래(如來)의 무상(無上) 보리(菩提)를 헤아릴 수 있겠느냐? 세상의 언어(言語)를 사용하여 어떻게 불(佛)의 지견(知見)에 들어갈 수가 있겠느냐?

[如何, 世間三有衆生, 及出世間聲聞緣覺, 以所知心, 測度如來無上菩提, 用世語言, 入佛知見]

《풀이》 우리가 의사(意思)를 소통하는 방법은 말과 글이고, 이 언어(言語) 문자(文字)는 우리의 마음을 전달하는 수단 중에서 가장 우수한 것이라고 할 수 있다. 그러나 소지심(所知心)이란 마음은 주객(主客)이 상대(相待)하는 반연심(攀緣心)이므로 그것은 한계가 있다. 모습이 있는 것은 반연심으로 견문각지(見聞覺知)하여 언어문자(言語文字)로 그 내용을 어느 정도는 남에게 전달(傳達)할 수 있다. 그러나 모습이 없는 내용(內容)이나 수승한 의미(意味)는 반연심인 소지심(所知心)으로 는 인식(認識)할 수가 없다. 여래장(如來藏)은 청정(淸淨)한 진여성(眞如性)으로 모습이 없으니 소지심(所知心)인 반연심으로 논리적으로 인식(認識)할 수가 없다.

[경(經)] 비유컨대, 금슬(琴瑟)과 공후(箜篌)와 비파(琵琶)가 묘한 소리를 내지만, 만일 그 악기(樂器)를 다루는 묘한 손가락이 없으면 마침내 그 소리를 낼 수 없는 것과 같다. 너와 중생들도 그와 같아서, 너희들의 보각(寶覺)인 진심(眞心)이 나와 꼭 같이 각각 원만(圓滿)하지만, 나는 손가락만 눌러도 해인(海印)으로 빛을 발하는데 너희들은 잠깐만 마음을 움직여도 진노(塵勞)가 먼저 일어난다. 이것은 위없는 깨달음의 도인 무상각도(無上覺道)를 부지런히 구하지 않고, 소승(小乘)을 좋아하고 생각하여 「작은 것을 얻고는 스스로 만족(滿足)하기」 때문이다.

[譬如琴瑟箜篌琵琶, 雖有妙音, 若無妙指, 終不能發, 汝與衆生亦復如是, 寶覺眞心各各圓滿, 如我按指, 海印發光。汝暫擧心, 塵勞先起, 由不勤求無上覺道, 愛念小

乘^승, 得少爲足^{득소위족}。]

《풀이》 좋은 가야금이 있어도 다루는 솜씨가 없으면 묘음(妙音)을 들을 수가 없다. 여기서 가야금을 잘 다루는 솜씨를 나타내는 묘한 손가락[妙指]은 무엇을 말하는가?

중생도 부처와 꼭 같은 청정각명(淸淨覺明)이고 여래장(如來藏)인데도 불구하고, 묘한 손가락이 없다는 말은 무슨 뜻인가? 주객(主客)이 없는 청정(淸淨)한 각명(覺明)인 무연지(無緣知)를 알지도 못하고 쓸 줄도 모른다는 이야기다. 중생은 오직 분별(分別)하는 반연심(攀緣心)인 소지심(所知心)으로 견문각지(見聞覺知)하므로, 무연지(無緣知)인 영지(靈知)를 모른다. 성자신해(性自神解)한 영지(靈知)인 각명(覺明)을 모르고 있으니, 당연하게 여래장(如來藏)연기법은 알아차리지도 못하고 전하지도 못한다는 이야기다.

만일 윤회(輪廻)에서 벗어나려고 모든 번뇌(煩惱)를 끊어야 한다고 주장한다면, '번뇌(煩惱)가 허망(虛妄)한 줄' 아는 공리(空理)의 증득(證得)이 가장 빠른 길이다. 이것을 증득승의(證得勝義)라고 하는데, 대승불교의 핵심인 중도(中道)이다. 그러나 <능엄경>은 공리(空理)의 터득에서 더 나아가서 중생의 본래면목(本來面目)인 청정각명(淸淨覺明)한 여래장(如來藏) 묘진여성(妙眞如性)을 강조한다. 앞에 멸진합각(滅塵合覺)에서 이야기하던 "묘명(妙明)인 불멸불생(不滅不生)으로 여래장(如來藏)에 합(合)하는 것"을 이해하려면 청정(淸淨)각명(覺明)과 여래장(如來藏)의 의미내용을 확연하게 파악해야 한다는 말을 하고 있다.

"너희들의 보각(寶覺)인 진심(眞心)이 나와 꼭 같이 각각 원만(圓滿)하다"고 설명하는 것은, 이 본원(本源)자성(自性)이 모두에게 평등하다는 이야기다. "작은 것을 얻고는 스스로 만족(滿足)하지 마라"는 말은, 증득(證得)승의에 만족하여 승의(勝義)승의를 포기해서는 안 된다는 말씀이다. 즉 청정각명한 무연지(無緣知)를 알아서 묘한 손가락[妙指]을 얻어야 명실상부(名實相符)하는 대장부(大丈夫)라는 말이다.

제5장

무명의 정체

제5장 무명(無明)의 정체(正體)

제1절 망성(妄性)을 밝히다

[경(經)] 부루나(富樓那)가 말하였다.

"저도 부처님의 보각(寶覺)처럼 두렷이 분명하여서, 그 '참되고 묘하고 청정한 마음'인 진묘정심(眞妙淨心)이 부처님과 제가 똑같이 원만(圓滿)합니다. 그런데 저는 예전부터 시작이 없는 무시(無始)망상(妄想)을 만나 오랫동안 윤회하였으므로, 지금 성승(聖乘)을 비록 얻었으나 아직도 완성하지 못하였습니다. 그러나 세존(世尊)께서는 모든 망상(妄想)이 영원히 사라져서 홀로 묘(妙)하고 참되고 항상(恒常)하십니다.

이제 여래께 감히 여쭈오니, 모든 중생들이 무슨 까닭으로 허망(虛妄)이 있어서 스스로 묘명(妙明)한 진심(眞心)을 가리고 이러한 생사윤회(生死輪廻)의 고통을 받습니까?"

[富樓那言:「我與如來, 寶覺圓明, 眞妙淨心, 無二圓滿。而我昔遭, 無始妄想, 久在輪迴, 今得聖乘, 猶未究竟。世尊諸妄, 一切圓滅, 獨妙眞常。敢問如來, 一切衆生, 何因有妄, 自蔽妙明, 受此淪溺?」]

《풀이》 상식적으로 보면 우리는 본래 청정각명(淸淨覺明)인데 착각(錯覺)으로 무명(無明)이 생겨서 삼라만상(森羅萬象)이 생기고 삼계(三界)에 윤회한다고 말한다. 즉 삼라만상은 무명(無明)에서 비롯한 망상(妄想)으로 나타난 것이므로, 당연히 진심(眞心)이 먼저 있고 무명(無明)이 나중에 생긴 것으로 생각하기 쉽다. 그러면 "원래 청정(淸淨)각명(覺明)한 상주진심(常住眞心)에서 어떻게 혼탁(混濁)한 무명(無明)이 생겼는가?" 하는 의문이 생긴다. 12연기(緣起)법문에도 무명(無明)이 맨 처음에 등장하는데, 무명(無明)의 출처(出處)에 대해서는 일언반구(一言半句)도 없다. 마치 꿈 이야기에서 꿈의 출발점(出發點)을 설명하지 않는 것과 같다. 불전(佛典) 중에서 무명(無明)의 출처를 다룬 글은 마명(馬鳴)존자의 <대승기신론>이 대표적이다. 진제(眞諦)스님이 번역한 구역(舊譯) <대승기신론>에서는 "일법계(一法界)를 요달(了達)하지 못하여서 마음이 불상응(不相應)하여 홀연히 생각[念]을 일으킴을 무명(無明)이라고 한다"고 하면서, "그 생각[念]이 자상(自相)이 없어 본각(本覺)을 여의지 않는다"고 하고는, "이러하므로 이 뜻은 오직 부처님만이 능히 알 뿐이다"라는 글이 나온다.[12] 실차난타(實叉難陀)스님의 신역(新譯) <대승기신론>도 구역(舊譯)과 대동소이(大同小異)하다.[13] 이처럼 무명(無明)의 출처(出處)에 대한 법문에는 이렇게 간단한 설명만 있을 뿐이다. 그리고는 무명(無明)의 내용은 이른바 법

---

[12] 以不達一法界故。心不相應。忽然念起。名爲無明....念無自相。不離本覺.....是故此義。唯佛能知。

[13] 以不覺一法界故。不相應無明分別起。生諸染心。如是之義。甚深難測。唯佛能知。非餘所了

신(法身)보살조차 완전(完全)하게 전체를 이해하지 못하는 심오(深奧)한 이치(理致)라고만 말하고 있다.

　　이 난제(難題)를 지금 부루나(富樓那)존자가 세존께 질문하고 있다. 질문에서 시작이 없는 무시(無始)망상(妄想)이란 용어가 나왔다. 망상(妄想)도 진심(眞心)과 같이 무시(無始)라는 이야기다.

[경(經)] 부처님께서 부루나(富樓那)에게 말씀하셨다.

"네가 비록 의심(疑心)은 제거했으나, 작은 의문(疑問)이 아직도 남아 있구나. 내가 요즈음 세간(世間)에서 일어난 일을 가지고 네게 물어 보겠다.

너도 들었느냐. 실라벌성(城)에 사는 연야달다(演若達多)라는 사람이 새벽에 문득 거울로 자기 얼굴을 비추어 보다가, 거울 속에 있는 머리에는 얼굴과 눈썹과 눈을 볼 수가 있는데, 자기 머리에는 얼굴도 눈도 눈썹도 보이지 않으므로, 「도깨비가 되었다.」고 화를 내더니, 무단히 미쳐서 달아났다고 한다. 너는 어떻게 생각하느냐? 이 사람이 무슨 까닭으로 갑자기 미쳐서 뛰어다니느냐."

부루나(富樓那)가 대답하였다.

"이 사람은 마음이 미쳤으며, 다른 까닭이 없습니다."

[佛告富樓那：「汝雖除疑，　餘惑未盡。吾以世間現前諸事，今復問汝。汝豈不聞，室羅城中演若達多，忽於晨朝以鏡照面，愛鏡中頭，眉目可見，瞋責己頭，不見面目，以爲魑魅，無狀狂走。於意云何，此人何因無故狂走？」富樓那言：「是人心狂，更無他故。」]

《풀이》 실라벌성(城)에 사는 연야달다(演若達多)가 아침마다 세수하고는 제 얼굴을 거울에 비춰 보곤 했다고 한다. 어느 날 거울에 비친 제 눈과 귀와 코와 입을 보고는, 제 얼굴에 눈·귀·코·입이 붙어 있다는 것을 확인했다. 그런데 거울을 내려놓고 나서 눈·귀·코·입을 찾아보니 그것들이 보이질 않는다. 그는 문득"내 얼굴이 없어졌다"고 착각하면서 충격(衝擊)을 받아서 미쳤다고 한다. 미친 이유는, 거울에서 보이던 자기의 눈·귀·코·입이 아무리 찾아도 보이지 않으니, "그것들이 붙어 있는 얼굴이 없어졌다"고 착각(錯覺)하여 미친 것이다.

무명(無明)의 발생(發生)은 상식(常識)으로 설명하기가 어려운 부사의(不思議)법문이다. 그래서 세존께서 부득이 비유(譬喩)로 설명하시려고 한다. 그 당시에 발생한 성내(城內)의 연야달다(演若達多)가 미친 사건을 예(例)로 들어서, 무명(無明)이라는 망심(妄心)이 생긴 원인을 설명하려고 하신다. 이 법문은 "무명(無明)이란 도대체 무엇인가?"를 밝히는 아주 난해(難解)한 법문이며, 논리적으로 설명이 안 되는 부사의(不思議)법문이다.

[경(經)] 부처님께서 말씀하셨다.

"묘각(妙覺)은 명원(明圓)하여 본래 원만하고 명묘한 것이다. 이미 망(妄)이라고 하면, 다시 무슨 원인(原因)이 있겠느냐? 만약 원인(原因)이 있다면, 어찌 망(妄)이라고 말하겠느냐. 많은 망상(妄想)들이 스스로 전전(展轉)하여 서로가 원인(原因)이 되어서 혼미(昏迷)에 혼미(昏迷)를 거듭하여 미진수(微塵數) 같은 겁(劫)을 지내도록 계속하였으므로, 비록 부처님이 깨우쳐서 밝혀

주시더라도 그것을 돌이킬 수가 없다. 이렇게 혼미(昏迷)한 원인(原因)은 혼미(昏迷)로 인(因)하여 '저절로 있는 것'이다.

[佛言:「妙覺明圓, 本圓明妙。既稱爲妄, 云何有因? 若有所因, 云何名妄? 自諸妄想, 展轉相因, 從迷積迷, 以歷塵劫。雖佛發明, 猶不能返。如是迷因, 因迷自有。]

《풀이》 상주(常住)하는 진심(眞心)인 청정각명(淸淨覺明)을 앞에서는 보각원명(寶覺圓明) 진묘정심(眞妙淨心)이라고 하더니, 여기서는 묘각명원(妙覺明圓) 본원명묘(本圓明妙)라고 부르고 있다. 별명(別名)이 참 많기도 하다.

이 연야달다(演若達多)의 사고(事故)는 거울이란 물건의 특성을 제대로 이해하지 못해서 생긴 것이다. 혼미(昏迷)해서 생긴 망상(妄想) 때문에 일어난 무명(無明)사고(事故)다.

[경(經)] 혼미(昏迷)한 것에는 따로 원인(原因)이 없다는 것을 알면, 망(妄)이라는 것이 의지할 데가 없다. 아직 생기지도 않았는데, 멸(滅)해야 할 것이 따로 있겠느냐!

[識迷無因, 妄無所依。尙無有生, 欲何爲滅]

《풀이》 연야달다(演若達多)가 미친 사건은 혼미(昏迷)하여 생긴 망(妄)이니 원인(原因)이란 것이 따로 없다. 착각(錯覺)이란 허망(虛妄)하여 실체가 없는 망상(妄想)이니, 특별히 생긴 것이 아니고, 특별히 제거(除去)할 것도 없다. 그래서 고치기 어렵다!

[경(經)] 보리(菩提)를 얻은 사람은, 잠을 깬 사람이 생시에 꿈속 이야기를 하는 것과 같아서, 마음은 비록 정명(精明)하지만, 무슨 인연(因緣) 방법(方法)으로 꿈속의 물건을 가져다 보일 수가 있겠느냐?

[得菩提者, 如寤時人, 說夢中事。心縱精明, 欲何因緣取夢中物]

《풀이》 보리(菩提)를 얻은 사람은 마치 생시에 꿈 이야기를 하는 것과 같다고 한다. 비록 꿈속의 일이 분명하지만, 꿈속에 있던 물건을 가져올 방법은 없다. 꿈속에서는 분명하게 그 물건이 있었지만, 깨어나 생시가 되면, 꿈속의 그 물건은 없다. 그런 꿈속의 물건을 생시에 유무(有無)라는 잣대로 판단하는 것은 잘못이다. 우리의 의식(意識)은 명료(明了)의식·독두(獨頭)의식·정중(定中)의식·몽중(夢中)의식 등등 종류가 많다. 꿈이란 원래 수면(睡眠) 중에 몽중(夢中)의식이 만든 것인지라, 생시의 오구의식(五俱意識)인 명료(明了)의식과는 그 차원(次元)이 다른 것이다. 따라서 그것은 차원(次元)개념에서 이해해야 할 문제다.

[경(經)] 하물며 원인(原因)이 없다면, 본래부터 있는 것이 아니다. 저 성중(城中)의 연야달다(演若達多)도 무슨 인연(因緣)이 있어서 스스로 무서워하여 달아났겠느냐!
갑자기 광증(狂症)이 사라지더라도 그 머리를 밖에서 새로 얻는 것이 아니다. 설령 광증(狂症)이 그치지 않더라도 그 머리야 어찌 잃은 적이 있겠느냐!

불교와 여래장

[況復無因, 本無所有。 如彼城中 演若達多, 豈有因緣, 自怖頭走。忽然狂歇, 頭非外得。縱未歇狂, 亦何遺失]

《풀이》 미친 것이 무슨 원인(原因)이 있는 것이 아니고, 그저 잠깐 착각으로 혼미(昏迷)해서 미쳤을 뿐이다. 실제로, 연야달다(演若達多)의 얼굴에서 눈·귀·코·입이 없어진 적이 없고 머리는 그대로다. 만약 미친 증세가 사라지면, 얼굴이 본래부터 멀쩡하다. 잃었던 머리를 찾은 것은 아니다.

[경(經)] 부루나(富樓那)야! 허망(虛妄)의 체성(體性)이라는 것이 이와 같으니, 인(因)이 어디에 따로 있겠느냐. 네가 다만 세간(世間)·업과(業果)·중생(衆生)이라는 삼종상속(三種相續)을 분별하는 버릇을 따라가지만 않으면, 삼연(三緣)이 끊어지므로 삼인(三因)이 생기지 않게 된다. 그리하면 네 마음속에 있던 연야달다(演若達多)의 광성(狂性)이 스스로 쉬게 될 것이다.

[富樓那！妄性如是, 因何爲在。汝但不隨分別世間·業果·衆生, 三種相續。三緣斷故, 三因不生。則汝心中, 演若達多狂性自歇]

《풀이》 허망(虛妄)의 체성(體性)인 망성(妄性)은 '본래 없다'고 하여 무명(無明)의 실체를 밝혔다. 착각하고 미혹(迷惑)하여 허환(虛幻)을 일으키니 망(妄)이라고 부를 뿐이지, 망성(妄性)이란 놈이 실체가 있어서 무명(無明)이라 는 망상(妄相)을 일으키는 것이 아니다. 그래서 무명(無明)을 털어버리는 방법을 제시하고 있다.

　여기 나오는 삼연(三緣)과 삼인(三因)의 내용이 분명치 않다. 진감(眞鑑)스님과 각성(覺性)스님은 삼연(三緣)은 세간(世間)· 중생(衆生)·업과(業果)를 분별(分別)하는 인연이고, 삼인(三因) 은 무명업상·전상·현상인 삼세(三細)라고 본다. 계환(戒環)대사 는 세간(世間)·업과(業果)·중생(衆生)이 삼연이고, 살도음(殺盜 婬)이 삼인이라 설명하고, 한편 한암(閑庵)대사는 업과(業果)상 속중의 살도음(殺盜婬)이 삼연이고, 욕탐(欲貪)·살탐(殺貪)·도탐 (盜貪)이 삼인(三因)이라고 설명한다.[14] 생각하건대, 삼종(三 種)상속을 일으키는 망심(妄心)의 인연(因緣)들이니, 성각(性覺) 이 견분(見分)상분(相分)으로 나뉘어서 주객(主客)을 세우는 무 명업상(無明業相)·전상(轉相)·현상(現相)인 삼세(三細)가 삼인 (三因)이고, 삼종(三種)상속의 직전(直前)원인인 살도음(殺盜婬) 이 삼연(三緣)이라 보는 견해가 타당하다 하겠다.

　세간(世間)·업과(業果)·중생(衆生)이라는 삼종(三種)상속(相 續)에 끄달리지만 않으면, 점차로 살도음(殺盜婬)이라는 삼연(三 緣)이 끊어지면서, 주객(主客)이라는 삼인(三因)도 저절로 사라 진다고 한다. 만일 삼인(三因)삼연(三緣)과 삼종(三種)상속(相 續)을 단절(斷絶)하면 무명(無明)이라는 망광(妄狂)은 없다는 설 명이다.

　이렇게 망광(妄狂)의 실상(實相)을 알았으니, 불자(佛子)들 은 당연히 모든 망심(妄心)에서 벗어날 수가 있을 것이다. 그런데

---

14)　<능엄경산보기>(楞嚴經刪補記)를 쓴 고려(高麗) 때 보환(普幻)대사의 법 호(法號)다.

도 대부분이, 무명(無明)을 벗지 못하고, "그렇다면, 어떻게 하여야 무명(無明)의 결박(結縛)을 단절(斷絶)할 수 있을까?" 하는 의문을 일으킨다. 불교공부는 문사수(聞思修)공부뿐이다. 법문을 들었으면 스스로 열심히 사택(思擇)하여 승해(勝解)를 얻어야 노력해야 한다.

[경(經)] 쉬기만 하면 곧 보리(菩提)이다. 수승(殊勝)한 청정각명(淸淨覺明)한 마음은 본래 법계에 두루하여, 다른 사람한테서 얻는 것이 아니다. 어찌 그렇게 수고롭고 애타게 닦아서 증득(證得)하고자 하겠느냐.

[歇卽菩提。勝淨明心, 本周法界, 不從人得。何藉劬勞, 肯綮修證]

《풀이》 망광(妄狂)이 쉬기만 하면, 주객(主客)이 없어서 곧장 무연지(無緣知)뿐이니 원래 보리(菩提)다. 반연심(攀緣心)인 망광(妄狂)이 쉬면 상주(常住)하는 진심(眞心)이 본래부터 주변법계(周徧法界)하니, 따로 공부하고 수행하여 증득(證得)할 것이 없다. 즉 망광(妄狂)인 무명(無明)이 원인이 없어서 본래 허망(虛妄)인 줄 요달(了達)하면, 그것을 벗어나는 수행(修行)이 따로 필요가 없다. 허망(虛妄)인 줄만 알면, 본래부터 무명(無明)에 결박(結縛)된 적이 없다는 것을 안다는 이야기다.

　　<원각경> 보현보살장(普賢菩薩章)에 이런 구절이 있다.

　　「환(幻)인 줄 알면 여읜 것이니 방편(方便)을 쓸 필요가 없고,

환(幻)을 여의면 깨달음이니 점차(漸次) 수행(修行)할 것이 없다. [知幻卽離 不作方便, 離幻卽覺 亦無漸次]」

감산(憨山)대사는 이 구절을, 진심(眞心)이 본래 구족(具足)한 실상(實相)임을 돈오(頓悟)돈득(頓得)하는 법문이라고 한다.

[경(經)] 마치 어떤 사람이 옷 속에 여의주(如意珠)를 간직하고 있으면서도 그것을 스스로 알지 못하고, 타향(他鄕)에서 빈궁하게 헐벗고 걸식(乞食)하며 돌아다니는 것과 같다. 이 사람이 비록 빈궁한 것은 사실이나 그 여의주는 잃어버린 것이 아니니, 문득 지혜로운 사람이 그 여의주(如意珠)를 가리켜주면 소원(所願)대로 큰 부자(富者)가 될 것이다. 그때에 그 신기한 여의주(如意珠)를 밖에서 얻는 것이 아님을 알게 될 것이다."

[譬如有人, 於自衣中繫如意珠不自覺知, 窮露他方乞食馳走, 雖實貧窮, 珠不曾失, 忽有智者指示其珠, 所願從心致大饒富, 方悟神珠, 非從外得]

《풀이》 상주(常住)하는 진심(眞心)은 청정각명(淸淨覺明)하니, 본래부터 그대로 여여(如如)할 뿐이다. 그 청정(淸淨)과 각명(覺明)의 뜻을 제대로 알아차리면, 본래부터 중생이 부처인 줄 확실하게 안다.

제2절 인연(因緣)도 자연(自然)도 아니다

[경(經)] 그때, 아난(阿難)이 대중(大衆) 가운데 있다가 부처님 발에 엎드려 절하고 일어서서 부처님께 사뢰었다.

[即時, 阿難, 在大衆中, 頂禮佛足, 起立白佛]

《풀이》 아난(阿難)이 다시 질문자(質問者)로 등장한다. 그는 "광성(狂性)이 쉬기만 하면, 곧 보리(菩提)이다. 수승(殊勝)한 청정각명(淸淨覺明)한 마음은 본래 법계에 두루하여, 다른 사람한테서 얻는 것이 아니다. 어찌 그렇게 수고롭고 애타게 닦아서 증득(證得)하고자 하겠느냐"라는 돈오(頓悟)법문에서 문득 의문(疑問)이 생겨서 재등장한 것이다.

[경(經)] "세존께서 지금 말씀하시기를 「살(殺)·도(盜)·음(婬)인 삼연(三緣)이 끊어지면, 삼인(三因)이 생기지 않고, 마음속의 연야달다(演若達多)의 광성(狂性)이 저절로 쉬게 된다. 쉬면 곧 보리(菩提)인지라, 다른 사람한테서 얻는 것이 아니다」고 하셨습니다. 이것을 보면 인연(因緣)인 것이 환하게 명백한데, 어찌하여 여래께서는 인연법(因緣法)이 아니라고 하십니까.

[「世尊！現說, 殺盜婬業, 三緣斷故, 三因不生, 心中達多狂性自歇, 歇即菩提, 不從人得。斯則因緣, 皎然明白, 云何如來頓棄因緣？]

《풀이》 아난(阿難)의 질문이다. 세존께서 앞에서 설명한 '살도

음(殺盜婬)인 삼연(三緣)이 끊어지면, 삼세(三細)인 삼인(三因)
이 사라지면서 저절로 삼종상속(三種相續)을 여의고 광성(狂性)
이 쉬게 된다'는 이 법문도 바로 인연법(因緣法)이다. 그런데 어
째서 '인연(因緣)도 아니고 자연(自然)도 아니다'라고 하시느냐
는 반박(反駁)이다.

[경(經)] 저도 인연법(因緣法)에 의하여 마음에 깨달음을 얻었습
니다. 세존이시여! 어찌 연소(年少)한 저희들 유학(有學) 성문(聲
聞)만 그러하겠습니까. 이 모임에 있는 대목건련(大目犍連)·사리
불(舍利佛)·수보리(須菩提) 등도 처음에는 늙은 범지(梵志)로부
터 부처님의 인연법(因緣法)을 듣고 발심(發心)하고 깨달아서 새
지 않는 무루(無漏)을 얻었습니다.

그런데「보리(菩提)는 인연(因緣)으로 얻는 것이 아니다.」고 말
씀하시니, 그렇다면 왕사성의 외도(外道)인 구사리(拘舍梨) 등이
주장하는「자연(自然)이 첫째가는 진리인 제일의제(第一義諦)이
다.」라는 뜻과 같다는 말씀입니까?

원컨대, 대자대비로 분명하게 설명하시어 저의 어리석음과 답답
함을 개발하여 주십시오."

[我從因緣, 心得開悟, 世尊! 此義何獨我等年少有學聲
聞, 今此會中, 大目犍連, 及舍利佛·修菩提等, 從老梵
志, 聞佛因緣, 發心開悟, 得成無漏。今說菩提不從因
緣, 則王舍城拘舍梨等, 所說, 自然成第一義。惟垂大
悲, 開發迷悶」]

《풀이》 불교는 연기법(緣起法)이 특징이다. 사제(四諦)와 십이연기(十二緣起)법문이 모두 인과응보(因果應報)를 설명한 인연법(因緣法)이다. 한편 외도(外道) 구사리(拘舍梨)는 "누구든지 팔만겁(八萬劫)을 지나면 자연히 저절로 도(道)를 이룬다."고 주장하며, 애써 정진(精進)하지 않더라도 결국 모두가 저절로 성도(成道)하게 된다는 낙관론자이니, 이른바 자연외도(自然外道)이다.

아난(阿難)이 "다른 사람한테서 얻는 것이 아니다. 어찌 그렇게 수고롭고 애타게 닦아서 증득(證得)하고자 하겠느냐"는 말을 듣고서, "자연외도(自然外道)인 구사리(拘舍梨)와 같은 취지가 아니냐?" 하고, 아난(阿難)이 힐난(詰難)하고 있다. 질문이 날카롭다.

[경(經)] 부처님께서 아난(阿難)에게 말씀하셨다.

"저 실라벌성(城)의 연야달다(演若達多)에게 광성(狂性)의 인연(因緣)이 없어지면 즉 불광성(不狂性)이 자연(自然)히 나타날 것이니, 그러면 인연(因緣)이니 자연(自然)이니 하는 논리(論理)가 끝나게 된다.

[佛告阿難:「卽如城中演若達多, 狂性因緣, 若得滅除, 則不狂性, 自然而出, 因緣自然, 理窮於是]

《풀이》 지금 광성(狂性)은 인연(因緣)에 배대하고 불광성(不狂性)은 자연(自然)에 배대하고 있다. 마치 꿈을 깨고 나면 꿈속의 일을 가지고 왈가왈부(曰可曰否)할 것이 없듯이, 미친병이 낫고 보면, 그 전에 있던 광증(狂症)은 꿈속의 사건과 같다. 따라서

지나간 환몽(幻夢)을 대상으로 '인연(因緣)이다, 자연(自然)이다'
하고 따질 것이 없다는 말이다. 그 이유는 무엇인가?

(1) 망광(妄狂)은 자연(自然)이 아니다

[경(經)] 아난(阿難)아! 만약에 연야달다(演若達多)의 머리가 본
성(本性)이 자연(自然)이라면, 본래부터 저절로 그런 것이니, 자
연(自然)아닌 것이 없을 터인데, 무슨 까닭으로 갑자기 머리가
없다고 무서워하며 미쳐서 달아났느냐.

[阿難! 演若達多, 頭本自然, 本自其然, 無然非自, 何
因緣故, 怖頭狂走]

《풀이》 광증(狂症)이라는 망(妄)이 자연인가 인연인가 따져보
고 있다. 먼저 망광(妄狂)이 자연(自然)인가를 살핀다. 여기서 자
연(自然)은 바로 본연성(本然性)이라는 의미로 사용되고 있다.
머리가 정상(正常)상태가 자연(自然)이라면, 중간에 갑자기 광증
(狂症)이라는 비자연(非自然)상태라는 것이 생길 수가 없다는 설
명이다. 이 구절은 한역(漢譯)이 부자연스러워서 주의해야한다.
'본자기연 무연비자(本自其然 無然非自)'라는 글귀는, '본기자연
무비자연(本其自然 無非自然)'으로 고쳐야 제대로 뜻이 통한다
고 보는 것이 통설이다.

(2) 망광(妄狂)은 인연(因緣)이 아니다

[경(經)] 만일 자연(自然)인 머리가 인연(因緣) 때문에 '미쳤다'면, 어찌하여 자연(自然)인 머리가 인연(因緣) 때문에 '없어지지'는 않느냐? 본래 머리가 없어진 것이 아닌데도, 미친 공포심(恐怖心)이 허망(虛妄)하게 일어난 것이라면, 머리는 조금도 달라진 것이 없으니, 광증(狂症)이 어찌 인연(因緣)에 의한 것이라고 하겠느냐.

[若自然頭, 因緣故狂, 何不自然, 因緣故失? 本頭不失, 狂怖妄出, 曾無變易, 何藉因緣]

《풀이》 이번에는 광증(狂症)이 인연(因緣) 때문인가 살핀다. 머리는 그대로 있는데도 인연(因緣) 때문에 '미쳤다'고 한다면, 인연 때문에 '머리 자체가 아예 없어지는 사고도 생겨야 한다'는 말이다. 미치기만 했지 머리는 그대로 있는 걸 보니, 인연이 아니라는 뜻이다. 사실은 머리가 그대로 있는데도 불구하고, 연야달다(演若達多)가 혼미(昏迷)하여 눈귀코입이 없어졌다고 착각해서 공연히 미쳤던 것이지, 무슨 별다른 인연(因緣)이 있어서 미친 것이 아니다.

(3) 인연(因緣)도 자연(自然)도 아니다

[경(經)] 본래 광증(狂症)이 자연(自然)이라면, 본래부터 미친 공포심(恐怖心)이 있어야 할 것인데, 그렇다면 미치기 전에는 그

미친 성품이 어디에 숨어 있었겠느냐.

[本狂自然, 本有狂怖, 未狂之際, 狂何所潛]

《풀이》 자연(自然)인가 살핀다. '미친 상태'인 본광(本狂)이 자연(自然)이라 한다면, 그렇다면 탄생하면서부터 본래 미쳐 있어야만 할 것이다. 즉 광증(狂症)이 나타나기 전(前)에도 광성(狂性)이 어딘가에 있었어야 할 것이다.

[경(經)] 또 미치지 않은 불광(不狂)이 자연(自然)이라면, 머리가 본래부터 잘못된 것이 없는데, 어찌하여 미쳐서 달아난 것이냐.

[不狂自然, 頭本無妄, 何爲狂走]

《풀이》 첫 구절은 "불광(不狂)이 자연(自然)이라면"이라고 직역(直譯)이 되는데, 이 '불광자연(不狂自然)' 넉 자의 해석(解釋)에 견해가 갈린다. 계환(戒環)스님은 본불광자연(本不狂自然)으로 보고 "본래부터 불광(不狂)이 자연(自然)이라면"이라고 새기고, 진감(眞鑑)스님과 운허스님과 각성스님은 광부자연(狂不自然)으로 보아서 "광증(狂症)이 자연(自然)이 아니어서, 즉 인연(因緣)이라면"이라고 새긴다. 즉 바로 앞 구절 자연(自然)과 대비하면, "광증(狂症)이 인연(因緣)이라면"으로 보아야 적당하다고 본다. 즉 "광증(狂症)이 인연(因緣)이라면"이라는 뜻이다.

머리는 상처가 없이 그대로 있으니, 미칠 인연(因緣)이 없다고 보고 있다. 옛날에는 머리를 다쳐야만 미친다고 생각한 모양이다.

불교와 여래장

[경(經)] 만약 본래 머리가 그대로 있는 줄 깨닫고, 미쳤기 때문에 달아났던 줄 알고 나면, 인연(因緣)이니 자연(自然)이니 하는 것이 모두 말장난인 희론(戱論)이다.

그러므로 내가 「삼연(三緣)이 끊어지면 곧 보리심(菩提心)이다」라고 말한다.

[若悟本頭, 識知狂走, 因緣自然, 俱爲戱論。是故我言, 三緣斷故, 卽菩提心]

《풀이》 결론(結論)이 나왔다. 머리가 없어진 줄 알고 미쳤는데, 머리는 변함이 없는데, 눈귀코입이 안 보이니 미쳐서 돌아다녔다는 사실을 알았다는 말이다. 그러하니 "인연(因緣)이니 자연(自然)이니 하는 것이 모두 말장난인 희론(戱論)이다"라는 설명이다. 제정신이 돌아와서, 머리는 여전(如前)한 줄을 깨닫고, 본인이 잠시 미쳤던 일도 안다면, 인연(因緣)이니 자연(自然)이니 따질 일이 없다. 마치 꿈을 꾸다가 깨어나면, 비로소 꿈속 일이 모두 허망하여 인연(因緣)과 자연(自然)을 따질 것도 없다는 것과 같다는 말이다. 그래서 삼연(三緣)이 끊어지면 바로 보리심(菩提心)이라 했다. 여기서 보리심은 청정각명(淸淨覺明)인 무연지(無緣知)를 가리킨다. 그렇다면 이 삼연(三緣)은 삼세(三細)인 주객(主客)개념에서 비롯하여 육추(六麤)인 삼독(三毒)망상(妄想)까지 싸잡는 즉 삼인(三因)을 포함하는 광의(廣義)의 반연심으로 사용하고 있는 것 같다. 요컨대 무명(無明)이라는 망성(妄性)은 연야달다(演若達多)의 광증(狂症)처럼 자연(自然)도 인연(因緣)도 아니라는 결론이다.

제3절 무공용(無功用)과 무루(無漏)

[경(經)] 만약「보리심(菩提心)이 생(生)하고 생멸심(生滅心)이 멸(滅)한다.」고 하더라도, 이것 역시 생멸(生滅)이다. 생(生)도 없고 멸(滅)도 없어야 '공용(功用)이 없는 도(道)'이다.

[菩提心生, 生滅心滅, 此但生滅。滅生俱盡, 無功用道]

《풀이》 공용(功用)은 함이 있는 유위(有爲)를 말한다. 불도(佛道)를 공부하여 불과(佛果)를 얻으려는 문사수(聞思修)공부도 공용(功用)이다. 무공용(無功用)은 무위법(無爲法)인 무루(無漏)이다. 즉 생(生)도 없고 멸(滅)도 없어야 공용(功用)이 없는 무공용(無功用)이라고 설명한다. 문사수(聞思修)공부로서 생멸심(生滅心)이 멸(滅)하고 보리심(菩提心)이 생(生)해도, 이것도 엄연히 생멸(生滅)이니 무공용(無功用)이 아니라고 한다. 어떻게 용심(用心)하여야 무공용(無功用)이 될까? <금강경>의「응무소주이생기심」(應無所住而生其心)이 바로 무공용(無功用)이다. 또 영가(永嘉)대사의 <증도가> 첫 구질인 "질학(絶學)하여 무위(無爲)인 한가한 도인(道人)은, 망상(妄想)을 제거(除去)하지도 않고, 진심(眞心)을 구(求)하지도 않는다"는 법문(法門)에서「부제망상불구진」(不除妄想不求眞)이 바로 무공용도(無功用道)에 해당한다.[15] 반연심을 버리고 무연지를 얻어도 공용(功用)에 떨어진다.

그렇다면 "진심(眞心)을 구(求)하지 않고서" 어떻게 무공용도(無功用道)를 이룰 수가 있는가? 어떻게 공부하면 생멸(生滅)을 떠나는가? 그래서 평상심(平常心)이 등장한다. 남전(南泉)선사는 도(道)를 묻는 조주(趙州)에게, "평상심(平常心)인 도(道)를 만약 알고자 노력(努力)한다면 벌써 어긋났다. 도(道)는 알고 모르는 것에 속하지 않는다. 알면 망각(妄覺)이고, 모르면 무기(無記)다. 평상심은 허공(虛空)같아서 확연(廓然)하여 탕활(蕩豁)하다."라고 말했고, 마조(馬祖)대사는 "평상심(平常心)은 조작(造作)이 없고, 시비(是非)가 없고, 취사(取捨)가 없고, 단상(斷常)이 없고, 범성(凡聖)이 없다"고 했다.[16] 우리가 문사수(聞思修)공부를 하는 지(知)와 부지(不知)는 모두 공용(功用)이라는 말이다. 그런데 여기서 평상(平常)이란 단어를 이른바 일상(日常)으로 잘못 아는 사람이 많다. 사람이 평시(平時)에 견문각지(見聞覺知)하는 그 마음을 평상심(平常心)이라고 잘못 안다면 진심(眞心)과 망심(妄心)조차 구별하지 못하는 초보자에 해당한다. 생각하건대, 마조(馬祖)대사와 남전(南泉)선사가 가르친 평상심(平常心)의 의취를 바르게 알거나, 영가(永嘉)대사의 「부제망상불구진」(不除妄想不求眞)의 뜻을 제대로 이해한다면, 저절로 일상(日常)의 반연심(攀緣心)을 벗어나 무연지(無緣知)인 평상심(平常心)으로 무공용도(無功用道)에 들어갈 수 있다는 이

---

15)　　君不見 絕學無爲閑道人 不除妄想不求眞

16)　　何謂平常心。無造作。無是非。無取捨。無斷常。無凡無聖

야기다.

　그럼 생멸(生滅)이 없고 진망(眞妄)이 쌍절(雙絶)한 무공용(無功用)인 도(道)가 되려면 무슨 공부를 해야 하나? 망상(妄想)이라는 공용(功用)을 일으키는 시초가 무명(無明)이니, 이 무명(無明)의 시원(始原)을 알아서 그것을 타파해야 할 것이다. 만일 무명(無明)이 끊어져 주객(主客)이 없으면 바로 무연지(無緣知)에 이르고, 그것이 바로 평상심(平常心)이니 무공용도(無功用道)가 멀리 있는 것이 아니다. 즉 먼저 공리(空理)를 요달하고, 무명(無明)의 정체를 알고, 나아가 무연지(無緣知)를 체득하여 분명하게 청정(淸淨)각명(覺明)이 되면 그것이 바로 무공용도(無功用道)에 이르는 지름길이 아니랴! 즉 승의승의(勝義勝義)를 터득하면, 증득(證得)하려는 노력이 필요 없다는 말이 된다.

[경(經)] 만약 「자연(自然)이 있다」면, 이것은 바로 자연심(自然心)이 생(生)하고 생멸심(生滅心)이 멸(滅)하는 것이 분명한지라, 이 또한 생멸(生滅)이다. 이른바 생멸(生滅)이 없는 것을 자연(自然)이라고 부른다면, 마치 세간에서 여러 가지가 섞여서 한 덩어리가 된 것을 화합성(和合性)이라고 부르고, 화합(和合)이 아닌 것을 본연성(本然性)이라고 말하는 것과 같다. 이러한 「본연(本然)은 본연이 아니다」와 「화합(和合)은 화합이 아니다」는, 「화합(和合)과 본연(本然)을 모두 여의고, 다시 이(離)와 합(合)까지도 모두 아니다」라고 하여야만, 비로소 희론(戲論)이 없는 구절(句節)이라고 말할 수 있다.

[若有自然,　如是則明,　自然心生,　生滅心滅,　此亦生

　　　　　　　　　　　　　　　　　　　　불교와 여래장

滅。無生滅者, 名爲自然, 猶如世間, 諸相雜和, 成一體
者, 名和合性。非和合者, 稱本然性。本然非然, 和合非
合, 合然俱離。離合俱非, 此句方名無戲論法]

《풀이》 지금 무공용도(無功用道)인 무희론법(無戲論法)을 설
명하기에 앞서, 우선 자연(自然)과 생멸(生滅)을 모두 부인(否
認)하고 있다. 인연(因緣)과 자연(自然)이라는 상식적인 논리(論
理)로서 무희론법(無戲論法)을 설명하고 이해할 수가 없다는 이
야기다. 지금 인연(因緣)과 자연(自然)이란 단어를 화합(化合)과
본연(本然)으로 바꾸어 설명하고 있다. 즉 생멸인연(生滅因緣)
인 화합성(和合性)과 자연(自然)인 본연성(本然性)으로 단어를
대체(代替)하였다. 지금 본연비연(本然非然)과 화합비합(和合非
合)이란 구절은 합연구리(合然俱離)라고 정리를 하였지만, 마지
막 구절인 '이합구비(離合俱非)'는 뜻이 애매하다. 이 '이합구비
(離合俱非)'를 직역(直譯)하면 "이(離)와 합(合)이 모두 아니다"
라는 뜻이다. 즉 합연(合然)과 이합(離合)은 연(然)과 이(離)가
다른 개념이니 문장의 뜻이 끊어진다. 진감(眞鑑)대사는 "합(合)
은 화합(和合)의 합(合)이 아니고, 이(離)와 반대되는 불리(不離)
라는 뜻이다"라고 풀면서 이(離)와 불리(不離)를 모두 털어버린
다는 뜻으로 새긴다. 감산(憨山)대사는 "관(觀)·지(智)와 심(心)·
경(境)과 성(聖)·범(凡)과 미(迷)·오(悟)가 없어 언사(言思)를 벗
어난 무희론법(無戲論法)이다"라고 해석하고, 지욱(智旭)대사는
"이(離)는 비(非)자연·비(非)화합인 쌍차(雙遮)이고, 합(合)은 역
(亦)자연·역(亦)화합인 쌍조(雙照)인데, 지금 쌍차쌍조(雙遮雙

照)를 모두 털어버려서 구비(俱非)하고 있다"고 설명한다. 생각하건대, 무희론법(無戲論法)을 설명하려는 논리(論理)라면, "모든 상대(相對)를 벗어나고, 쌍차쌍조(雙遮雙照)조차 털어버린다"고 풀이함이 마땅하다. 무공용도(無功用道)는 희론(戲論)이 없는 진리(眞理)이니, 상식적(常識的)인 사구(四句)논리로는 설명이 안 되고, 나아가 쌍차쌍조(雙遮雙照)까지도 벗어버려야 한다는 이야기다. 즉 언어(言語)와 문자(文字)를 통해서 상식적으로 설명하는 세속제(世俗諦)는 모두 사구(四句)백비(百非)라는 명자(名字)놀이인 희론(戲論)에 불과하므로, 무희론(無戲論)인 승의제(勝義諦)는 이러한 사구(四句)를 벗어난 묘리(妙理)로 이해해야 한다는 말이다.

그러면 희론(戲論)을 초월한 현묘(玄妙)한 이치(理致)는 과연 어떤 것이며, 그것은 어디에 있는가? 만약 있다면, 그것은 어떻게 전달하며, 어떻게 받아 지녀야 하는가? 지금 여래는 무공용(無功用)인 도(道)에 이르는 승의제(勝義諦)를 설명하려고 한다.

[경(經)] 보리(菩提)와 열반(涅槃)은 아직도 요원(遙遠)하니, 네가 여러 겁(劫)을 지내면서 애쓴다고 수증(修證)할 수 있는 것이 아니다. 비록 시방 여래의 십이부경(十二部經)의 청정한 묘리(妙理)를 항하사수(恒河沙數)만큼 많이 기억하여 지닌다고 하더라도 다만 희론(戲論)만 더할 뿐이다. 네가 비록 인연(因緣)과 자연(自然)을 아주 결정적으로 명료(明了)하게 잘 설명하여서, 사람들이 너를 다문제일(多聞第一)이라고 칭찬하지만, 이렇게 여러 겁(劫) 동안 많이 듣는 훈습(熏習)으로는 마등가(摩登伽)의 색난

(色難)을 스스로 벗어나지 못하였다. 나의 불정신주(佛頂神呪)에 의지하고서야 비로소 마등가(摩登伽)의 마음에 음화(媱火)가 한꺼번에 꺼지고, 그녀가 아나함(阿那含)이 되어서 나의 법장(法藏)에서 정진림(精進林)을 이루었다. 그녀의 애욕(愛慾)의 강물이 말랐기 때문에, 너도 그 어려움에서 벗어난 것이다.

[菩提涅槃, 尙在遙遠。非汝歷劫, 辛勤修證, 雖復憶持, 十方如來十二部經, 淸淨妙理, 如恒河沙, 秪益戲論。汝雖談說, 因緣自然, 決定明了, 人間稱汝, 多聞第一, 以此積劫多聞熏習, 不能免離, 摩登伽難, 何因待我佛頂神呪, 摩登伽心, 媱火頓歇, 得阿那含, 於我法中, 成精進林, 愛河乾枯, 令汝解脫]

《풀이》 보리(菩提)와 열반(涅槃)은 여래(如來)의 과지(果地)를 말한다. 이 열반(涅槃)은 바로 청정(淸淨)이고, 저 보리(菩提)는 바로 각명(覺明)이다. 다문제일(多聞第一)인 아난(阿難)이 진심(眞心)의 명자(名字)인 청정각명(淸淨覺明)은 알아도 그 의미를 아직 모르고 있다는 말씀이다. 12부경(部經)의 청정한 이치를 터득하여, 인연(因緣)과 자연(自然)을 아주 명료(明了)하게 잘 설명하는 아난(阿難)이지만, 여전히 안전(眼前)의 경계(境界)라는 결박(結縛)을 벗어나지 못하고서 외도(外道)인 마등가의 유혹(誘惑)에 넘어갔었다고 설명한다. 인연(因緣)과 자연(自然)으로 불법의 이치(理致)를 이해(理解)한 수다원(須陀洹)의 법력으로는, 현전(現前)하는 구생법집(俱生法執)인 경계(境界)를 초탈(超脫)할 수가 없었다.

마등가(摩登伽)의 색난(色難)은 범부(凡夫)들이 피하지 못하는 어려운 결박(結縛)이다. 오죽했으면 공자(孔子)도 <예기>(禮記)에서 "음식(飮食)과 남녀(男女)는 사람의 대욕(大欲)이다"라고 했을까!

지금 불정신주(佛頂神呪)에 의지하여 구생(俱生)의 음욕(淫慾)에서 벗어났던 사실을 강조하는데, 그 신주(神呪)는 법력(法力)을 대변하는 신물(神物)로 여기에 등장하고 있다. 이 구절 때문에 능엄(楞嚴)신주(神呪)에 대한 신앙(信仰)이 일찍부터 우리 극동(極東)의 불교계에 뿌리를 내렸고, 지금도 능엄다라니를 외우는 것이 올바른 수행(修行)이라고 믿는 사람들이 많이 있다. 문사수(聞思修)공부는 도외시(度外視)하고 다라니만 외우면 견성(見性)한다고 잘못 알고 있다.

그런데 그 신주(神呪)를 듣고서, 마등가(摩登伽)는 아나함(阿那含)이 되었는데, 수다원인 아난(阿難)은 얻은 바가 없었다. 그것은 아난(阿難)과 마등가(摩登伽)의 근기(根器)가 다르기 때문이다. 그렇다면 아난(阿難)의 근기가 마등가(摩登伽)만 못하다는 말인가? 거기에는 필시 무슨 곡절(曲折)이 있으리라. 이른바 근기(根器)는 근(根)·욕(欲)·성(性) 세 가지를 종합한 것인데, 여기에 시절인연을 만나야 공부가 진보한다고 했다.

[경(經)] 그러므로 아난(阿難)아! 네가 비록 오랜 세월 동안 여래의 비밀(秘密)하고 묘엄(妙嚴)한 불법(佛法)을 기억(記憶)하여 지니더라도, 하루라도 새지 않는 무루업(無漏業)을 닦아서 세간의 미움과 사랑이란 두 가지 괴로움을 여의는 것만 같지 못하다.

불교와 여래장

저 마등가(摩登伽)는 예전에는 음녀(婬女)였지만, 신주(神呪)의
힘으로 애욕(愛慾)이 사라졌고, 불법(佛法)에 들어와서 이제 성
비구니(性比丘尼)라 부른다.[17] 라후라의 어머니인 <u>야수다라</u>와
함께 과거의 인(因)을 깨달아, 여러 세상을 윤회한 인연(因緣)인
탐애(貪愛)가 고통(苦痛)이 된 줄을 알고서, 일념(一念)으로 무
루선(無漏善)을 훈수(熏修)하였으므로, 혹은 얽매임에서 벗어나
고, 혹은 수기(授記)를 받은 것이다. 그런데 너는 어찌하여 스스
로 속아서, 아직도 보고 듣는 것에만 머물러 있느냐."

[是故阿難, 汝雖歷劫, 憶持如來祕密妙嚴, 不如一日修
無漏業, 遠離世間憎愛二苦 ; 如摩登伽, 宿爲婬女, 由神
呪力, 銷其愛欲, 法中今名, 性比丘尼, 與羅睺母耶輸陀
羅, 同悟宿因, 知歷世因貪愛爲苦, 一念薰修, 無漏善
故, 或得出纏, 或蒙授記。如何自欺, 尙留觀聽]

《풀이》 여기서는 무루업(無漏業)을 반드시 수행(修行)하여야
하는 이유를 설명하고 있다. "스스로 속아서, 아직도 보고 듣는
것에만 머물러 있느냐?"는 질책(叱責)은, 문사수(聞思修)공부 중
에서 보고 듣는 문(聞)공부만 치중한다고 나무라는 것이다. 보고
들은 법문을 부지런히 사택(思擇)하여 승해(勝解)를 얻어서 정
견(正見)이 열려야 된다는 이야기다. 눈이 열려야 정견(正見)대
로 수행(修行)하여 제대로 득력(得力)하지! 그리하여 새지 않는
무루업(無漏業)을 닦아서, 무수(無數)겁(劫)에 익힌 업습(業習)

---

17) 여기 나온 성(性)비구니의 성(性)자(字)는 마등가(摩登伽)의 의역(意譯)
이다.

에서 벗어나야 한다고 강조한다. 업습(業習)을 정리하면 증애(憎愛)이고(二苦)이니, 진심(瞋心)과 탐심(貪心)을 원리(遠離)하라고 지적하고 있다. 삼조(三祖) 승찬(僧璨)대사의 <신심명>(信心銘)에 나오는 「단막증애 통연명백」(但莫憎愛 洞然明白)도 바로 이 진심(瞋心)과 탐심(貪心)을 원리(遠離)할 것을 직설(直說)한 것이다.

　그렇다면 「일념(一念)으로 무루선(無漏善)을 훈습(薰習)하여 수행한다」는 것은 구체적으로 무엇을 가리키는가? 경계(境界)에 끄달리면 주객(主客)이 있는 반연심(攀緣心)이 되니, 탐진(貪瞋)이 일어나서 그 수행은 유위(有爲)와 유루(有漏)에 머문다. 만약 일념(一念)인 무연지(無緣知)로 선(善)을 닦아서 경계에 끄달리지 않으면, 이른바 주객(主客)이라는 상대(相對)가 없어서 증애(憎愛)를 떠나니 비로소 수행이 무루(無漏)가 된다. 즉 무루선(無漏善)이란 무연지(無緣知)를 바탕으로 하여 선행(善行)을 훈수(薰修)한다는 말이다. 따라서 무연지(無緣知)를 요달(了達)하여 일념(一念)을 제대로 알아차려야만, 비로소 일념(一念)으로 새지 않는 무루선(無漏善)을 훈수(熏修)하는 것이 가능하다. 무연지(無緣知)인 일념(一念)이라야 <금강경>의 「이무아무인무중생무수자 수일체선법」(以無我無人無衆生無修者 修一切善法)하는 무루업에 합당하다 하겠다.

제4절 대중이 경안(輕安)을 얻다

[경(經)] 아난(阿難)과 대중들이 부처님의 가르침을 듣고서 의문(疑問)이 없어지고 마음이 실상(實相)을 깨달아, 몸과 뜻이 경안(輕安)하여 일찍이 몰랐던 미증유(未曾有)함을 얻었다.

[阿難及諸大衆, 聞佛示誨, 疑惑銷除, 心悟實相, 身意輕安, 得未曾有]

《풀이》 대중들이 공부에 의심처(疑心處)가 없어지면서, 실상(實相)을 오득(悟得)하여, 몸과 뜻이 경안(輕安)한 미증유(未曾有)를 얻는 장면이다. 앞에서 제4장 제7절에서 '한 소식'하고서 오도송(悟道頌)을 읊더니, 지금 두 번째로 '한 소식'을 더해가는 장면이다. 이렇게 성불(成佛)할 때까지 의심이 풀리고 진상(眞相)을 오득(悟得)하는 '한 소식'을 거듭하면서 향상(向上)진보(進步)하는 것이 일반적인 돈오(頓悟)점수(漸修)공부다.

지금 주의할 것은 의혹(疑惑)이라는 번뇌(煩惱)가 제거되면서 마음이 실상(實相)을 깨달았다고 하는데, 그리하여 느낌이「몸과 뜻이 경안(輕安)하다」고 표현한 구절이다. 이 경안(輕安)은 오구의식(五俱意識)인 명료(明了)의식을 기준으로 한 표현이다. 흔히 사선(四禪)팔정(八定)이라는 삼매(三昧)를 닦으면 누구나 경안(輕安)이라는 정중(定中)의식을 경험하게 된다. 삼매(三昧)중에 겪는 이 체험(體驗)을 '한 소식'한 것과 혼동하면, 정중(定中)의식과 명료(明了)의식도 제대로 구별하지 못하는 초보자다. 삼매(三昧)를 익히다가 경안(輕安)한 경지를 맛보고는 '한 소식'했다고 착각한다면, 그는 아직도 의식(意識)이 다종(多種)임을 제대로 배우지 못한 초보자로서, 증득(證得)으로 가는 바른 길을 제대로 알지 못하고 있다. 삼매(三昧)를 닦고 있는 학인(學人)들은 극히 주의해야 한다. 설사 공무변처(空無邊處)선정(禪定)에 들어서 전오진(前五塵)이 전무(全無)함을 보아도 그것은 정중(定中)의식이다. 출정(出定)하면서 명료(明了)한 오구의식(五俱意識)이 나타나면 전오진(前五塵)이 여전히 안전(眼前)에 분명하다. 선정(禪定)에 있다가 명료(明了)의 식에 돌아오면, 눈 앞의 경계(境界)에 끄달리게 된다는 상식(常識)을 잘 알고 있어야 한다.

[경(經)] 다시 눈물을 흘리면서 부처님 발에 엎드려 절하고 꿇어앉아 합장하고 부처님께 사뢰었다.

"위없이 대자대비하신 청정보왕(淸淨寶王)께서 저희들의 마음을 잘 열어 주시고 이러한 갖가지 인연(因緣)과 방편(方便)으로 이끌어서 어둠에서 끌어내어 고해(苦海)에서 나오게 하셨나이다. 세존(世尊)이시여! 제가 이제 이러한 진리의 말씀을 듣고서, 여래장인 묘각(妙覺)의 밝은 마음인 묘각명심(妙覺明心)이 시방세계(十方世界)에 두루하여, 여래(如來)의 시방국토(十方國土)에 있는 '청정한 보배로 장엄한 묘각(妙覺)의 왕(王)인 부처님의 국토'를 모두 함육(含育)하고 있는 것을 알았습니다."

[重復悲淚, 頂禮佛足, 長跪合掌, 而白佛言：「無上大悲 淸淨寶王, 善開我心, 能以如是種種因緣, 方便提奬, 引 諸沈冥, 出於苦海。

불교와 여래장

世尊! 我今雖承如是法音, 知如來藏妙覺明心, 徧十方
界, 含育如來十方國土, 淸淨寶嚴妙覺王刹]

《풀이》 지금 아난(阿難)이 여래(如來)의 가르침에 감격(感激)
하면서 눈물을 흘리고 있다. 그리고 식심(識心)한 내용을 실감나
게 표현하고 있다. '여래장(如來藏)인 묘각명심(妙覺明心)이 시
방세계(十方世界)에 두루함'을 식지(識知)한 것은 진심(眞心)과
여래장(如來藏)이 일물(一物)인 줄 알았다는 것이니, 돈교오위문
(頓敎五位門)의 식심(識心)단계와는 견처(見處)가 확연하게 구
별된다. 다시 '묘각명심(妙覺明心)이 여래(如來)의 시방국토(十
方國土)에 있는 청정한 보배로 장엄한 부처님의 국토를 모두 함
육(含育)하고 있는 것을 알았다'고 구체적(具體的)인 감회(感懷)
를 표현한 것도 견처(見處)가 고명(高明)함을 나타내고 있다.

　　일단 자타(自他)와 내외(內外)를 분명하게 확인(確認)하였
으니, 한 소식한 것이다. 진심(眞心)과 여래장(如來藏)을 찾아 헤
매지 않으니, 당연히 심신(心身)이 경안(輕安)할 수밖에! 흔히 이
것을 선가(禪家)에서는 견성(見性)이라고 부른다. 이쯤 되면 자
성(自性)이 청정(淸淨)하고 각명(覺明)한 진여성(眞如性)인 줄
알았다고 인가(認可)할 만하다.

　　그런데 우리가 흔히 확철대오라고 부르는 돈교오위문(頓敎
五位門)의 견성성불(見性成佛)과는 다르다. 흔히 초주(初住)를
견성(見性)이라 부르고, 초지(初地)를 대오(大悟)라고 구별하는
데, 이 부분을 잘 살펴보아야 한다.

제 6 장

수행과 이 결정의

제6장 수행(修行)과 이결정의(決定義)

제1절 삼마제(三摩提)수행

[경(經)] "그러나 여래(如來)께서 다시「많이 듣기만 하는 것은 공(功)이 없으니, 닦아서 익히는 것만 못하다.」고 책망(責望)하시니, 마치 집 없이 떠돌던 나그네가 임금이 주는 화옥(華屋)을 하사(下賜) 받았으나, 문(門)에 들어가야만 하는 것과 같습니다. 원컨대 여래(如來)께서 대자비를 베푸시어 저와 이 모임에 있는 많은 몽매(蒙昧)한 자들을 깨우쳐서, 모두 소승(小乘)을 버리고 여래(如來)의 무여열반(無餘涅槃)을 구하는 본발심(本發心)의 길을 얻게 하여 주십시오.

배울 것이 남아 있는 유학(有學)들이 어떻게 하여야, 옛날의 반연(攀緣)을 항복받고, 다라니(陀羅尼)를 얻어서 불지견(佛知見)에 들겠습니까."

이렇게 말하고는 오체(五體)를 투지(投地)하고 대중들과 일심(一心)으로 부처님의 자비하신 가르침을 기다렸다.

[如來復責, 多聞無功, 不逮修習。我今猶如旅迫之人, 忽蒙天王賜以華屋, 雖獲大宅, 要因門入。唯願如來不捨大悲, 示我在會諸蒙暗者, 捐捨小乘, 必獲如來無餘涅槃, 本發心路。令有學者, 從何攝伏,疇昔攀緣。得陀羅尼, 入

_{불 지 견} _{작 시 어 이} _{오 체 투 지} _{재 회 일 심} _{저 불 자 지}
佛知見?」作是語已, 五體投地, 在會一心, 佇佛慈旨]

《풀이》 "어떻게 하여야, 옛날의 반연(攀緣)을 항복받을 수 있
겠는가?" 하는 문제는 한 소식한 사람들의 공통된 과제이다. <금
강경>은 항복기심(降伏其心)을 자세하게 설명하신 법문이다. 한
소식한 사람이라야 이해할 수 있는 높은 법문이다. 자성(自性)을
돈오(頓悟)한 뒤에, 다시 보임(保任)하는 수증(修證)공부를 의지
해야 전생(前生)에 익힌 습기(習氣)를 털어버릴 수 있다고 한다.
'옛날의 반연(攀緣)을 항복받고'는 종래에 소지심(所知心)인 반
연심(攀緣心)때문에 찌든 습기(習氣)를 없애는 것이니, 이러한
수증(修證)은 자기(自己)의 저택(邸宅)을 찾아 문(門)에 들어가
서 큰 마당을 걸어 본채에 들어가는 행보(行步)에 비유(譬喩)할
수 있겠다. 즉 한 소식하여 대문을 찾았으면, 이제부터는 수증(修
證)공부로써 마당을 지나서 본채에 들어가 주인노릇을 하라는 뜻
이다. 그 수증(修證)하는 기간(期間)은 근기(根機)에 따라서 차
이가 있다. 부처님은 일반인(一般人)을 기준으로 하여 돈오점수
(頓悟漸修)하는 과정을 차례대로 40단계나 내지 60단계 등으로
구별하여 설명하고 있다. 과거(過去)에 많이 닦은 수행인은 <u>육조
(六祖)</u>대사나 <u>조주(趙州)</u>스님처럼 언하(言下)에 대오(大悟)하여
빨리 증득(證得)할 것이고, 전생(前生)에 공부 안한 사람은 금생
에 진도(進度)가 느릴 수밖에 없다.

　　이제까지는 사마타(奢摩他)법문으로 사람과 물질의 실상(實
相)과 정체(正體)를 가르치는 이른바 견도(見道)법문이었다. 그
런데 「범소유상(凡所有相) 개시허망(皆是虛妄)」인 줄 알기는 했

　　　　　　　　　　　　　　　　불교와 여래장

지만, 여전히 안전(眼前)의 육진(六塵)경계(境界)에 끄달리니, 경계라는 결박(結縛)을 벗어나서 탈경(脫境)하는 득력(得力)공부가 필요하다. 따라서 이제부터는 문사수(聞思修)에서 수행(修行)에 대한 삼마제(三摩提)법문이 시작된다. 원래 삼마제(三摩提)는 범어(梵語)인 Samadhi, Samapatti의 음역(音譯)이다. 번역자에 따라서 삼마제(三摩提)·삼마지(三摩地)·삼마발제(三摩鉢提)·삼매(三昧)등으로 표기하는데, 보통은 의역(意譯)하여서 정(定)이나 지(止)로 번역한다. 그런데 <능엄경>에서는 선정(禪定)과 지관(止觀)을 익히는 수행(修行)을 가리키는 용어로 쓰이고 있다.

여기 나오는 「다라니(陀羅尼)를 얻어서 불지견(佛知見)에 든다」는 다라니는 능엄주(楞嚴呪)라는 신주(神呪)가 아니고 이른바 총지(總持)를 가리킨다. 불법(佛法)의 총지(總持)에 해당하는 진제(眞諦)를 말한다. 특별히 언설(言說)로 이해하기 힘든 승의제(勝義諦)를 지목하는 말이다.

[경(經)] 그때 세존께서 거기에 모인 연각(緣覺)과 성문(聲聞) 중에서 보리심(菩提心)에 자재(自在)하지 못한 자(者)들을 불쌍히 여기시고, 또 앞으로 부처님이 열반하신 뒤에 나올 말법(末法)시대의 중생으로서 보리심(菩提心)을 낼 자(者)들을 위하여, 무상승(無上乘)의 묘한 수행(修行)의 길을 열어 보이시려고 아난(阿難)과 대중에게 말씀하셨다.

"너희들이 참으로 보리심(菩提心)을 내어 부처님의 묘한 삼마제(三摩提)를 닦으면서 피로하지 않고 싫증을 내지 않으려면, 마

땅히 각(覺)을 발명하려는 초심자(初心者)에게 필요한 '두 가지
결정의(決定義)를 먼저 밝혀야 한다.

[爾時, 世尊, 哀愍會中緣覺聲聞, 於菩提心未自在者, 及
爲當來, 佛滅度後末法衆生。發菩提心, 開無上乘妙修行
路。宣示阿難及諸大衆:「汝等決定, 發菩提心, 於佛如來
妙三摩提, 不生疲倦。應當先明, 發覺初心, 二決定義]

《풀이》 여기서 삼마제(三摩提)는 한 소식하여 식심(識心)한 사
람이 하는 수행(修行)공부를 말한다. 문사수(聞思修)공부의 마무
리인 수(修)공부가 이제부터 시작된다는 이야기다. 무슨 공부(工
夫)든지 그 방법(方法)이 시원찮으면 공부한 성과(成果)가 없어
서 절로 공부에 흥미를 잃고, 결국은 그만 포기하게 된다. 그래서
중생(衆生)구제(救濟)를 위하여 크게 발보리심(發菩提心)하고서
마음공부에 열심인 초심자(初心者)는 반드시 효과적(效果的)인
수행(修行)을 완결하기 위해서 예비지식(豫備知識)을 잘 알아두
어야 한다.

이 두 가지 결정의(決定義)는 삼마제(三摩提) 수행(修行)을
시작하려는 초심자(初心者)가 알아야 하는 예비지식이다. 그래
서 지금 삼마제(三摩提) 수행(修行)에 들어가기 직전(直前)에 다
다라서 자세한 설명을 하고 있다. 다른 경전(經典)에서 보기 드문
귀중한 법문이다. 초견성(初見性)하고서 수행(修行)을 포기하는
어리석음을 범하지 않으려면 꼭 지켜야 한다.

불교와 여래장

제2절 초심(初心)의 이결정의(二決定義)

(1) 인지(因地)와 과지(果地)는 같다

[경(經)] 어떤 것이 초심자(初心者)의 이결정의(二決定義)이냐? 아난(阿難)아! 첫 번째 결정의(決定義)는, 너희들이 성문(聲聞)을 버리고 보살승(菩薩乘)을 닦아서 부처의 지견(知見)에 들고자 하거든, 마땅히 「인지(因地)의 발심(發心)이 과지(果地)의 깨달음과 같은가? 다른가?」를 살펴보아야 한다.

아난(阿難)아! 만일 인지(因地)에서 생멸(生滅)하는 마음으로 수도(修道)하는 원인(原因)을 삼아서, 과지(果地)에서 불생불멸(不生不滅)하는 불승(佛乘)을 구(求)하려 한다면, 그것은 옳지 않다.

[云何初心二義決定？阿難！第一義者，汝等若欲捐捨聲聞，修菩薩乘，入佛知見，應當審觀，因地發心，與果地覺，爲同爲異？阿難！若於因地，以生滅心，爲本修因，而求佛乘不生不滅，無有是處]

《풀이》 인지(因地)의 발심(發心)은 '수행(修行)하는 마음'을 말하고, 과지(果地)의 불과(佛果)는 '수행하여 얻는 각(覺)'을 가리킨다. 원인이 되는 '수도(修道)하는 마음'이 진짜라야만, '결과로 얻는 보리(菩提)'도 진짜라는 사실이다. 예컨대 변(變)하는 얼음으로 조각을 하여 불변(不變)하는 작품(作品)을 얻고자 노력해도, 얼음이 녹으면 작품도 사라지듯이, 변(變)하는 망심(妄心)으로는 아무리 힘써 수행(修行)해도 불변(不變)하는 부처는 이루지 못한다는 뜻이다.

[경(經)] 네가 모든 기세간(器世間)을 살펴보아라. 만들어진 것들은 모두 변(變)하고 없어진다. 아난(阿難)아. 세간의 '만들어진 존재'들을 관찰하여 보아라. 변(變)하고 없어지지 않는 것이 있느냐?
그러나 허공(虛空)이 변하여 없어진다는 말은 듣지 못했다. 왜냐하면, 허공은 만들어진 것이 아니므로 언제까지나 무너지거나 없어지지 않느니라.

[以是義故, 汝當照明, 諸器世間可作之法, 皆從變滅。阿難！汝觀世間, 可作之法, 誰爲不壞, 然終不聞爛壞虛空。何以故？空非可作, 由是始終無壞滅故。]

《풀이》 기세간(器世間)은 모습 있는 물질로 된 세계로서, 수많은 중생들이 살고 있는 우주(宇宙)인 은하(銀河)세계를 가리킨다. 기세간과 각자(各自)의 심신(心身)인 오음(五陰)은 유위법으로서 만들어진 것이니 반드시 변한다.

그러나 청정(淸淨)한 허공(虛空)은 만들어진 것이 아니니 변할 것이 없다. 여기서부터 허공(虛空)법문이 자주 등장한다. 공대(空大)는 사대(四大)와 달리 무위법이라는 지적이다. 진심(眞心)은 허공처럼 청정(淸淨)하다는 의미를 이해시키려는 세존(世尊)의 자비심(慈悲心)을 느낄 수 있다.

[경(經)] 네 몸 가운데 단단한 것은 땅이고, 젖는 것은 물이며, 따

뜻한 것은 불이고, 움직이는 것은 바람이다. 이 네 가지 사대(四大)가 얽히면서, 너의 담원(湛圓)하고 묘(妙)한 각명(覺明)심(心)이, 그만 보고[視] 듣고[聽] 느끼고[覺] 살피는 것[察]으로 분화(分化)하였기 때문에, 처음부터 끝까지 다섯 겹으로 쌓여서 혼탁(渾濁)해졌다.

[則汝身中, 堅相爲地, 潤濕爲水, 煖觸爲火, 動搖爲風。由此四纏, 分汝湛圓, 妙覺明心, 爲視爲聽, 爲覺爲察, 從始入終, 五疊渾濁]

《풀이》 몸을 이루는 지수화풍(地水火風) 사대(四大) 때문에 담원(湛圓)한 각명(覺明)인 마음이 시청(視聽)하고 각찰(覺察)하는 여섯 가지 작용으로 분화(分化)하였다고 한다.

　　이하(以下)에서, 내 마음과 몸에서 서로 얽히고 설켜서 견문각지(見聞覺知)하는 정신(精神)작용이 만들어지는 과정을 다섯 단계로 나누어 설명하고 있다.

[경(經)] 어떤 것을 탁(濁)이라고 하느냐. '아난(阿難)아! 비유하면 맑은 물은 본래 청결(淸潔)한 것이고 흙은 본래 머물러서 막는 것이어서, 이 두 가지는 성질이 서로 다르다. 그런데 어떤 사람이 저 흙을 맑은 물에 넣으면, 흙은 머물러서 막는 힘을 잃고 맑았던 물은 청결(淸潔)하지 않아서 흐린 모양이 되는데 이것을 탁(濁)하다고 한다. 네가 다섯 겹으로 혼탁(混濁)한 오탁(五濁)도 이와 같은 것이다.

[云何爲濁？阿難！譬如淸水, 淸潔本然, 卽彼塵土灰沙

^{지 륜} ^{본 질 유 애} ^{이 체 법 이} ^{성 불 상 순} ^{유 세 간 인} ^{취 피}
之倫, 本質留礙, 二體法爾, 性不相循, 有世間人, 取彼
^{토 진 투 어 정 수} ^{토 실 유 애} ^{수 망 청 결} ^{용 모 골 연} ^{명 지 위}
土塵投於淨水, 土失留礙, 水亡淸潔, 容貌汩然, 名之爲
^탁 ^{여 탁 오 중} ^{역 부 여 시}
濁, 汝濁五重, 亦復如是]

《풀이》 오탁(五濁)은 말세(末世) 중생(衆生)세계의 특징이라
고 말한다. 일반적으로 알려진 오탁(五濁)은, 시대(時代)가 혼탁
하여 전쟁(戰爭)·질병(疾病)이 만연하면 겁탁(劫濁)이고, 사견
(邪見)이 판을 치면 견탁(見濁)이고, 걱정거리가 많아지면 번뇌
탁(煩惱濁), 사람들의 품격(品格)이 떨어지면 중생탁(衆生濁),
수명(壽命)이 짧아지는 것을 명탁(命濁)이라고 말한다. 그런데
여기에 나오는 오탁(五濁)은 그 내용이 통설과는 다르다. 송(宋)
대의 고승(高僧) 고산(孤山)지원(智圓)스님은 오음(五陰)인 색수
상행식을 여기 오탁(五濁)에 배대하였다.

[경(經)] 아난(阿難)아! 네가 허공이 시방세계에 두루한 것을 볼
적에, 허공(虛空)과 보는 견(見)이 구분(區分)되지 않는다. 허공
(虛空)은 있으나 바탕이 없고, 보는 견(見)은 있으나 각(覺)이 없
다. 이 허공(虛空)과 보는 견(見)이 서로 얽혀 짜여서 허망(虛妄)
을 이루었으니, 이것이 제일중(第一重)인 겁탁(劫濁)이다.
^{아 난} ^{여 견 허 공 변} ^{시 방 계} ^{공 견 불 분} ^{유 공 무 체} ^{유 견}
「阿難！汝見虛空徧十方界, 空見不分 ; 有空無體, 有見
^{무 각} ^{상 직 망 성} ^{시 제 일 중} ^{명 위 겁 탁}
無覺, 相織妄成, 是第一重, 名爲劫濁]

《풀이》 눈을 들어 허공(虛空)을 보면, 보는 주체인 견정(見精)
과 보이는 대상인 허공(虛空)이 구분(區分)이 되지 않는다. 시각

불교와 여래장

현상(視覺現象)에서 주객(主客)의 구분이 분명하지 않은 것처럼, 모든 현상(現象)에서 주객(主客)의 구분이 분명하지 않은 상태를 겁탁(劫濁)이라 한다. 즉 허공은 이름만 있고 실체가 없으며, 견정(見精)은 보이는 대상이 없으니 안식(眼識)이 없는 상태다.

[경(經)] 네 몸은 현재 사대(四大)가 뭉쳐서 바탕이 된 것인데, 보고 듣고 느끼고 아는 견문각지(見聞覺知)가 사대(四大)에 막혀서 유애(留碍)되므로, 물·불·바람·흙을 선회(旋回)시켜서 각지(覺知)한다. 이것들이 서로 짜여서 허망(虛妄)을 이루었으니, 이것이 제이중(第二重)인 견탁(見濁)이다.

[汝身現搏四大爲體, 見聞覺知, 壅令留礙, 水火風土, 旋令覺知, 相織妄成, 是第二重, 名爲見濁]

《풀이》 사대(四大)가 뭉쳐서 몸이 되고, 견문각지(見聞覺知)가 몸과 관련되어 작용하는 단계이다. "물·불·바람·흙을 선회(旋回)시켜서 각지(覺知)한다"는 구절의 뜻이 불분명하다. 견문각지(見聞覺知)와 수화풍토(水火風土)가 서로 주(主)와 종(從)이 된다는 이야기 같은데, 해석이 두 가지다. 하나는 견문각지(見聞覺知)가 사대(四大)에 막혀서 유애(留碍)되어서는, "수화풍토(水火風土)를 선회(旋回)시켜서 각지(覺知)한다"라고 보고, 다른 하나는 반대로 "수화풍토(水火風土)가 견문각지(見聞覺知)를 선회(旋回)시켜서 각지(覺知)하게 한다"라고 해석한다. 생각하건대, 사대(四大)는 본래 무정물(無情物)이니, 선회(旋回)시키는 주체는 어디까지나 각명(覺明)심(心)이라고 해석함이 옳겠다. 그래서 이것은 오음(五陰)에서 수음(受陰)에 배당할 수 있다.

[경(經)] 또 네 마음 가운데 기억하고 인식하고 외우는 버릇들이, 성(性)으로서 지견(知見)을 내고, 용모(容貌)로는 육진(六塵)을 나타내니, 육진(六塵)을 여의고는 모습이 없고 지각(知覺)을 여의고는 그 성품이 없다. 이것이 서로 짜여서 허망(虛妄)을 이루었으니, 이것이 제삼중(第三重)인 번뇌탁(煩惱濁)이다.

[又汝心中憶識誦習, 性發知見, 容現六塵, 離塵無相, 離覺無性, 相織妄成, 是第三重, 名煩惱濁]

《풀이》 '성(性)으로서 지견(知見)을 내고'는, 무명(無明)에서 행(行)으로, 다시 식(識)으로 연기(緣起)하다가, 식(識)이 지견과 육진(六塵)을 나투는 부분을 이야기한다. 즉 주객(主客)으로 분별하는 버릇인 행(行)이 기억하고 인식하고 외우는 식(識)이 되어 지견(知見)을 발하고, 상(相)으로는 용모(容貌)로 육진(六塵)인 색(色)을 나타낸다. 이렇게 육근(六根)과 육진(六塵)이 서로 얽혀서 견문각지(見聞覺知)하는 육식(六識)이 나타나고, 이에 따라 상음(想陰)인 번뇌(煩惱)가 이루어진다는 내용이다.

[경(經)] 또 네가 아침저녁으로 생멸(生滅)을 계속하여 멈추지 않으므로, 지견(知見)은 항상 세간(世間)에 머물고자 하고, 업운(業運)은 항상 국토를 옮겨 돌아다니고자 한다. 이것들이 서로 짜여서 허망(虛妄)을 이루었으니, 이것이 제사중(第四重)인 중생탁(衆生濁)이다.

불교와 여래장

[又汝朝夕生滅不停，知見每欲留於世間，業運每常遷於
國土，相織妄成，是第四重，名衆生濁]

《풀이》 지견(知見)은 살아 움직이는 생시(生時)에는 이승에 집
착하여 취미(趣味)에 따라가지만, 업운(業運)은 죽은 업식(業識)
이니 저승은 인과응보(因果應報)대로 육도를 윤회한다는 이야기
다. 제 의지(意志)대로 조성된 행음(行陰)이라는 버릇이 주도가
되어서 생사간에 항상 이생과 내생을 좌우(左右)한다는 뜻이다.
작업(作業)하고 수보(受報)하지만, 전쟁의 버릇 때문에 삼계(三
界)를 벗어나지 못하고 있다.

[경(經)] 너희들의 보고 듣는 견문각지(見聞覺知)가 원래 이성
(異性)이 없는데, 육진(六塵)에 서로 막히어서 무단히 다름[異]
이 생겼다. 성품끼리는 서로 알지만, 그 작용들은 서로 다르니,
같음과 다름인 동이(同異)가 기준(基準)을 잃었다. 이것들이 서
로 짜여서 허망(虛妄)을 이루었으니, 이것이 제오중(第五重)인
명탁(命濁)이다.

[汝等見聞，元無異性，衆塵隔越，無狀異生，性中相知，
用中相背，同異失準，相織妄成，是第五重，名爲命濁]

《풀이》 각명(覺明)인 영지가 본래 하나인 일심(一心)인데, 육
근(六根)으로 분립(分立)되면서 육성(六性)으로 작용하니, 견문
각지(見聞覺知)가 제각기 달라진다. 그에 따라서 육식(六識)이
각각 다르게 작용하여 일심(一心)이 육성(六性)이 된다. 이런 육

신(肉身)에 하나인 명근(命根)이 기탁(寄托)하므로 명탁(命濁)이라고 한다.

[경(經)] 아난(阿難)아! 네가 이제 보고 듣고 깨닫고 알고 하는 견문각지(見聞覺知)를 가지고 여래(如來)의 상락아정(常樂我淨)과 계합(契合)하려면, 마땅히 먼저 생사(生死)의 뿌리를 밝혀내고서, 불생불멸(不生不滅)하는 원담성(圓湛性)을 바탕으로 하여 공부(工夫)를 성취해야만 한다. 즉 원담성(圓湛性)을 기준으로 삼아서 허망(虛妄)한 생멸심(生滅心)을 밝혀내어 조복(調伏)하여서 원래의 깨달음인 원각(元覺)으로 되돌려서, 그 원명각(元明覺)인 생멸이 없는 무생멸성(無生滅性)으로 인지(因地)의 마음을 삼아야 한다. 그렇게 하여야만 상락아정(常樂我淨)인 과지(果地)의 수증(修證)을 원만(圓滿)히 성취할 수가 있다.

[阿難！汝今欲令見聞覺知, 遠契如來常樂我淨, 應當先擇死生根本, 依不生滅圓湛性成, 以湛旋其虛妄滅生, 伏還元覺。得元明覺, 無生滅性, 爲因地心, 然後圓成果地修證]

《풀이》 범부(凡夫)는 무지(無知)하기 때문에, 착각이 많다. 즉 무상(無常)을 항상(恒常)이라고 여기고, 고(苦)를 낙(樂)이라고 생각하고, 무아(無我)를 유아(有我)라고 말하며, 부정(不淨)을 청정(淸淨)하다고 믿는다. 이러한 범부(凡夫)가 여래(如來)의 열반(涅槃)사덕(四德)을 이해하려면, 먼저 무희론법(無戲論法)인 무공용도(無功用道)를 알아야 한다. 왜냐하면 반연심(攀緣心)인

망심(妄心)으로는 무연지(無緣知)인 진심(眞心)의 내용인 열반
사덕(四德)을 이해하지 못하기 때문이다.

　상주(常住)하는 진심(眞心)인 무연지(無緣知)를 터득하고 나
아가서 무생멸성(無生滅性)을 제대로 이해하고, 그것을 바탕으
로 문사수(聞思修)하여 상락아정(常樂我淨)을 완성하여야 한다
는 설명이다. 반연심(攀緣心)에 의지하여 일으키는 견문각지(見
聞覺知)는 주객(主客)이라는 이견(二見)으로 만든 것이니 변화
(變化)가 많다. 주객이 있으면 모습이 나타나고 모습은 무상(無
常)하니 생멸한다. 이 변동(變動)하는 견문각지로 불변(不變)하
는 원담성(圓談性)인 여래(如來)의 상락아정(常樂我淨)을 증득
하는 것은 불가능하다는 이야기다. 여기서 생멸이 없는 원명각
(元明覺)은 무연지(無緣知)를 가리키는 말이다.

[경(經)] 마치 흐린 흙탕물을 맑히려고 할 때, 움직이지 않는 그릇
에 흙탕물을 담아서 가만히 두면 흙과 모래는 가라앉고 맑은 물
이 나타나는 것과 같다. 그와 같이 하는 것을 처음으로 객진번뇌
(客塵煩惱)를 조복(調伏)하는 '초복(初伏)'이라고 한다. 그리고
가라앉은 진흙 앙금을 내다 버리고 나서 맑은 순수(純水)만 남는
것을 근본무명(根本無明)을 영원히 끊는 '영단(永斷)'이라고 한
다. 그리하면 명상(明相)이 정미(精微)롭고 순수(純粹)하여, 일
체(一切)가 변하여 나타나더라도 번뇌(煩惱)가 되지 않고 모두
'열반'(涅槃)의 청정(淸淨)한 묘덕(妙德)에 합(合)하게 된다.
[如澄濁水, 貯於靜器, 靜深不動, 沙土自沈, 淸水現
前, 名爲初伏客塵煩惱。去泥純水, 名爲永斷根本無明。

명상정순　일체변현불위번뇌　개합열반청정묘덕
明相精純, 一切變現不爲煩惱, 皆合涅槃淸淨妙德]

《풀이》 번뇌(煩惱)를 없애는 방법을 상식적으로 설명하고 있
다. 번뇌가 손님인 객(客)과 같아서, 왔다가는 사라지고, 또 먼지
인 진(塵)과 같아서, 일어났다가는 꺼지기 때문에, 객진(客塵)번
뇌(煩惱)란 이름이 붙었다. 번뇌는 본래 허망(虛妄)하지만 괴롭
히므로, 초복(初伏)과 영단(永斷)으로 근본무명(根本無明)까지
제거되면 그대로 열반(涅槃)이 적정(寂靜)하다는 설명이다. 즉
번뇌를 마치 흙탕물에 들어 있는 흙과 같다고 비유(譬喩)하고, 흙
탕물에서 흙만 내버리면 남는 것은 맑은 물이라고 설명한다. 이
렇게 명상(明相)이 정미(精微)롭고 순수(純粹)하면, 그것이 이른
바 청정(淸淨)각명(覺明)한 무공용도(無功用道)이다.

(2) 번뇌(煩惱)의 근본은 육근(六根)이다

[경(經)] 두 번째 결정의(決定義)는, 너희들이 반드시 보리심(菩
提心)을 내어 보살승(菩薩乘)이 되어서 크고 용맹(勇猛)스럽게
유위상(有爲相)을 기어이 버리려고 한다면, 마땅히 번뇌(煩惱)
의 근본(根本)을 자세히 살펴서 밝혀내어야 한다. 이것이 처음이
없는 과거로부터 발업(發業)하고 윤생(潤生)을 이루었으니, 짓는
자(者)는 누구며 받는 자(者)는 누구냐?

　　제이의자,　여등필욕,　발보리심,　어보살승,　생대용
[第二義者, 汝等必欲, 發菩提心, 於菩薩乘。生大勇
맹,　결정기연,　제유위상,　응당심상,　번뇌근본,　차무시
猛, 決定棄捐, 諸有爲相, 應當審詳, 煩惱根本。此無始

래　　발업윤생　　수 작 수 수
來, 發業潤生, 誰作誰受？]

《풀이》 발보리심(發菩提心)은 중생을 구제하려는 보살(菩薩)
의 대승심(大乘心)인데, 우리가 흔히 말하는 발심(發心)은 이 발
보리심(發菩提心)을 말한다. 이렇게 대승(大乘)보살이 되려면,
유위(有爲)인 제상(諸相)을 버리고, 번뇌(煩惱)근본(根本)을 밝
혀서, 업(業)을 짓는 자(者)와 과보(果報)를 받는 자(者)를 자세
하게 관찰해야 한다고 강조한다. 「무엇이 업(業)을 짓고, 무엇이
과보(果報)를 받는가?」는 윤회(輪迴)하는 그 주인공(主人公)을
말하는 것 같다. 무명(無明)이 발업(發業)하고, 애취(愛取)가 윤
생(潤生)하는데, 주인공이란 놈이 따로 있는가?

[경(經)] 아난(阿難)아! 네가 보리(菩提)를 닦는다고 하면서도 만
약 번뇌(煩惱)의 근본(根本)을 자세히 살피지 못하면, 허망한 근
(根)과 진(塵)이 뒤바뀐 곳을 알지 못할 것이다. 그 장소(場所)를
알지 못한다면, 어떻게 그것을 항복(降伏)하고서 여래의 지위(地
位)를 얻겠느냐. 아난(阿難)아! 세상에서 매듭을 푸는 사람을 보
아라. 매듭이 맺힌 장소를 찾지 못하고서야 어떻게 그 매듭을 풀
수가 있겠느냐.

아 난　　여 수 보 리　　약 불 심 관 번 뇌 근 본　　즉 불 능 지　　허 망
[阿難！汝修菩提, 若不審觀煩惱根本, 則不能知, 虛妄
근 진　　하 처 전 도　　처 상 부 지　　운 하 항 복　　취 여 래 위　　아
根塵, 何處顚倒。處尙不知, 云何降伏, 取如來位。阿
난　　여 관 세 간 해 결 지 인　　불 견 소 결　　운 하 지 해
難！汝觀世間解結之人, 不見所結, 云何知解？]

《풀이》 번뇌(煩惱)는 몸과 마음을 번잡하게 하거나 괴롭히는

모든 정신작용을 가리킨다. 번뇌가 바로 발업(發業)과 윤생(潤生)의 주범(主犯)이다. 업(業)을 짓는 발업(發業)은 과거(過去)가 되고, 과보(果報)를 받아 살아가는 윤생(潤生)은 미래(未來)가 된다. 이것들이 이어지면서 윤회(輪迴)가 계속되니까, 해탈(解脫)하려면 먼저 번뇌(煩惱)의 정체를 파악하는 것이 급선무다. 번뇌(煩惱)의 근본(根本)을 알아야 번뇌를 항복(降伏)시킬 수 있기 때문이다. 정신작용은 육근(六根)·육진(六塵)·육식(六識)의 합작(合作)이므로, 이 근진식(根塵識)의 정체(正體)와 작용(作用)을 분명하게 알아야 한다는 말이다. 번뇌라는 정신작용에서 그 주인공이 누구인가 찾는 것이 급선무다.

[경(經)] 나는「허공(虛空)이 찢어졌다.」는 말은 듣지 못하였으니, 왜냐하면 허공(虛空)은 모습이 없어서 본래 맺힘과 풀림이 없기 때문이다.

[不聞虛空被汝墮裂。何以故？空無相形，無結解故。]

《풀이》 난데없이 허공(虛空)이야기가 또 등장한다. 허공은 상형(相形)이 없어서 항상 청정(淸淨)하다. 허공은 텅 비었으니 발업(發業)도 윤생(潤生)도 하지 못한다는 특징을 상기(想起)시키려는 의도(意圖)로 보인다.

[경(經)] 네 앞에 지금 나타나 있는 눈·귀·코·혀·몸·뜻이 도적(盜賊)의 앞잡이가 되어서 가보(家寶)인 진심(眞心)을 탈취하여서, 이 때문에 처음이 없는 과거부터 중생세계에 얽히고 묶이게 되었

불교와 여래장

고, 이 때문에 기세간(器世間)을 초탈(超脫)할 수 없게 되었다.
[則汝現前眼耳鼻舌及與身心, 六爲賊媒, 自劫家寶, 由
此無始衆生世界, 生纏縛故, 於器世間, 不能超越]

《풀이》 우리가 윤회하는 원인(原因)은 모습에 끄달려서 애오
(愛惡)하여 취사(取捨)하는 업(業)을 짓기 때문이다. 즉 육근(六
根)이 육진을 상대하여 분별하면서 애오(愛惡)하니, 주체인 육
근(六根)이 적매(賊媒)로서 번뇌(煩惱)의 근본(根本)이라고 설
명한다. 본래 번뇌(煩惱)는 육근(六根)이 육진(六塵)경계에 얽히
고 묶이어서 전박(纏縛)되므로 애오(愛惡)하는 육식(六識)을 타
고서 일어난다. 이때 육식(六識)이 작동하면서 원명각(元明覺)인
일심(一心)인 각명(覺明)을 혼탁하게 가리어서 소지심(所知心)
이라는 반연심(返緣心)이 되었다고 설명한다. 이리하여 성자신
해(性自神解)하는 각명(覺明)이 반연심(攀緣心)에 가리어서 견
문각지하는 모습놀이에서 벗어나지 못하고, 그만 증애(憎愛)에
집착(執著)하면서 모습놀이에 전념(專念)하여 윤회(輪廻)하고
있다는 설명이다.

문제의 핵심은 육근이 육진에 끄달려서 애취(愛取)집착(執
着)하는 버릇이 원흉(元兇)인데, 세존께서는 육근(六根)만을 도
적(盜賊)의 앞잡이라고 몰아세운다. 불공평한 판결이다. 그 이유
를 알아보자!

제 7 장

육근과 각명

제7장 육근(六根)과 각명(覺明)

제1절 육근(六根)의 공능(功能)

[경(經)] '아난(阿難)아! 어떤 것이 중생세계(衆生世界)이냐. 세계(世界)라는 단어에서 세(世)자는 흘러가는 시간(時間)을 가리키고, 계(界)자는 방위(方位)를 말하는 것이다. 즉 동·서·남·북과 동남·서남·동북·서북과 상(上)·하(下)인 시방(十方)이 계(界)가 되고, 삼세(三世)인 과거·현재·미래는 세(世)가 되는 것이니, 방위(方位)의 수는 열 개요, 시간(時間)의 수는 셋이다. 일체의 중생이 '허망(虛妄)으로 조성(造成)되어' 이루어진 것이므로, 육신(肉身)중에서 바뀌고 옮기고 하여 세(世)와 계(界)가 서로 교섭(交涉)하고 있다.

이 계(界)가 비록 시방(十方)이지만, 일정한 방위로는 세간에서 동·서·남·북만을 말하고, 상하(上下)는 정해진 위치가 없고, 중앙(中央)은 정해진 방향이 없다. 그래서 계(界)의 사방(四方)과 세(世)의 삼세(三世)가 서로 교섭하여 사(四)와 삼(三)이 서로 곱하여 십이(十二)가 되는데, 일(一)을 세 번 변화하여 십(十) 백(百) 천(千) 자리로 변화하면, 육근(六根)의 공덕(功德)이 각각(各各) 1200공덕씩 있다고 할 수 있다.

[阿難！云何名爲衆生世界？世爲遷流, 界爲方位。汝

今當知, 東西南北, 東南西南東北西北, 上下爲界, 過
去未來現在爲世 ; 位方有十, 流數有三。一切衆生, 織
妄相成, 身中貿遷, 世界相涉 ; 而此界性, 設雖十方
定位可明, 世間祇目東西南北, 上下無爲, 中無定方,
四數必明, 與世相涉, 三四四三, 宛轉十二, 流變三疊
一十百千, 總括始終, 六根之中, 各各功德有千二百]

《풀이》 육근(六根)을 번뇌의 근본인 적매(賊媒)라고 했으니,
그것을 제거하려면, 먼저 적(敵)에 대한 정보가 필요하다. 세존께
서 지금부터 감각기능을 담당하는 육근(六根)의 정체를 자세하
게 살피기 시작한다. 먼저 적매(賊媒)의 실력(實力)을 평가한다.
지금 시간이라는 삼세(三世)와 공간이라는 사방(四方)을 기준으
로 삼사(三四)십이(十二)라는 숫자를 가립(假立)하고 있다. 이
12에서 근거를 잡아서 1200점 만점(滿點)이라는 기준을 가지고
육근(六根)의 공능(功能)을 측정(測定)하려고 한다.

[경(經)] 아난(阿難)아, 네가 이 육근(六根) 중에서 그 우열(優劣)
을 가려보아라.
눈으로 보는 방위는, 뒤는 안 보이고 앞은 보이므로 전방(前方)
은 온전하게 밝고 후방(後方)은 어둡다. 또 왼쪽과 오른쪽은 곁
눈으로 보는 것이니, 삼분(三分)의 이(二)만 보이는 셈이다. 따라
서 눈으로 보는 공덕(功德)이 온전하지 못하니, 삼분(三分)으로
나누면 일분(一分)은 공덕이 없으므로, 안근(眼根)은 다만 800공
덕(功德)뿐이라고 한다.

귀는 시방(十方)에서 소리를 두루 다 듣는데, 움직이면 멀고 가까움이 있는 듯하지만, 고요한 상태에서는 한계가 없다. 그래서 이근(耳根)은 1200공덕(功德)이 원만하다.

코로 냄새를 맡는데, 들숨 날숨을 통하여 내쉬는 것과 들이쉬는 것이 있으나, 호(呼)와 흡(吸)이 교체(交替)되는 중간에는 냄새 맡는 작용이 없다. 그래서 비근(鼻根)을 살펴보면, 삼분(三分)에서 일분(一分)이 빠지므로 코는 다만 800공덕(功德)이다.

혀로는 세간과 출세간의 지혜(智慧)를 다 말하는데, 말은 순서(順序)대로 하지만, 그 이치(理致)는 다함이 없으므로, 설근(舌根)은 1200공덕(功德)이 원만(圓滿)하다.

몸은 접촉을 느껴서 위순(違順)을 아는데, 서로 합(合)할 때만 알 수 있고 분리되면 모른다. 분리는 하나요 합(合)은 둘인지라, 신근(身根)은 그 공덕이 삼분(三分)에서 일분(一分)이 빠지므로 800공덕(功德)임을 알 수 있다.

뜻은 시방(十方) 삼세(三世)의 온갖 세간과 출세간의 법(法)을 묵묵히 포용(包容)하여, 성인과 범부의 법(法)을 포용하지 않음이 없어서 그 한계(限界)가 없으므로, 의근(意根)은 1200공덕(功德)이 원만(圓滿)한 줄 알 수 있다.

[阿難！汝復於中，克定優劣，如眼觀見，後暗前明，前方全明，後方全暗，左右傍觀三分之二，統論所作功德不全，三分言功，一分無德，當知眼唯八百功德。如耳周聽，十方無遺，動若邇遙，靜無邊際，當知耳根圓滿一千二百功德。如鼻嗅聞，通出入息，有出有入，而闕中交，驗於鼻根三分闕一，當知鼻唯八百功德。如舌宣揚盡

諸世間出世間智, 言有方分, 理無窮盡, 當知舌根圓滿
一千二百功德。如身覺觸識於違順, 合時能覺, 離中不
知, 離一合雙, 驗於身根三分闕一, 當知身唯八百功德。
如意默容, 十方三世一切世間出世間法, 惟聖與凡, 無不
包容盡其涯際, 當知意根圓滿一千二百功德。]

《풀이》 이 <능엄경>이 한역(漢譯)되기 이전(以前)에 이런 고
사(故事)가 전해왔다. 중국 수(隋)나라 때 천태(天台)지자(智者)
대사가 육근(六根)의 공덕(功德)을 이야기한 법문(法門)을 보았
으나, 그 자세한 뜻을 몰랐다고 한다. 인도(印度)에서 온 승려로
부터 <능엄경>에 그런 설명이 있다는 이야기를 들은 그는, 매일
조석으로 서쪽을 보고 예배하면서, 이 경전(經典)이 빨리 중국에
전래(傳來)되기를 기원(祈願)했다는 이야기가 있다. 용수(龍樹)
보살이 <능엄경>을 외워서 전국을 다니면서 강의했다는 이야기
를 참작하면, 만약에 천태(天台) 대사가 이 <능엄경>을 생전에
보았다면 천태(天台)의 기본 경전(經典)이 바뀌었을 수도 있다는
생각이 든다.

[경(經)] 아난(阿難)아! 네가 이제 생사(生死)하는 애욕의 흐름을
거슬러서, 그 흐름의 근원을 돌이켜서 불생멸(不生滅)에 도달하
고자 한다면, 이 여섯 가지의 수용근(受用根)이 어느 것은 합(合)
하고 어느 것은 이(離)하며, 어느 것은 깊고 어느 것은 얕으며, 어
느 것은 원통(圓通)하고, 어느 것은 원통(圓通)하지 않는가를 알
아야 한다.

불교와 여래장

만일 여기서 원통(圓通)한 근(根)을 찾아내어서 저 처음이 없는 과거부터 허망(虛妄)으로 조성(造成)된 업류(業流)를 거슬러서 원통(圓通)을 따른다면, 원통하지 못한 근(根)으로 닦는 것보다 갑절이나 빨리 공부를 성취할 수 있다.

내가 지금 육근(六根)이 갖춘 본래의 공덕(功德)을 분명하게 밝혔으니, 어느 근(根)을 사용하여 공부할 것인가를 네 마음대로 선택(選擇)하여라. 내가 마땅히 자세히 가르쳐서 너로 하여금 공부에 진보(進步)가 있도록 하겠다.

[阿難！汝今欲逆生死欲流，返窮流根，至不生滅，當驗此等六受用根，誰合誰離，誰深誰淺，誰爲圓通，誰不圓通。若能於此悟圓通根，逆彼無始織妄業流，得循圓通，與不圓根，日劫相倍。我今備顯，六湛圓明，本所功德數量如是，隨汝詳擇其可入者，吾當發明，令汝增進]

《풀이》 육근(六根)의 공능이 각기 다르니, 합(合)과 이(離), 심(深)과 천(淺), 원통(圓通)과 불원만(不圓滿)으로 그 차이를 자세하게 살펴보라고 한다.

'합(合)과 이(離)'를 기준으로 하면, 근진(根塵)이 합(合)해야 인식(認識)이 가능한 것과 분리(分離)하여야 인식이 가능한 것이 있다. 눈·귀는 이지(離知)이고, 코·혀·피부는 합지(合知)이다. 의근(意根)에서 독두(獨頭)의식은 이지(離知)이지만, 오구(五俱)의 식은 합지(合知)가 된다.

또 '심(深)과 천(淺)'을 기준으로 하면, 심(深)에 해당하는 것은 근성(近性)이니 귀의 정(靜)과 뜻의 멸(滅)이 그것이다. 천

(淺)은 원성(遠性)이니 눈의 암(暗)과 코의 색(塞)과 혀의 담(淡)과 피부의 이(離)가 그것이다.

그리고 원통(圓通)은 1200공덕(功德)을 가진 육근(六根)으로, 이근(耳根)과 설근(舌根)과 의근(意根)이 원통(圓通)이고, 안근·비근·신근은 800공덕이다.

[경(經)] 시방(十方)의 여래(如來)께서는 저 육근(六根)· 육진(六塵)·육식(六識)의 십팔계(十八界)에 대하여 낱낱이 다 수행(修行)하시어 모두 위없는 원만한 보리(菩提)를 얻었으므로, 그 가운데 우열(優劣)이 없다.

그러나 너는 하열(下劣)하여 그중에서 자재(自在)한 지혜(智慧)를 원만(圓滿)하게 얻지 못하므로, 내가 이제 네게 하나의 근(根)을 택하여 일문(一門)으로만 깊이 들어가기를 권(勸)하는 바이다. 일문(一門)으로 깊이 들어가서 허망(虛妄)이 없어지면, 저 육근(六根)이 일시에 청정(淸淨)하게 된다.

[十方如來, 於十八界, 一一修行, 皆得圓滿, 無上菩提, 於其中間, 亦無優劣。但汝下劣, 未能於中圓自在慧, 故我宣揚, 令汝但於一門深入, 入一無妄, 彼六知根, 一時淸淨。]

《풀이》 세존께서 하근기인 말법(末法)시대 중생들은 반드시 원통(圓通)한 근(根)을 가려서 삼매(三昧)공부에 들어가라고 권하신다. 만약 하나의 근(根)에서 그 허망(虛妄)을 벗어나고 원래의 각명(覺明)을 회복하면, 나머지 오근(五根)에서도 저절로 각명(覺明)을 회복한다고 한다.

[경(經)] 아난(阿難)이 부처님께 사뢰었다.

"세존이시여! 어떻게 역류(逆流)하여야 깊이 일문(一門)으로 들어가서 육근(六根)을 한꺼번에 청정(淸淨)하게 할 수 있겠습니까?"

부처님께서 말씀하셨다.

"아난(阿難)아! 네가 이미 수다원(須陀洹)의 과(果)를 얻어서 삼계의 중생들이 견도위(見道位)에서 끊는 번뇌는 벌써 없앴지만, 아직도 오랜 세월 동안 육근(六根) 중에 쌓여 온 허망(虛妄)한 습기(習氣)들은 알지 못하고 있다. 저 습기(習氣)들은 수도위(修道位)에 가서야 비로소 끊을 수가 있으니, 육근(六根) 가운데서 생주이멸(生住異滅)하는 많은 번뇌(煩惱)들은 네가 지금 어떻게 처리하겠느냐!

[阿難白佛言:「世尊! 云何逆流, 深入一門, 能令六根, 一時淸淨?」佛告阿難:「汝今已得 須 陀洹果, 已滅三界 衆生世間, 見所斷惑, 然猶未知, 根中積生無始虛習, 彼 習要因, 修所斷得, 何況此中, 生住異滅, 分劑頭數]

《풀이》 불교는 공부하는 과정을 유학위(有學位)와 무학위(無學位)로 나누고, 유학위(有學位)는 다시 견도위(見道位)와 수도위(修道位)로 구분하고 있다. "견도위(見道位)에서 끊는 번뇌는 88사(使)이고, 수도위(修道位)에 가서야 끊는 번뇌는 81사(思)이다"라고 하여, 번뇌(煩惱)인 혹(惑)을 견도위에서 끊는 견혹

(見惑)과 수도위에서 끊는 사혹(思惑)으로 구별한다. 소승(小乘)은 불교과정을 사향(四向)사과(四果)로 구분하되, 수다원과(果)는 견도위(見道位)에 속하고, 사다함과(果)·아나함과(果)·아라한향(向)은 수도위(修道位)에 속하며, 아라한과(果)만 무학위(無學位)라고 한다. 아난(阿難)이 속하는 수다원과(果)는 육근(六根)은 소멸(消滅)시켰으나, 무시(無始)인 습기(習氣)가 그대로 남아 있다. 즉 아난(阿難)은 수증(修證)하는 공부가 아직 모자란다고 나무랄만 하다.

생주이멸(生住異滅)하는 분제두수(分劑頭數)는 복잡하게 많은 번뇌습기를 지칭하는데, <대승기신론> 구역(舊譯)은 생주이멸(生住異滅)의 단계에서 분별(分別)망상(妄想)을 알아차리는 실력(實力)을 기준으로 불각(不覺)·상사각(相似覺)·수분각(隨分覺)·구경각(究竟覺)으로 공부수준을 구분(區分)한다.

제2절 육근(六根)의 정체(正體)

[경(經)] 이제 너는 네 육근(六根)이, 하나인가, 여섯인가를 살펴보아라.

아난(阿難)아! 만약 육근(六根)이 하나라면, 귀는 왜 보지 못하며, 눈은 왜 듣지 못하며, 머리는 왜 밟지 못하며, 발은 왜 말이 없느냐.

또 만약에 육근(六根)이 여섯이라면, 내가 이 모임에서 너와 더불어 미묘한 법문을 하는데 네 그 육근 중의 어느 것이 내 말을

불교와 여래장

듣느냐.

아난(阿難)이 말하였다. "제가 귀를 가지고 듣습니다."

부처님께서 말씀하셨다. "네 귀가 듣는다면, 네 몸과 입은 무슨 관계가 있기에 입으로 나에게 뜻을 묻고 몸을 일으켜서 공경하느냐. 이러므로 마땅히 알아라. 하나가 아니라 마침내 여섯이고, 여섯이 아니라 마침내 하나이니, 결국 너의 근(根)은 '원래 하나다', '원래 여섯이다'라고 하지 못한다.

[今汝且觀, 現前六根, 爲一爲六? 阿難! 若言一者, 耳何不見, 目何不聞, 頭奚不履, 足奚無語? 若此六根, 決定成六, 如我今會, 與汝宣揚, 微妙法門, 汝之六根, 誰來領受?」阿難言:「我用耳聞。」

佛言:「汝耳自聞, 何關身口? 口來問義, 身起欽承, 是故應知, 非一終六, 非六終一, 終不汝根元一元六]

《풀이》 육근(六根)으로 불교공부를 한다면 육근의 정체를 알아야하는데, 그 공능(功能)은 이미 살펴보았으나, 이제 육근의 상호관계(相互關係)와 성립과정을 알아볼 차례이다. 원래 우리의 본래면목(本來面目)인 청정(淸淨)각명(覺明)이 성자신해(性自神解)하지만, 작용하는 근(根)이 여섯으로 나뉘면서 그 기능(機能)도 육성(六性)으로 나뉜다. 견문각지(見聞覺知)할 때 근진(根塵)이 서로 다르므로, 자연히 신해(神解)하는 영지(靈知)도 육종(六種)으로 구별(區別)이 된다. 따라서 안식(眼識)은 이식(耳識)과 다르고, 비식(鼻識)은 설식(舌識)과 다르다. 그러나 그 주인공(主人公)인 각명(覺明)은 성자신해(性自神解)한 영지(靈知)로 염정(染淨)이 없어서 청정(淸淨)하여 육식(六識)이 평등(平等)하다. 이처럼 육식(六識)이 서로 다르면서도 다르지 않고, 같지만 같은 것이 아니다. 그러하니 육근(六根)의 지각(知覺)기능을 두고서 그것이 '원래 여섯이다', '원래 하나이다'라고 고집(固執)할 수가 없는 것이다. 그럼 뭐라고 말해야 옳은가?

[경(經)] 아난(阿難)아! 마땅히 알아라. 근(根)은 하나도 아니고, 여섯도 아니건만, 처음이 없는 과거(過去)부터 뒤바뀌어서 윤회(輪廻)하여 왔기 때문에, 원담(圓湛)에서 일(一)이니 육(六)이니 하는 것이 생겼다. 너의 수다원과(須陀洹果)가 육(六)은 녹였으나, 아직도 일(一)은 없애지 못하였구나.

마치 저 허공(虛空)을 여러 가지 그릇에 담으면, 그릇의 모양이 다르므로 각각 다른 허공이라고 하겠지만, 그릇을 치우고 보면 허공은 하나이다. 그러나 어찌 저 허공(虛空)이 너 때문에 같기도 하고, 다르기도 하겠느냐. 하물며 '하나다.', '하나가 아니다.'는 이름이 붙겠느냐.

네가 깨닫고 아는 육근(六根)도 이와 같다.

[阿難！當知是根, 非一非六, 由無始來顚倒淪替, 故於圓湛, 一六義生, 汝須陀洹, 雖得六銷, 猶未亡一, 如太虛空, 參合群器, 由器形異, 名之異空, 除器觀空, 說空爲一。彼太虛空, 云何爲汝, 成同不同。何況更名, 是一非一, 則汝了知六受用根, 亦復如是]

《풀이》 "원만(圓滿)한 담연(湛然)인 청정각명(淸淨覺明)에서 일(一)이니 육(六)이니 하는 것이 생겼다"는 것은 결론이다. 여기 허공(虛空)법문이 또 비유(譬喩)로 나왔다. 마치 '허공의 모습'이 여섯 개의 그릇에 따라 모양이 구별되지만, 그릇만 치우면 원래 하나인 텅 빈 허공일 뿐이라는 이야기다. 각명(覺明)이 담연(湛然)한 것이 허공(虛空) 같다는 이야기다. 각명(覺明)은 성자신해(性自神解)한 공적(空寂)영지(靈知)이나, 육근(六根)에 따라서 육성(六性)으로 구별되므로, '일(一)이다, 육(六)이다' 분별(分別)한다. 그러나 여섯으로 구별하더라도, 그 기능은 모두 '안다'[知]로 귀착하는 각명(覺明)이니 동시에 하나일 뿐이다.

　　육근(六根)의 정체를 알려면 육근이 생긴 연유(緣由)부터 알아야 하므로, 이하(以下)에서 육근(六根)의 성립(成立)과정을 인도(印度)의 고대(古代) 생물학으로 설명한다.

[경(經)] 밝음과 어둠인 명암(明暗) 두 가지 형상(形相)이 나타나면, 묘원(妙圓) 가운데서 맑음[湛]에 엉겨붙어서 보는 견(見)이 일어나고, 보는 정기인 견정(見精)이 색(色)에 반영(反映)되어서 색진(色塵)을 맺어 안근(眼根)이 된다. 안근의 근본은 청정사대(淸淨四大)로서 이것을 눈의 바탕이라 한다. 그리고 포도알처럼 생긴 눈알은 부근사진(浮根四塵)인데 형색(形色)을 따라서 분주하게 두리번거린다.

[由明暗等, 二種相形, 於妙圓中, 粘湛發見, 見精映色, 結色成根, 根元目爲淸淨四大, 因名眼體, 如蒲萄朵, 浮根四塵, 流逸奔色]

《풀이》 각명(覺明)한 영지(靈知)에서 육근(六根)이 생긴 과정을 설명하고 있는데, 모습이 없는 감각(感覺)기능과 감각기관의 성립을 묘사하는 설명이라서 이해하기가 쉽지 않다. 여러 번 반복해서 정독(精讀)하다 보면 그 상황을 대강 짐작할 수 있을 뿐이다. 먼저 안근(眼根)의 형성과정이 나오는데, 내용은 세속제(世俗諦)이므로 간단하다. 중생의 진심(眞心)인 각명(覺明)한 영지(靈知)에는 본래부터 육성(六性)이 갖추어져 있어서, 시각현상을 알아보는 견성(見性)이라는 자성본용(自性本用)이 있다. 그래서, 명암(明暗)이라는 경계를 반연(攀緣)하면 견성(見性)이 그 환경에 알맞은 견정(見精)을 일으켜서는, 안근(眼根)을 형성한다. 이 안근(眼根)에는 안구(眼球)·망막(網膜)·시신경(視神經)과 대뇌피질(大腦皮質) 등은 물질로 구성된 부근사진(浮根四塵)이 있고, 시각(視覺)현상을 실제로 인식(認識)하는 전자기적 작용(作用)을 하는 청정사대(淸淨四大)가 있다. 모든 육근(六根)은 이처럼 청정사대(淸淨四大)와 부근사진(浮根四塵)이라는 두 종류로 구성된다. 후자(後者)는 모습이 있으므로 검증이 가능한 부진근(浮塵根)이지만, 전자(前者)는 승의근(勝義根)으로 검증할 모습이 없다. 어느 것이 주인공인가?

먼저 '명암(明暗)이라는 두 가지 형상(形相)'이라는 구절은 안근(眼根)의 대상(對象)인 색진(色塵)을 말하고, '묘원(妙圓) 가운데서 맑음[湛]에 엉겨붙어서 보는 견(見)이 일어나고'는 각명(覺明)인 견성(見性)에서 보는 주체인 견정(見精)이 생기는 것을 말한다. '견정(見精)이 색(色)에 반영(反映)되어서 색진(色塵)을 맺어 안근(眼根)이 된다'는 구절은 견정(見精)에 적합한 감각기관인 안근(眼根)이 발생하는 과정을 설명한 구절이다. 여기서 말하는 안근(眼根)은 인식(認識)에서 시각현상을 알아보는 모든 감각기관을 총칭하는 단어이다.

[경(經)] 움직임과 고요함인 동정(動靜) 두 가지가 서로 부딪치면, 묘원(妙圓) 가운데서 맑음에 엉겨붙어서 소리를 듣는 청(聽)이 일어나고, 듣는 정기인 청정(聽精)이 소리에 반영(反映)되어서 소리를 둘둘 말아 이근(耳根)이 된다. 이근의 근본은 청정사대(淸淨四大)로서 이것을 귀의 바탕이라 한다. 그리고 새로 말린 잎처럼 생긴 귀는 사진(四塵)으로 된 부근(浮根)인데 소리를 따라 분주하게 쫑긋거린다.

[由動靜等, 二種相擊, 於妙圓中, 粘湛發聽, 淸淨映聲, 卷聲成根, 根元目爲淸淨四大, 因名耳體, 如新卷葉, 浮根四塵, 流逸奔聲]

《풀이》 이근(耳根)의 형성과정 이야기다. 동정(動靜)으로 생기는 소리라는 성진(聲塵)을 대상으로 문정(聞精)이 생기면서 이근(耳根)을 만든다. 원래 각명(覺明)한 영지(靈知)에 문성(聞性)이라는 자성본용(自性本用)이 있어서, 환경에 따라서 소리를 반연(攀緣)하는 문정(聞精)이 생긴다.

그 문정(聞精)에 따라서 그 환경에 적합한 이근(耳根)이 생긴다. 이근(耳根)은 그 몸이 인식(認識)과정에서 청각현상을 알아듣는 감각기관이다. 청정사대는 어디에 있는가?

[경(經)] 뚫림과 막힘인 통색(通塞) 두 가지가 서로 발동하면, 묘원(妙圓) 가운데서 맑음에 엉겨붙어서 냄새 맡는 후각(齅覺)이 일어나고, 냄새 맡는 정기인 후정(齅精)이 냄새에 반영되어서 냄새를 끌어 들여 비근(鼻根)이 된다. 비근의 근본은 청정사대(淸淨四大)로서 이것을 코의 바탕이라 하며, 그리고 얼굴 가운데 붙어 있는 코는 사진(四塵)으로 된 부근(浮根)인데 냄새를 따라서 분주하게 킁킁거린다.

[由通塞等, 二種相發, 於妙圓中, 粘湛發嗅, 嗅精映香, 納香成根, 根元目爲淸淨四大, 因名鼻體, 如雙垂爪, 浮根四塵, 流逸奔香]

《풀이》 비근(鼻根)의 형성과정 이야기다. 각명(覺明)한 영지(靈知)에 후성(嗅性)이라는 자성본용(自性本用)이 있어서, 냄새를 반연(攀緣)하는 후정(嗅精)이 생기면서 그것에 필요한 비근(鼻根)을 이룬다. 비근(鼻根)은 호흡하는 생리기관이지만, 인식(認識)에서는 후각(嗅覺)현상을 알아보는 감각기관이기도 하다. 코의 청정사대는 어느 부분인가?

[경(經)] 싱거움과 맛인 염변(恬變) 두 가지가 서로 엇갈리면, 묘원(妙圓) 가운데서 맑음에 엉겨붙어서 맛보는 미각(味覺)이 일어나고, 맛보는 정기인 상정(嘗精)이 맛에 반영되어서 맛을 농축(濃縮)하여 설근(舌根)이 된다. 설근의 근본은 청정사대(淸淨四大)로서 이것을 혀의 바탕이라 하며, 그리고 초승달같이 생긴 혀는 사진(四塵)으로 된 부근(浮根)인데 맛을 따라서 분주하게 짭

불교와 여래장

짭거린다.

[由恬變等, 二種相參, 於妙圓中, 粘湛發嘗, 嘗精映味,
絞味成根, 根元目爲清淨四大, 因名舌體, 如初偃月, 浮
根四塵, 流逸奔味]

《풀이》 설근(舌根)의 형성과정 이야기다. 각명(覺明)한 영지
(靈知)에 상성(嘗性)이라는 자성본용(自性本用)이 있어서, 맛을
반연하여 상정(嘗精)이 생기면서 그것에 상응하는 설근(舌根)
이 생긴다. 그 설근(舌根)과 미진(味塵)이 상대(相對)하면서 미
각(味覺)현상을 이룬다. 설근(舌根)은 먹는 마시는 생리기관이지
만, 인식(認識)에서는 미각(味覺)현상을 알아보는 감각기관이다.
실제로 맛을 인식하는 놈은 청정사대인가?

[경(經)] 떨어짐과 붙음인 이합(離合) 두 가지가 서로 마찰하면,
묘원(妙圓) 가운데서 맑음에 엉겨붙어서 촉각(觸覺)이 생기고,
느끼는 각정(覺精)이 접촉에 반영되어서 촉진(觸塵)을 잡아서
는 신근(身根)이 된다. 신근의 근본은 청정사대(清淨四大)로서
이것을 몸의 바탕이라 하며, 그리고 절구통 같은 몸통은 사진(四
塵)으로 된 부근(浮根)인데 접촉을 따라서 분주하게 움직인다.

[由離合等, 二種相摩, 於妙圓中, 粘湛發覺, 覺精映觸,
搏觸成根, 根元目爲清淨四大, 因名身體, 如腰鼓顙, 浮
根四塵, 流逸奔觸]

《풀이》 신근(身根)의 형성과정 이야기다. 각명(覺明)한 영지

(靈知)에 각성(覺性)이라는 자성본용(自性本用)이 있어서, 촉진
(觸塵)을 반연하여 각정(覺精)이 생기면서 환경에 적합한 피부
(皮膚)와 신근(身根)이 나타나고, 동시에 여러 가지 감각(感覺)
신경이 성립하고 접촉을 인식하는 촉각(觸覺)현상을 이룬다. 신
근(身根)은 인식(認識)에서 촉각(觸覺)현상을 알아보는 감각기
관이다.

[경(經)] 생김과 꺼짐인 생멸(生滅) 두 가지가 서로 계속하면, 묘
원(妙圓) 가운데서 맑음에 엉겨붙어서 지각(知覺)이 생기고, 지
정(知精)이 법진(法塵)에 반영되어서 법진을 잡아 <u>의근(意根)</u>이
된다. 의근의 근본은 청정사대(淸淨四大)로서 이것을 의사(意
思)라고 말하며, 그리고 어두운 방에서 보는 것과 같은 것이 부근
사진(浮根四塵)인데 법진(法塵)을 따라서 분주하게 흘러간다.

[由生滅等, 二種相續, 於妙圓中, 粘湛發知, 知精映法,
覽法成根, 根元目爲淸淨四大, 因名意思, 如幽室見, 浮
根四塵, 流逸奔法]

《풀이》 의근(意根)의 형성과정 이야기다. 각명(覺明)한 영지
(靈知)에 지성(知性)이라는 자성본용(自性本用)이 있어서, 생각
거리인 법진(法塵)을 반연하여 지정(知精)이 생기면서 의근(意
根)이 나타나고 그에 따라서 지각(知覺)현상이 일어난다. 문제는
의근(意根)의 주소(住所)가 어디냐 하는 것이다. 다른 감각기관
(感覺器官)은 육체의 표면(表面)에 있으나, 생각하는 주체인 뜻
[意]의 주소는 몸 안이냐? 몸 밖이냐? 알 수가 없다는 점이다. 현

대의학에 따르면, 두뇌(頭腦)가 의근(意根)인데, 그 크기에 따라서 동물들의 지능(知能)지수가 천차만별이다. 머리 안에 있어서 빛이 비치지 않으니 캄캄하다고, '어두운 방'[유실(幽室)]이라고 표현하고 있다. 이 두뇌는 부근사진(浮根四塵)이다. 그러면 뜻[意]의 청정사대(淸淨四大)는 어디에 있는가? 다른 오근(五根)과 마찬가지로 인식하는 주인공의 소재는 모르는가?

제3절 육근호용(六根互用)

[경(經)] 아난(阿難)아! 이 육근(六根)은, 저 각명(覺明)이 명각(明覺)을 밝히려고 하면서, 그 정료(精了)를 잃어버리고 망(妄)에 엉겨 붙어서 발광(發光)한 것이다.

[阿難！如是六根，由彼覺明，有明明覺，失彼精了，粘妄發光]

《풀이》 이 구절은, 본래 주객(主客)이 없는 청정한 각명(覺明)이 주객(主客)을 나투면서, 구체적으로 육근(六根)을 형성하는 원유(原由)와 성립과정을 간단하게 설명하고 있다. 즉 부루나장(富樓那章)에 나온 '성각필명 망위명각(性覺必明 妄爲明覺)'에서 시작하는 세계(世界)의 성립과정을 부연(敷衍)하면서 빠트린 내용인 육성(六性)과 육정(六精)과 육근(六根)의 전변(轉變)을 대강 설명한다.

'성각필명 망위명각(性覺必明 妄爲明覺)'을 여기에서는 "저

각명(覺明)이 명각(明覺)을 밝히려고 하여서 그 정료(精了)를 잃어버리고"라고 표현하고 있다. 시작은 무명(無明)인데 주객(主客)이 상대(相待)하면서, 진심(眞心)인 무연지(無緣知)는 숨고 식심(識心)인 반연심(攀緣心)이 전면(全面)에 나타나고 있다. "각명(覺明)이 망(妄)에 엉겨붙어서 발광(發光)한 것이다"는, 무연지(無緣知)에서 반연심(攀緣心)이 나타나는 과정을 설명하는 것인데, 각성(覺性)인 육성(六性)이 육정(六精)을 거쳐서 육근(六根)이 펼쳐지는 장면을 간단하게 서술하고 있다. 마치 맑은 하늘이 툭 트여 있는데, 홀연히 바람이 불면서 구름이 일어나더니 맑은 하늘을 가리우고, 이제는 구름만 보이는 것과 같다.

[경(經)] 그러므로 네가 이제 어둠과 밝음을 떠나면 보는 견(見)의 실체가 없고, 움직임과 고요함을 여의면 듣는 청(聽)의 성질이 없으며, 뚫림과 막힘이 없으면 냄새 맡는 후(嗅)의 성품이 없고, 싱거움과 맛이 아니면 맛보는 상(嘗)이 나오지 않으며, 떨어지지도 닿지도 않으면 접촉을 깨닫는 촉각(觸覺)이 없고, 생김과 꺼짐이 없으면 아는 요지(了知)가 없다.

[是以汝今, 離暗離明, 無有見體。離動離靜, 元無聽質。無通無塞, 嗅性不生。非變非恬, 嘗無所出。不離不合, 覺觸本無。無滅無生, 了知安寄]

《풀이》 여기서는 근진(根塵)인 지경(智境)이 상대(相待)하는 특징을 근거로 육정(六精)의 발생을 설명하고 있다. 즉 안근(眼根)인 견정(見精)은 대상(對象)인 색공(色空)을 상대하여야 비로소 보는 주체인 견체(見體)가 된다고 설명한다. 상분(相分)인 색 공이 없으면 견분(見分)인 견정(見精)이란 것도 없다는 이야기다. 보통 인식하는 주체는 지(智)라 하고 그 객체는 경(境)이라 부르는데, 지경(智境)은 서로 상대(相待)하고 상종(相從)한다. 근(根)이나 진(塵)이 어느 한 쪽만 존재할 수는 없다는 이야기다. 즉 근진(根塵)은 상대(相待)하여야 존재하고, 일방(一方)만 있는 경우는 없다. 시각현상의 견정(見精)뿐 아니라 문정(聞精)·후정 (嗅精) 등의 육정(六精)도 모두 이와 같다.

[경(經)] 네가 이러한 동정(動靜)·이합(離合)·염변(恬變)·통색(通塞)·생멸(生滅)·명암(明暗) 따위의 12가지 유위상(有爲相)에 끄달리지 말고, 마음대로 하나의 근(根)을 골라서, 그것에 엉겨붙은 것을 제거하고 안으로 굴복시켜, 원진(元眞)으로 되돌아가 그 본명요(本明耀)가 드러나게 하여라. 밝은 성품인 요성(耀性)이 발명(發明)하면, 나머지 오근(五根)에 엉겨붙어 있던 것들도 저절로 모두 다 원만히 해탈(解脫)하게 된다.

[汝但不循, 動靜·合離·恬變·通塞·生滅·暗明。如是十二 諸有爲相, 隨拔一根, 脫粘內伏, 伏歸元眞, 發本明耀, 耀性發明。諸餘五粘, 應拔圓脫]

《풀이》 '하나의 근(根)을 골라서 그것에 엉겨 붙은 것을 제거하고 안으로 굴복시켜라'는 구절은, 상대(相對)되는 육진(六塵)의 모습에 끄달리는 반연심(攀緣心)을 버리고, 육근(六根)을 회광반조(廻光返照)하라는 말이다. '본래의 참된 상태인 원진(元眞)으로 되돌아가 그 본명요(本明耀)가 드러나게 하여라'는 구절은 육성(六性)의 근본인 각명(覺明)으로 돌아가서 본래의 명요(明耀)가 작용한다는 이야기다. 즉 육진(六塵)경계(境界)에 끄달리지 말고, 안으로 육정(六精)과 육성(六性)을 반조(返照)하는 수행법을 권장한다. 그리고 원진(元眞)으로 돌아가면 드러난다는 이 본명요(本明耀)는 진심(眞心)인 묘각명심(妙覺明心)의 성자신해(性自神解)하는 영지(靈知) 그것이다.

이렇게 수행하여 원진(元眞)인 요성(耀性)이 발명(發明)하면, 나머지 오근(五根)들의 본명요(本明耀)도 본래 같은 근본인지라 저절로 나타난다. 즉 육근(六根)의 육성(六性)이 알고 보면 하나인 명요(明耀)이니, 하나만 완성하면 나머지 다섯 개도 같이 원만히 해탈(解脫)하게 된다고 한다.

[경(經)] 경계(境界)인 전진(前塵)을 반연하여 일어난 지견(知見)에 얽매이지 않으면, 명(明)이 근(根)을 따라서 생기지 않고, 근(根)에 기탁(寄託)해서 명(明)을 발휘하므로, 자연히 육근(六根)이 서로 호용(互用)을 한다.

[不由前塵, 所起知見, 明不循根, 寄根明發, 由是六根, 互相爲用]

《풀이》 반연심(攀緣心)을 쓰지 않고, 본명요(本明耀)를 사용하면, 본명요(本明耀)인 영지(靈知)가 드러나면서 마음이 근(根)에 기탁(寄託)해서 저절로 무연지인 각명(覺明)을 발휘한다는 설명이다. 경계와 육근(六根)에 끄달리지 않고 각명(覺明)이 성자신해(性自神解)하는 것을, 지금 '명불순근 기근명발(明不循根 寄根明發)'이라고 표현한다.

이렇게 육근(六根)육진(六塵)에 의지하지 않고, 그것을 초탈하게 되면, 본명요(本明耀)가 드러나면서 육근호용(六根互用)이 된다는 말이다. 즉 육근호용(六根互用)이 되면, 일근(一根)의 명요(明耀)만 가지고도 견문각지(見聞覺知)를 모두 구사(驅使)하게 된다는 설명이다.

[경(經)] 아난(阿難)아! 너도 알고 있듯이, 이 모임에 있는 아나율타(阿那律陀)는 눈이 없으면서도 보고, 발난타(跋難陀)용(龍)은 귀가 없어도 듣고, 긍가(殑伽)여신(女神)은 코가 없어도 향기를 맡고, 교범발제(憍梵鉢提)는 혀가 같지 않은데도 맛을 안다. 순야다(舜若多)신(神)은 몸뚱이가 없건만 촉각이 있는데 그는 여래의 광명에 비치어서 잠깐 나타나지만 그 체질이 바람이므로 몸이 본래 없다. 멸진정(滅盡定)에 들어서 적적(寂寂)한 성문(聲聞)인 마하가섭(摩訶迦葉) 같은 이는 의근(意根)이 벌써부터 없어졌지만, 마음과 생각을 사용하지 않고도 원명(圓明)하게 잘 안다.

[阿難! 汝豈不知, 今此會中, 阿那律陀無目而見; 跋難陀龍無耳而聽; 殑伽神女非鼻聞香; 憍梵鉢提異舌知味; 舜若多神無身有觸, 如來光中映令暫現, 既爲風質其體元無; 諸滅盡定得寂聲聞, 如此會中摩訶迦葉, 久滅意根, 圓明了知, 不因心念]

《풀이》 육근(六根)에 구애되지 않고 각명(覺明)으로 영지(靈

知)하는 본명요(本明耀)를 활용하는 사례(事例)로 제자(弟子)들의 신통(神通)을 설명한다. 특히 마하가섭(摩訶迦葉)은 멸진정(滅盡定)에 들어서 적적(寂寂)하므로 이미 의근(意根)이 없으나, 마음과 생각을 사용하지 않고도 원명(圓明)하게 요지(了知)한다고 설명은 중요한 부분이다. 보통은 제6식인 의근(意根)이 요지(了知)하는 기능(機能)인데, 육근(六根)이 호용(互用)하면 의근(意根)이 없어도 각명(覺明)인 영지(靈知)가 저절로 요지(了知)한다는 말이다. 본래의 명요(明耀)가 성자신해(性自神解)하는 사례(事例)를 구체적으로 보여주면서 육근효용의 중요성을 강조한다.

[경(經)] 아난(阿難)아! 이제 네가 만약 모든 근(根)을 원만하게 뽑아버리면, 안으로 밝아서 빛을 발하여, 이러한 부진(浮塵)과 기세간(器世間)의 모든 변화상(變化相)들이 끓는 물에 얼음 녹듯이, 생각에 응(應)하여 무상지각(無上知覺)을 이루게 된다.

[阿難！今汝諸根, 若圓拔已, 內瑩發光, 如是浮塵及器世間, 諸變化相, 如湯銷氷, 應念化成無上知覺]

《풀이》 육근(六根)을 의지하지 않고 그 원진(元眞)으로 되돌아가면, 그 본래의 명요(明耀)가 드러나고, 육진(六塵)인 경계(境界)가 사라진다. 근진(根塵)이 함께 사라지면 주객(主客)이 없어서 자연스레 무상지각(無上知覺)을 성취하게 된다고 한다. 육근호용과 같은 신용묘용이 저절로 나타나면 공부가 원숙한 증거다.

불교와 여래장

제4절 각명(覺明)을 직지(直指)함

[경(經)] 아난(阿難)아! 마치 저 세간에서 사람들이 견(見)을 눈에 모았다가, 갑자기 눈을 감으면 어두운 모습이 앞에 나타나서 모든 육근(六根)이 캄캄하여 머리와 발까지도 캄캄하다.

[阿難！如彼世人, 聚見於眼, 若令急合, 暗相現前, 六根黯然, 頭足相類]

《풀이》 "견(見)을 눈에 모았다가, 갑자기 눈을 감으면" 하는 구절은 견정(見精)을 사용하지 않는 경우를 말한다.

원래 안식(眼識)은 견정이라는 지(智)와 명암(明暗)이라는 경계가 상대(相待)하여야 연기(緣起)하는 것이니, 만약 눈을 감으면 캄캄하여 암상(暗相)이 현전(現前)할 뿐이다.

지금 "안근(眼根)과 밝음을 사용하지 않으면 알아보지 못하는가?"라는 문제(問題)를 제기한다. 부처님은 육근호용(六根互用)을 설명하시고는, 그렇다면 "안근(眼根)과 광명(光明)을 빌리지 않고서도 능히 대상을 알아보는가?" 하는 의문에 대하여 미리 설명하려는 것 같다.

[경(經)] 그러나 그 사람이 손으로 몸을 두루 만져보면, 그가 비록 눈으로 보지는 못하지만, 머리와 발을 낱낱이 분별하여 지각(知覺)하여 '아는 것'은 밝을 때와 같을 것이다.

[彼人以手循體外繞, 彼雖不見, 頭足一辯, 知覺是同]

《풀이》 눈을 감고 있어도 손으로 만져보면 몸이 어떻게 생겼는지 알아볼 수가 있다는 이야기다. 견정(見精)을 사용하지 않아도, 촉정(觸精)으로도 능히 머리나 발을 인식할 수 있으니, 알아보는 것은 견성(見性)이 아닌 촉각성(觸覺性)으로도 가능하다는 설명이다. 각명(覺明)인 영지(靈知)가 육근(六根)에 의지하면 육성(六性)으로 나타나지만, 육성(六性)이 인식하여 알아보는 작용은 각명(覺明)인 영지(靈知) 그것이 성자신해(性自神解)한다는 뜻이다.

[경(經)] 반연(攀緣)하여 보는 견(見)은 밝음을 조건(條件)으로 삼으므로, 어두우면 볼 수 없다.
[緣見因明, 暗成無見]

《풀이》 안식(眼識)은 견정(見精)이란 지(智)가 밝음이란 경(境)을 반연(攀緣)하여 생긴다. 즉 안식(眼識)은 대상(對象)에서 반사하는 빛이 있어야만 성립하고, 빛이 없으면 시각현상이 없다는 말이다. 사람들은 어두우면 보통 보이지 않는다거나 볼 것이 없다고 표현하지만, 그러나 어두움이라는 암상(暗相)은 없지 않다.

[경(經)] 밝지 않아도 저절로 발동(發動)함은, 모든 암상(暗相)들이 영원히 혼미(昏迷)하게 할 수 없다. 그러므로 육근(六根)과 육진(六塵)이 다 녹으면 어찌 각명(覺明)이 원묘(圓妙)함을 이루지 않겠느냐."

[不明自發, 則諸暗相, 永不能昏。根塵既銷, 云何覺明,
不成圓妙]

《풀이》 '여기서 '불명자발(不明自發)'이라는 구절은 해석이 서
로 엇갈리고 있다. 탄허스님은 "명(明)치 않아도 스스로 발(發)
한다면", 운허스님은 "명(明)이 아니라도 스스로 깨달음이 생긴
다면", 각성스님은 "밝지 아니한 것을 스스로 개발하게 되면"으
로 새기되「암중(暗中)의 지각(知覺)」이라고 푼다. 그러나 앞에
서 '어두워도 손으로 만져서 아는 것'이란, 본래 각명(覺明)이 갖
춘 성자신해(性自神解)인 영지(靈知)가 상지(常知)인 줄 인정한
다면, "스스로 개발하거나", "스스로 발(發)하거나", "스스로 깨
달음이 생기거나"가 모두 같은「암중(暗中)의 지각(知覺)」이라
는 내용이라고 하겠다.

　　따라서 '불명(不明)'이란 밝음이 없는 경우를 말하고, '자발
(自發)'이란 각명(覺明)이 저절로 성자신해(性自神解)함을 말한
다.「불명(不明)해도 자발(自發)함」은 '밝지 않아도 저절로 발동
(發動)함'이니, 어두울 때에도 암상(暗相)을 저절로 알아보는 영
지(靈知)가 있다는 것을 강조하는 구절이다. 즉 각명(覺明)이 성
자신해(性自神解)하여 삼라만상(森羅萬象)을 항상 모두 알아차
린다는 것을 말한다. 육근(六根)에 의지하면, 캄캄하면 못 보지
만, 각명(覺明)이 성자신해(性自神解)하여 암상(暗相)도 저절
로 알아본다는 이야기다. 즉 각명(覺明)인 영지(靈知)는 원래 성
자신해(性自神解)하므로 설사 근진(根塵)을 빌리지 않아도 원명
(圓明)하게 요지(了知)한다는 설명이다.

중생들은 항상 경계(境界)에 끄달리는 반연심(攀緣心)에 익숙하기 때문에, 각명(覺明)의 성자신해(性自神解)하는 영지(靈知)를 알지 못한다. 그래서 만약 근진(根塵)이 없어지면, 아무 현상(現象)도 없는 세계를 상상(想像)하기 쉽다. 이러한 중생들의 망상(妄想)을 깨트리고자 각명(覺明)이 본래 성자신해(性自神解)해서 주객(主客)이 없어도 영지(靈知)하다는 설명을 하시고 있다. 앞에 육근호용(六根互用)에서 나온 아나율타의 천안통(天眼通), 발난타용(龍)의 천이통(天耳通)과, 긍가여신(女神)과 교범발제와 순야다신(神)의 이야기와 마하가섭 이야기는, 육근(六根)이 호용(互用)하는 이른바 불명자발(不明自發)의 대표적인 예(例)이다. 이렇게 우리는 각명(覺明)하므로, 원래 빛이 없어도 저절로 밝게 아는 놈이어서, 근진(根塵)이 없어도 '불명자발(不明自發)'이다. 그래서 성자신해(性自神解)하는 진심(眞心)을 무연지(無緣知)라고 부른다. 만약 각종 경계(境界)에 끄달리는 반연심(攀緣心)을 여의어서, 성자신해(性自神解)한 무연지(無緣知)를 알면 저절로 육근호용(六根互用)이 된다는 말씀이시다. 만약 여기서 영가(永嘉)대사가 강조하신 무연지(無緣知)를 분명하게 알아차린다면, 앞에 나온 무공용(無功用)과 무희론(無戲論)인 무루업(無漏業)의 의취(意趣)를 저절로 알 수 있다.

[경(經)] 아난(阿難)이 부처님께 사뢰었다.

"세존(世尊)이시여, 부처님께서 말씀하시기를, 「처음 수행을 시작할 때 인지(因地)의 각심(覺心)으로 상주(常住)를 구하려 하면, 반드시 과위(果位)의 명목(名目)과 서로 상응(相應)해야 한

불교와 여래장

다.」고 하셨습니다.

세존이시여! 이 과위(果位) 가운데 보리(菩提)·열반(涅槃)·진여(眞如)·불성(佛性)·암마라식(庵摩羅識)·공여래장(空如來藏)·대원경지(大圓鏡智)라는 일곱 가지가 명칭(名稱)은 비록 다르나, 청정(淸淨)하고 원만(圓滿)하여 그 체성(體性)이 단단하고 튼튼함이 금강왕(金剛王)처럼 상주(常住)하여 무너지지 않습니다.

[阿難白佛言 :「世尊! 如佛說言, 因地覺心, 欲求常住, 要與果位, 名目相應。世尊! 如果位中, 菩提·涅槃·眞如·佛性·菴摩羅識·空如來藏·大圓鏡智, 是七種名, 稱謂雖別, 淸淨圓滿, 體性堅凝, 如金剛王, 常住不壞]

《풀이》 공부를 시작하는 전에 인지각심(因地覺心)과 공부하여 얻을 칠상주과(七常住果)가 서로 상응(相應)해야 한다는 설명이다. 그 상주과(常住果)란 어떤 것을 말하는가? 상주(常住)하여 무너지지 않는 과보(果報)를 말하니, 청정(淸淨)하고 원만(圓滿)한 것이 일곱 가지나 있을까? 보리는 각명(覺明)이고, 열반은 청정(淸淨)이고, 진여는 <기신론>에 나오고, 불성은 <열반경>에 나오고, 대원경지는 <해삼밀경>에 나오고, 암마라식은 백정무구(白淨無垢)한 제9식이다. 결국 청정각명의 이칭(異稱)이라고 해도 무방할 것이다. 인지각심(因地覺心)이 상주(常住)하여 무너지지 않아야만 상주(常住)하는 일곱 가지 과보(果報)를 얻게 된다는 말이다.

[경(經)] 보고 듣는 견청(見聽)이 명암(明暗)·동정(動靜)·통색(通

塞)을 떠나면 결국 그 자체가 없는 것이, 마치 생각하는 마음이 대상(對象)인 전진(前塵)을 여의면 본래 없는 것과 같습니다. 이렇게 결국에는 단멸(斷滅)하는 것을 가지고 수행(修行)의 인(因)을 삼는다면, 어떻게 여래(如來)의 불멸(不滅)하는 칠상주과(七常住果)를 얻을 수가 있겠습니까?

[若此見聽，離於暗明·動靜·通塞，必竟無體。猶如念心，離於前塵，本無所有。云何將此畢竟斷滅，以爲修因，欲獲如來七常住果]

《풀이》 아난(阿難)이 다시 질문한다. 지경은 항상 상대(相待)하므로 경(境)이 없으면 지(智)가 없다. 경계(境界)가 없으면 육정(六精)도 없다면, 인연따라 기멸하는 경계(境界)를 상대하는 육정(六精)도 단멸(斷滅)하는 것이다. 그런 단멸(斷滅)하는 육정(六精)으로는 상주(常住)하는 불과(佛果)를 얻을 수가 없다는 주장이다. 상주하는 각명의 무연지라야 상주하는 칠상주과와 상응할 수 있다.

[경(經)] 세존이시여! 밝음과 어둠을 여의면 보는 견(見)이 필경에 공허한 것이, 마치 대상(對象)인 전진(前塵)이 없으면 생각의 자성(自性)이 없어지는 것과 같습니다. 아무리 자세하게 추구(推求)하여 보아도, 제 마음과 심소(心所)가 본래 없는데, 무엇으로 인(因)을 삼아서 무상각(無上覺)을 구할 수가 있겠습니까.
만약 여래께서 앞서 말씀하신 「맑고 정밀한 것이 원만하고 항상(恒常)하다.」고 하신 것이 진실(眞實)한 말씀이 아니어서 희론

불교와 여래장

(戲論)이라면, 어떻게 여래를 진실(眞實)한 말씀만 하시는 분이라고 하오리까. 원컨대 대자대비를 베푸시어 저의 어리석음을 열어 주십시오."

[世尊! 若離明暗, 見畢竟空, 如無前塵, 念自性滅。進退循環微細推求, 本無我心及我心所, 將誰立因, 求無上覺。如來先說, 湛精圓常, 違越誠言, 終成戲論。云何如來眞實語者。惟垂大慈開我蒙悋]

《풀이》 제법무아(諸法無我)를 강조하면서 진심(眞心)을 부인(否認)하는 단멸론(斷滅論)이 등장하고 있다. 아난(阿難)이 여기서 "대상(對象)인 전진(前塵)이 없으면 생각의 자성(自性)이 없어지는 것과 같다"는 「여무전진 염자성멸」(如無前塵 念自性滅)이 생각나면서, 문득 제법무아(諸法無我)를 근거로, 「무아(無我)이니 각명(覺明)도 없다」는 단멸론(斷滅論)에 빠졌다. 제행무상(諸行無常) 제법무아(諸法無我)를 배운 사람들이 공리(空理)를 터득하는 과정에서 이렇게 단멸론(斷滅論)에 기울어지는 경우가 허다하다. 그것은 아직 청정각명(淸淨覺明)한 진심(眞心)을 제대로 이해하지 못하여, 청정(淸淨)과 각명(覺明)의 의미를 조금밖에 모르기 때문이다. 그런 경우는 대부분 마음의 이중성(二重性)을 알지 못하여, 청정(淸淨)이라는 확연(廓然)탕활(蕩豁)만 조금 이해하거나, 각명(覺明)인 성자신해(性自神解)를 전혀 모르기 때문이다.

　앞에 나온 변견지심(辯見指心)법문에서 견성(見性)을 밝히면서 진심(眞心)의 각명(覺明)을 분명하게 설명했다. 그러나 아직도 청정(淸淨)각명(覺明)의 이름만 알 뿐이고, 진심(眞心)을 제대로 알지 못하는 사람이 많다. 아난(阿難)이 이들을 위하여 짐짓 단멸(斷滅)을 방편으로 하여, 진심(眞心)을 직지(直指)하는 법문을 다시 청(請)한 것으로 보인다.

제5절 문성(聞性)을 직지(直指)함

[경(經)] 부처님께서 아난(阿難)에게 말씀하셨다.

"네가 많이 듣는 다문(多聞)만 좋아하고 모든 번뇌를 끊지 못하였으므로, 마음에 뒤바뀐 원인(原因)만을 알고, 진짜 전도(顚倒)가 눈앞에 있는 것은 모르고 있구나. 네가 아직도 내 말을 성심(誠心)으로 믿지 않는 것 같으니, 내가 이제 이 세상의 사물(事物)로 실례(實例)를 들어서 네 의심을 제거해 주겠노라."

[佛告阿難:「汝學多聞, 未盡諸漏, 心中徒知顚倒所因, 眞倒現前, 實未能識, 恐汝誠心, 猶未信伏, 吾今試將塵俗諸事, 當除汝疑」]

《풀이》 "마음에 뒤바뀐 원인(原因)만을 알고, 진짜 전도(顚倒)가 눈앞에 있는 것은 모르고 있다"는 말은 성자신해(性自神解)의 의미를 몰라서 아직도 견성(見性)하지 못한 대중(大衆)들을 가리킨 설명이다. 앞에서 이미 경안(輕安)을 얻은 대중들은 단멸(斷滅)과 상주(常住)를 여의고, 이미 청정(淸淨)과 각명(覺明)이라는 이중성(二重性)을 초탈(超脫)하였으니 의심이 남아 있을 수가 없다.

[경(經)] 이때 여래(如來)께서 라후라(羅睺羅)를 시켜서 종(鐘)을 한 번 치게 하시고, 아난(阿難)에게 물으셨다.

"네가 지금 듣느냐."

아난과 대중들이 함께 대답하였다.

"예, 듣습니다."

[卽時如來, 勅羅睺羅, 擊鍾一聲。問阿難言:「汝今聞不?」。阿難大衆俱言:「我聞」]

《풀이》 앞에서는 변견지심(辯見指心)법문을 활용하시더니, 이제 와서는 문성(聞性)을 통하여 각명(覺明)을 직지(直指)하는 법문을 펼치기 시작한다.

[경(經)] 종소리가 그치고 소리가 사라지자, 부처님께서 또 물으셨다.

"네가 지금 듣느냐."

아난과 대중이 함께 대답했다.

"듣지 못합니다."

그때 '라후라'가 또 종(鐘)을 한 번 쳤고, 부처님께서 또 물으셨다.

"네가 지금 듣느냐."

아난과 대중이 또 말했다.

"모두 듣습니다."

부처님께서 아난(阿難)에게 물으셨다.

"너는 어떤 것을 듣는다고 하고, 어떤 것을 못 듣는다고 하느냐."

아난과 대중이 함께 대답했다.

　"종(鐘)을 쳐서 소리가 나면 저희들이 듣고, 종을 치고 시간이
지나서 종소리와 메아리가 모두 사라지면 못 듣는다고 합니다."

[鍾歇無聲, 佛又問言:「汝今聞不？」。阿難大衆俱言:「不
聞」。時, 羅睺羅, 又擊一聲。佛又問言:「汝今聞不？」。
阿難大衆又言:「俱聞」。佛問阿難:「汝云何聞, 云何不
聞」。阿難大衆, 俱白佛言:「鍾聲若擊則我得聞, 擊久聲
銷音響雙絶, 則名無聞]

《풀이》 종소리가 나면 문정(聞精)이 나타나서 종소리를 듣고,
종소리가 사라지면 문정(聞精)도 같이 없어지고 마는가? 아니다.
문정(聞精)인 문성(聞性)은 상주(常住)하고 있다. 종소리가 아닌
다른 소리도 듣고, 또 고요한 침묵(沈默)도 듣는다.

[경(經)] 부처님께서 또 라후라(羅睺羅)를 시켜서 종(鐘)을 치게
하시고, 아난(阿難)에게 물으셨다.
　"지금 소리가 나느냐."
아난(阿難)과 대중이 함께 대답하였다.
　"소리가 있습니다."
잠깐 있다가 소리가 사라지니 부처님께서 또 물으셨다.
　"지금도 소리가 나느냐."
아난(阿難)과 대중이 함께 대답하였다.
　"소리가 없나이다."

　　　　　　　　　　　　　　　　　　불교와 여래장

조금 있다가 라후라(羅睺羅)가 다시 종(鐘)을 쳤다.

그리고 부처님께서 또 물으셨다.

"너희들, 지금 소리가 나느냐."

아난(阿難)과 대중이 함께 대답하였다.

"소리가 있나이다."

부처님께서 아난(阿難)에게 물으셨다.

"너는 어떤 것을 <u>소리가 난다</u>고 하고, 어떤 것을 <u>소리가 없다</u>고 하느냐."

아난(阿難)과 대중이 같이 사뢰었다.

"종을 쳐서 소리가 나면 그것을 소리가 있다 하고, 오래되어 종 소리와 메아리가 없어지면 소리가 없다고 합니다."

[如來, 又勅羅睺擊鍾. 問阿難言:「爾今聲不?」. 阿難言:「聲」. 少選聲銷, 佛又問言:「爾今聲不?」. 阿難大衆答言:「無聲」. 有頃, 羅睺更來撞鍾. 佛又問言:「爾今聲不?」. 阿難大衆俱言:「有聲」. 佛問阿難:「汝云何聲, 云何無聲」. 阿難大衆, 俱白佛言:「鍾聲若擊, 則名有聲, 擊久聲銷, 音響雙絶, 則名無聲]

《풀이》 이것은 종소리의 <u>유무(有無)</u>를 구별하는 장면이다. 라후라(羅睺羅)의 행동을 따라 종소리가 출몰(出沒)하지만, 아난(阿難)의 문정(聞精)은 상주(常住)하여 항상 열려 있다는 걸 모르구나!

[경(經)] 부처님께서 아난(阿難)과 대중에게 말씀하셨다.

"너희들이 어찌하여 말을 이랬다, 저랬다 하느냐."

대중들과 아난(阿難)이 함께 부처님께 여쭈었다.

"저희들이 무엇을 '이랬다, 저랬다' 하였습니까."

부처님께서 말씀하셨다.

"내가 「너희들이 듣느냐?」 하고 물으면 너희는 「듣는다.」고 말하고, 또 「소리가 나느냐?」고 물으면 「소리가 난다.」고 말하니, 먼저는 "듣는다" 하고, 뒤에는 "소리가 난다"고 대답(對答)하여 그 대답이 일정하지 않으니, 이것이 「이랬다, 저랬다.」 하는 것이 아니냐.

[佛語阿難及諸大衆 :「汝今云何自語矯亂」。大衆阿難, 俱時問佛 :「我今云何名爲矯亂 ?」。佛言 :「我問汝聞, 汝則言聞, 又問汝聲, 汝則言聲。惟聞與聲, 報答無定, 如是云何不名矯亂]

《풀이》 소리가 들려도 소리가 없어도, 문성(聞性)은 상주(常住)하고, 문정(聞精)은 항상 열려 있다네.

[경(經)] 아난(阿難)아! 종소리가 사라지고 메아리도 없는 때에, 너는 「들음이 없다.」고 말하는데, 참으로 들음이 없다면 너의 문성(聞性)이 아주 없어져서 고목(枯木)과 같을 것인데, 종을 다시 칠 때 종소리를 네가 어떻게 알아들을 수가 있느냐. 종소리가 '있음'을 알고, 또 종소리가 '없음'을 아는 것은, 소리가 '있다', '없다' 하는 것이지, 어떻게 너의 문성(聞性)이 '있다', '없다' 하겠느냐. 듣는 문(聞)이 참으로 없다면, 무엇이 소리가 없는 줄을 아느냐.

[阿難 ! 聲銷無響, 汝說無聞, 若實無聞, 聞性已滅同于

불교와 여래장

枯木, 鐘聲更擊, 汝云何知, 知有知無。自是聲塵, 或無
或有, 豈彼聞性, 爲汝有無, 聞實云無, 誰知無者]

《풀이》 문성(聞性)이나 문정(聞精)은 상주(常住)한다. 소리가
없어도 문정(聞精)은 '없는 소리'인 정적(靜寂)도 능히 듣는다.
그렇기 때문에 소리의 유무(有無)를 항상 안다.

[경(經)] 그러므로 아난(阿難)아! 듣는 문(聞) 가운데서 '종소리'
가 났다 없어졌다 하는 것이지, 너의 문성(聞性)이 종소리가 나
면 있고 종소리가 사라지면 없어지는 것은 아니다.
네가 아직도 잘못 알고서 '종소리'를 '문성(聞性)'이라고 착각하
고 있으므로, 어리석게 '상주(常住)'를 '단멸(斷滅)'이라고 잘못
보고 있다.
그러므로 「동정(動靜)과 폐색(閉塞)과 개통(開通)을 여의면 문성
(聞性)이 없다」고 말할 수가 없다.
[是故, 阿難！聲於聞中, 自有生滅, 非爲汝聞, 聲生聲
滅, 令汝聞性, 爲有爲無。汝尙顚倒, 惑聲爲聞, 何怪
昏迷, 以常爲斷。終不應言, 離諸動靜, 閉塞開通, 說
聞無性]

《풀이》 문성(聞性)은 각명(覺明)인 영지(靈知)가 나툰 육성(六
性)중 하나인지라 항상 성자신해(性自神解)하다. 이 문성(聞性)
은 나머지 오성(五性)이 어디에 몰두하고 있든지 상관없이 항상
분명하게 신해(神解)한다. 명료(明了)의식인 때는 물론이고, 몽

중(夢中)이나 정중(定中)의식에 잠겨 있을 적에도 항상 성자신해(性自神解)하다. 소리는 인연(因緣)따라 생기지만 이 문성(聞性)과 문정(聞精)은 기멸(起滅)이 없어도 상주(常住)한다.

[경(經)] 마치 깊이 잠든 사람이 침상(寢牀)에서 자고 있는데, 그 집안사람이 다듬이질을 하거나 방아를 찧으면, 그 사람이 잠결에 그 소리를 듣고는 다른 소리로 생각하여 「북을 치는구나」,「종(鐘)을 치는구나」라고 착각하거나, 꿈속에서 「종소리가 어째서 나무나 돌을 치는 소리 같을까?」 하고 이상하게 여기다가, 문득 깨어나서 그것이 다듬이질이나 방아 찧는 소리인 줄 알면, 식구들에게 말하기를 「내가 꿈에 이 절구로 찧는 소리를 북소리로 잘못 들었다.」고 할 것이다.

[如重睡人, 眠熟床枕, 其家有人於彼睡時, 擣練舂米, 其人夢中聞舂擣聲, 別作他物, 或爲擊鼓, 或復撞鍾, 卽於夢時, 自怪其鍾爲木石響, 於時忽寤, 遄知杵音, 自告家人 :「我正夢時, 惑此舂音將爲鼓響」]

《풀이》 잠결에 소리의 정체를 제대로 알지 못한 것은, 문정은 상주하는데, 숙면(熟眠)중에 제6의식(意識)이 혼미한 탓이다. 몽중(夢中)의식이라도 그 소리가 있는 줄을 알아듣는 것은 문성(聞性)이고 문정은 자나 깨나 상주(常住)하기 때문이다.

[경(經)] 아난(阿難)아! 이 사람이 꿈속에서 동정(動靜)과 폐색(閉塞)과 개통(開通)을 어떻게 기억하겠느냐. 그 몸은 잠을 잤으

불교와 여래장

나, 소리를 들을 줄 아는 문성(聞性)은 혼매(昏昧)하지 않았다. 설사 네 몸이 죽어서 없어지고 명줄이 사라진다고 하더라도, 이 들을 줄 아는 문성(聞性)이야 어찌 없어지겠느냐.

[阿難! 是人夢中豈憶靜搖, 開閉通塞, 其形雖寐, 聞性 不昏。縱汝形銷, 命光遷謝, 此性云何爲汝銷滅]

《풀이》 문성(聞性)은 각명(覺明)인 영지(靈知)가 이근(耳根) 을 통하여 알아듣는 작용을 말한다. 여기서는 문성(聞性)이 상주 (常住) 부동(不動)하는 것임을 종소리를 가지고 자세하게 논증 (論證)하신다. 문성(聞性)이 상주(常住)한다면 동시에 각명(覺明)인 영지(靈知)도 상주(常住)한다. 그렇다면 꿈을 꾸지 않은 숙면(熟眠) 중에도 소리를 감지(感知)하는 문성(聞性)은 상주(常住)한다는 이야기가 된다. 다만 숙면(熟眠)으로 제6의식(意識)이 요지(了知)작용을 못하므로 종소리를 분별하지 못해서 모를 뿐이다.

이 법문은 견성(見性)과 문성(聞性)을 통하여 진심(眞心)을 직지(直指)한 최상승(最上乘)법문이다. 학인(學人)들이 재삼 정독(精讀)하여 유념(留念)해야 할 법문이다.

제6절 진수(眞修)를 밝히다

[경(經)] 모든 중생들이 무시(無始) 이래(以來)로 빛깔과 소리에 끄달려서 생각을 쫓아서 유전(流轉)하였으므로, 본래의 성품이

깨끗하고 묘하고 항상(恒常)하다는 성정묘상(性淨妙常)을 깨닫
지 못하였다. 그리하여 항상(恒常)함을 따르지 않고 생멸(生滅)
만 따라다니면서 세세(世世) 생생(生生)에 섞이고 물들어서 유전
(流轉)하는 것이다.

[以諸衆生, 從無始來, 循諸色聲, 逐念流轉, 曾不開悟
性淨妙常。不循所常, 逐諸生滅, 由是生生, 雜染流轉]

《풀이》 중생들이 현실(現實)이라는 세계(世界)에 윤회하는 연
유(緣由)를 설명하고 있다. 성(性)을 모르고 상(相)에 끄달리고
있기 때문에 윤회(輪廻)한다는 말이다. 중생은 청정각명(淸淨覺
明)한 상주진심(常住眞心)을 알지 못하므로, 무명(無明)을 따라
서 주객(主客)을 두고서 항상(恒常) 생멸(生滅)만 따라다니기 때
문이다.

[경(經)] 만약 생멸(生滅)을 버리고 참되고 영원한 진상(眞常)을
지키면, 상광(常光)이 앞에 나타나서 근진식(根塵識)의 마음이
즉시에 소멸하여 없어진다.

[若棄生滅, 守於眞常, 常光現前, 塵根識心應時銷落]

《풀이》 '생멸(生滅)을 버리고'는 아공(我空)과 법공(法空)을 요
달하여 온갖 모습에서 벗어난 것이고, '참되고 영원한 진상(眞常)
을 지키면'은 청정각명(淸淨覺明)을 깨달아 지킨다는 것이다. 여
기서 '상광(常光)이 앞에 나타나서 육근(六根)과 육진(六塵)과 육
식(六識)이 저절로 없다'는 말은, 각명(覺明)인 상광(常光)이 안

전(眼前)에 분명(分明)하여 18계(界)인 환화상(幻化相)이 전혀 무가애(無罣礙)함을 말한다.

이 법문은 최상(最上)근기가 언하(言下)에 돈오(頓悟)하고 수행(修行)하는 진수(眞修)공부를 간단하게 설명하시는 내용이다. 누가 최상근기인가? 전생(前生)에 공부가 많이 진척된 사람이라야 최상근기다. 전생(前生)에 이미 지상(地上)에 오른 수행자라면, 후생에 시절인연을 만나서 한번 승의제(勝義諦)를 듣고 언하(言下)에 대오(大悟)한다. 전생에 공부한 공력(功力)이 적으면, 결코 돈오(頓悟)할 수 없다는 말인가? 세존(世尊)은 승의제(勝義諦)를 비유를 통하여 알아차리면, 누구나 시절인연(時節因緣)을 만나 견성(見性)할 수 있다고 하였다. 만약 진수(眞修)공부가 부적합한 경우에는, 연수(緣修)공부로 점수(漸修)하는 수밖에 없다.

[경(經)] 상상(想相)이 육진(六塵)이고, 식정(識情)이 구염(垢染)이다. 이 두 가지를 멀리 여의면, 네 법안(法眼)이 즉시에 맑게 밝아질 것이니, 어찌 무상지각(無上知覺)을 이루지 못하겠느냐."

[想相爲塵, 識情爲垢, 二俱遠離, 則汝法眼,應時淸明,
云何不成無上知覺]

《풀이》 "상상(想相)이 육진(六塵)이고, 식정(識情)이 구염(垢染)이다"는 구절이 좀 어렵다. 교광(交光) 진감(眞鑑)스님은 <정맥소(正脈疏)>에서 앞에 나온 '경계(境界)에 끄달리지 않고, 진심(眞心)을 지키면 상광(常光)이 현전(現前)한다'는 구절과 연결하여 이 상상(想相)과 식정(識情)을 풀이한다. 즉 상광(常光)의 현전(現前)이 비록 정견(正見)이긴 하지만, 이 상광(常光)도 법진(法塵)이 되고, 이것을 아는 식정(識情)이 주체가 되면, 다시 주객(主客)이라는 두 가지 진구(塵垢)를 이루므로 생멸(生滅)이 이어진다는 설명이다. 주객(主客)과 생멸(生滅)이 있으면 무공용도(無功用道)가 아니다. 그래서 보다 미세(微細)한 주객(主客)을 거듭하여 멀리 여의는 원리(遠離)공부가 필요하다.

<원각경> 보현(普賢)보살장에는 거듭하여 주객(主客)을 원리(遠離)하는 법문이 나온다.

『마땅히「일체 환화(幻化)인 허망(虛妄)한 경계(境界)」를 멀리 여읜다.[첫번째遠離다] 또 멀리 여의려는 마음인 원리심(遠離心)을 굳게 집지(執持)하므로, 「마음이 환(幻)과 같음」을 또한 다시 멀리 여읜다.[두번째遠離다] 또 「원리(遠離)가 환(幻)이 되니」, 또한 다시 멀리 여읜다.[세번째遠離다] 이 「원리(遠離)를 여읨[離]도 환(幻)이 되니」, 또한 다시 멀리 여읜다.[네번째遠離다]

이렇게 하여 '여읠 바 없음'을 얻으면 곧 모든 환(幻)을 제거(除去)한 것이다.

비유하면, 나무 두개를 마찰하여 불을 피울 적에, 두 나무가 서로 마찰하면 불이 나고, 나무가 다 타고 나면 재가 나르고 연기가 소멸하는 것과 같다. 환(幻)으로써 환(幻)을 닦는 것도 또한 다시 이와 같아서, 모든 환(幻)이 없어지더라도 단멸

(斷滅)에 들어가지 않는다. 』18)

  <원각경>에는 이렇게 네 번에 걸친 원리(遠離) 공부가 등장
한다. 지금 <능엄경>에 나온 원리(遠離)의 대상은 상상(想相)인
상광(常光)이니, 마지막 원리(遠離)에 해당한다. 여기에서 "두
가지를 멀리 여의라"는 것은 주객(主客)을 함께 털어서 근본무
명(根本無明)에서 벗어난다는 말이다. 뒤에 이어지는 구절에서,
'두 가지를 멀리 여의면 법안(法眼)이 청명(淸明)하여 무상지각
(無上知覺)을 이룬다'고 하니 이미 번뇌는 벗어난 것으로 보아야
한다.

  무엇을 법안(法眼)이라고 하는가? <금강경>에 오안(五眼)이
야기가 나오는데, 오안에 대한 해설은 각인각색이다. 생각건대,
육안(肉眼)은 가시(可視)광선만을 보는 욕계(慾界)중생의 눈이
고, 천안(天眼)은 거리로 인한 장애(障礙)가 없는 눈이니 먼 곳의
모습도 다 보이는 색계(色界)중생의 눈이다. 혜안(慧眼)은 이승
(二乘)들의 눈으로 삼라만상이 무상(無常)·무아(無我)임을 아는
눈이라고 한다면, 법안(法眼)은 보살(菩薩)의 눈이니 일체가 유
심소현(唯心所現)임을 아는 눈이라고 보겠다.

  앞에 나온 변견지심(辯見指心)법문에서 견성(見性)과 견정
(見精)을 구별하면서, 시각현상에서 견정(見精)이라는 주체와 색

---

18)   善男子, 一切菩薩及末世衆生, 應當遠離 一切幻化虛妄境界。 由堅執持
遠離心故 心如幻者, 亦復遠離。 遠離爲幻 亦復遠離。離遠離幻 亦復遠離。得
無所離 卽除諸幻。 譬如鑽火 兩木相因 火出木盡 灰飛烟滅。以幻修幻 亦復如
是。諸幻雖盡, 不入斷滅。

공(色空)이라는 객체가 견성(見性)에서 동시에 전변(轉變)한다는 견견(見見)법문이 나왔다. 마치 <대승기신론>에서 아라야식(阿羅耶識)이 견분(見分)과 상분(相分)으로 전변하듯이, 육성(六性) 중의 하나인 견성(見性)에서 견정(見精)인 견분(見分)과 상상(想相)인 상분(相分)이 전변한다는 설명이다. 교광(交光)스님은 지금 나타난 상광(常光)은 앞에서 나온 상상(想相)이라고 풀이한다. 광명(光明)도 식(識)을 벗어나지 못하니 식(識)이라는 상(想)에서 나온 모습[相]이므로 상상(想相)이라고 표현한 것이다.

무상지각(無上知覺)을 이룬다는 말은 성불(成佛)한다는 뜻인데, 문사(聞思)공부로 이혜(二慧)를 얻으면 바르게 수행(修行)하여 제대로 입도(入道)하게 된다는 말이다. 지금 '주객(主客)을 멀리 여의는 것'이 입도하여 무상지각을 이루는 방법이라고 설명하는데, 그러면 어떻게 하여야 주객(主客)을 여의게 되는가? 객(客)은 털어버릴 수 있겠지만, 주인공(主人公)인 주(主)는 어떻게 털어버릴 것이냐? 상주(常住)하는 진심(眞心)을 반조(反照)하여 주인공을 찾아볼 필요가 있다.

이상으로 진심(眞心)의 각명(覺明)을 직지(直指)하신 세존(世尊)의 심지(心地)법문이 끝난다. 처음에는 칠처(七處)에서 마음을 찾는 칠처징심(七處徵心)법문이 있었고, 이어서 십번(十番)이나 변견(辯見)하면서 지심(指心)하는 법문이 자세하게 나왔는데, 이제 끝으로 견성(見性)과 문성(聞性)을 직지(直指)하여 각명(覺明)을 돈오(頓悟)하는 법문으로 마무리를 지었다.

불교와 여래장

제 8 장

탈경과 해탈

제8장 탈경(脫境)과 해탈(解脫)

제1절 육근(六根)이 탈경(脫境)의 열쇠다

[경(經)] 아난(阿難)이 부처님께 사뢰었다.

"세존이시여! 여래께서 비록 두 번째 결정의(決定義)를 말씀하셨으나, 저희들은 아직도 의문이 남아 있습니다.

세간에서 맺힌 매듭을 푸는 사람이, 그 매듭의 근원(根源)을 알지 못하면 마침내 맺힌 것을 풀지 못합니다.

세존이시여! 저를 비롯하여 유학(有學)인 성문(聲聞)들도 역시 그러하여, 처음이 없는 옛적부터 무명(無明)과 더불어 생멸(生滅)을 거듭하였으므로, 비록 다문(多聞)한 선근(善根)으로 출가(出家)는 하였으나, 하루거리로 하는 학질(瘧疾)과 같습니다. 원하옵건대 대자대비로, 윤회(輪廻)를 벗어나지 못하고 있는 저희들을 깨우쳐 주십시오.

오늘의 이 몸과 마음이 어떻게 하여서 맺혔으며, 어찌하면 풀리겠습니까. 미래(未來)에 고난(苦難)을 받을 중생(衆生)으로 하여금 윤회(輪廻)를 면하고 삼계(三界)에 떨어지지 않게 하여 주십시오."

이렇게 말하고 대중들과 함께 큰 절을 올리고 눈물을 흘리면서 부처님의 무상(無上)한 가르침을 기다렸다.

[阿難白佛言 :「世尊! 如來雖說第二義門, 今觀世間解結之人, 若不知其所結之元, 我信是人, 終不能解。世尊! 我及會中有學聲聞, 亦復如是, 從無始際, 與諸無明, 俱滅俱生, 雖得如是多聞善根, 名爲出家, 猶隔日瘧。唯願大慈, 哀愍淪溺, 今日身心, 云何是結? 從何名解? 亦令未來苦難衆生, 得免輪迴, 不落三有。」作是語已, 普及大衆, 五體投地, 雨淚翹誠, 佇佛如來無上開示]

《풀이》 "이 몸과 마음이 어떻게 하여서 오음(五陰)으로 맺혔으며, 어찌하면 풀리겠습니까?"라는 물음은, '상주진심(常住眞心)은 비록 알았으나 실제(實際)에서 경계를 벗어나지 못하여 반연심(攀緣心)을 여의지 못하니, 어떻게 하여야 경계(境界)라는 결박(結縛)에서 풀려날 수 있겠습니까?'라는 뜻이다. 상분(相分)인 육진(六塵)이라는 경계에 결박(結縛)된 중생들이 경계에서 해탈(解脫)하는 방편을 알고 싶어 한다. 앞에 나온 여래장(如來藏)법문에서 언급한 경박(境縛)에서 벗어나는 탈경(脫境)의 묘법(妙法)을 지금 자세하게 듣고 싶어 한다. 세존께서 음식(飮食)과 남녀(男女)라는 불가피(不可避)한 생활환경에서 해탈하여, 영원히 마등가난(摩登伽難)을 벗어나는 방법을 설명하시니, 중생들에게 절실한 법문이다.

[경(經)] 이때에 세존(世尊)께서 아난(阿難)과 함께 모여 있는 유

학(有學)들을 불쌍히 여기시고, 또한 미래의 일체 중생(衆生)들을 위하여 출세간(出世間)의 인(因)과 장래의 길잡이를 만드시려고, 아난(阿難)의 정수리를 자금색(紫金色)의 빛나는 손으로 만지셨다.

즉시 시방(十方)의 보불세계(普佛世界)가 여섯 가지로 진동(震動)하며, 그 세계에 계신 미진수(微塵數)의 많은 부처님의 정수리에서 보광(寶光)이 나와서는 그 광명이 동시에 그 세계에서 기타림(祇陀林)으로 와서 여래의 정수리에 대이시니, 여러 대중들이 미증유(未曾有)를 얻었다.

[爾時世尊, 憐愍阿難及諸會中諸有學者, 亦爲未來一切衆生, 爲出世因, 作將來眼, 以閻浮檀紫金光手, 摩阿難頂, 卽時十方普佛世界, 六種振動, 微塵如來住世界者, 各有寶光, 從其頂出, 其光同時, 於彼世界, 來祇陀林, 灌如來頂, 是諸大衆, 得未曾有]

《풀이》 세존이 아난의 정수리를 만지니, 즉시 시방에 있는 모든 부처님세계가 여섯 가지로 진동(震動)하며, 제불(諸佛)의 보광(寶光)이 동시에 석가(釋迦)에게 비친다.

여섯 가지 진동(振動)은 번뇌의 근원인 육근(六根)을 깨트리려는 뜻이고, 제불(諸佛)의 보광(寶光)이 동시에 세존(世尊)에게 비침은 제불(諸佛)세계가 일진(一眞)세계임을 강조한 것이다.

[경(經)] 이때에 아난(阿難)과 대중들은, 시방의 미진수(微塵數) 여래(如來)께서 이구동성(異口同聲)으로 아난(阿難)에게 말씀하

시는 것을 다음과 같이 들었다.

"착하다, 아난(阿難)아. 네가 생사(生死)에 윤회(輪廻)하게 하는 결근(結根)인 구생무명(俱生無明)을 알고자 하느냐? 그것은 바로 네 육근(六根)이지 다른 것이 없다.

또 네가 무상보리(無上菩提)를 알아서 안락(安樂)·해탈(解脫)·적정(寂靜)·묘상(妙常)을 속히 증득(證得)하고자 하느냐? 그것도 네 육근(六根)이지 다른 것이 아니다."

[於是阿難及諸大衆, 俱聞十方微塵如來, 異口同音, 告阿難言:「善哉, 阿難! 汝欲識知, 俱生無明, 使汝輪轉生死結根, 唯汝六根, 更無他物。汝復欲知, 無上菩提, 令汝速證, 安樂·解脫·寂靜·妙常, 亦汝六根, 更非他物」

《풀이》 구생무명(俱生無明)으로 생사윤회하는 원인은 육근(六根)이 육진(六塵)에 끄달리는 착각에 있는 것이 분명한데, 경박(境縛)이 육근(六根)에 달렸다고 답하니 얼른 이해가 안 간다. 그런데 무상보리(無上菩提)를 얻어서 열반에 드는 것도 육근(六根)에 달렸다고 설명하니, 더욱 더 이해가지 않는 대답이다.

육근(六根)은 흔히 육입(六入) 또는 육처(六處)라고도 부른다. 인식(認識)작용에서 주체인 지(智)에 해당하며, 항상 대상인 육진(六塵)과 상대(相待)하므로 경지상종(境智相從)이다. 근(根)과 진(塵)을 따로 거론하는 것은 의미가 없다고 하겠다. 그런데 제불(諸佛)이 같이 육근(六根)만 거론하니, 아난(阿難)이 의아(疑訝)할 수밖에 없다.

불교와 여래장

제2절 근진(根塵)은 동원(同源)이다

[경(經)] 아난(阿難)이 비록 이 법음(法音)을 들었으나 마음에 분명(分明)하지 못하여, 부처님께 머리를 조아리면서 사뢰었다.

 "어찌하여 저로 하여금 생사(生死)에 윤회(輪廻)하게 하는 것도 육근(六根)이고, 또 안락(安樂)과 묘상(妙常)을 얻게 하는 것도 육근(六根)이지 다른 물건이 아니라고 말씀하십니까?"

^{아 난 수 문 여 시 법 음} ^{심 유 미 명} ^{계 수 백 불} ^{운 하 영 아 생}
[阿難雖聞如是法音, 心猶未明, 稽首白佛:「云何令我生
^{사 윤 회} ^{안 락 묘 상} ^{동 시 육 근} ^{갱 비 타 물}
死輪迴, 安樂妙常, 同是六根, 更非他物]

《풀이》 윤회(輪廻)와 해탈(解脫)이 모두 육근(六根)에서 비롯한다는 말을 듣고 아난(阿難)은 어리둥절하다. 육근(六根)과 육진(六塵)과 육식(六識)이 원인인데 유독 육근(六根)만 주범(主犯)이라고 하니, 경계에 끄달려서 윤회(輪廻)하고 있다고 생각하고 있는 아난(阿難)으로는 이해가 안 되는 설명이다.

[경(經)] 부처님께서 아난(阿難)에게 말씀하셨다.

 "육근(六根)과 육진(六塵)이 근원이 같고, 결박(結縛)과 해탈(解脫)에는 둘이 없으며, 식성(識性)이 허망하여 허공꽃과 같다.

^{불 고 아 난} ^{근 진 동 원} ^{박 탈 무 이} ^{식 성 허 망} ^{유 여 공 화}
[佛告阿難 : 根塵同源, 縛脫無二, 識性虛妄, 猶如空花。]

《풀이》 "육근(六根)과 육진(六塵)이 근원이 같고, 결박(結縛)과 해탈(解脫)에는 둘이 없다"는 문장은, 견분(見分)과 상분(相分)인 경지(境智)가 상대(相待)하여야 육식(六識)이 일어나므로,

육근(六根)과 육진(六塵)은 출처가 같아서, '한 벌' 내지 '한 짝'이다. 또 육처(六處) 근진(根塵)은 주파수가 같아야 인식이 가능하다는 말이기도 하다. 따라서 근(根)이나 진(塵)중에서 하나만 없어도 인식(認識)과 반응 문제가 해결(解結)되니, 결박(結縛)과 해탈(解脫)에는 둘이 없다고 한다. <대승기신론>에서는 무명(無明)인 업상(業相)에서 견분(見分)인 전상(轉相)과 상분(相分)인 현상(現相)이 동시에 전변(轉變)한다고 설명한다. 즉 견분(見分)과 상분(相分)인 주객(主客)중 어느 한 쪽을 없앨 수가 없다는 뜻으로, 근진(根塵)이 동원(同源)이라는 설명과 같다. 앞에 나온 '망위명각(妄爲明覺)' 법문에서 「각비소명 인명입소(覺非所明 因明立所) 소기망립 생여망능(所旣妄立 生汝妄能)」이 바로 주객(主客)의 병립(竝立)을 설명한 것이다.

이 구절(句節)은 탈경(脫境)하는 묘리(妙理)를 백일하에 밝히신 법문이라 하겠다. 즉 <영가집> 비바사나(毗婆舍那)송(頌)에 경지상종(境智相從)을 설명하는 글이 있다.

"경계(境界)는 지(智)가 아니면 요지(了知)하지 못하고, 지(智)는 경계가 아니면 생기지 않는다. 지(智)가 생기면 경계를 요지(了知)하여 생기고, 경계를 요지(了知)함은 지(智)가 생겨서 요지(了知)한다. 지(智)가 생겨서 경계를 요지(了知)해도, 요지(了知)에 소료(所了)가 없고, 경계를 요지(了知)하여야 지(智)가 생기지만, 생(生)에는 능생(能生)이 없다."[19]

19) 境非智而不了。智非境而不生。智生則了境而生。境了則智生而了。智生而了。了無所了。了境而生。生無能生。

불교와 여래장

또 그 사마타(奢摩他)송(頌)에도 이런 글이 있다.

> "념(念)은 진(塵)을 잊지 않으면 쉬지 못하고, 진(塵)은 념(念)을 쉬지 않으면 잊지 못한다."[20]

이 구절은 근진(根塵)이 동원(同源)임을 전제(前提)로 하고서, 식념(息念)과 망진(忘塵)을 설명하고 있다. 결국 근진(根塵)이 동원(同源)이라면, 경계에 결박(結縛)되는 경박(境縛)과 경계에서 해탈(解脫)하는 탈경(脫境)이 다를 것이 없다는 말이다.

다음에 '식성(識性)이 허망하여 허공꽃과 같다'는 구절은 쉽다. 식(識)은 근진(根塵)을 의처(依處)로 하는데, 근진(根塵)의 상종(相從)여부(與否)에 따라서 인식(認識)의 유무(有無)가 결정되니, 식(識)은 근진(根塵)이 만든 허환(虛幻)이라는 말이다.

감산대사는 일언이폐지(一言以蔽之)하여, 이 법문을 "모두 마음에서 나온 것이니 불이(不二)다"라고 논평한다.

[경(經)] 아난(阿難)아! 육진(六塵)으로 말미암아 아는 지(知)가 발하고, 육근(六根)을 말미암아 모습인 상(相)이 생기니, 모습인 상(相)과 보는 견(見)이 무성(無性)이어서 마치 교로(交蘆)와 같다.
[阿難! 由塵發知, 因根有相, 相見無性, 同於交蘆]

---

20)　念非忘塵而不息。　塵非息念而不忘。

《풀이》 앞에서 <영가집> 비바사나(毗婆舍那)송에서 인용한 글귀와 같은 내용이다. 육진이 있기 때문에 육근(六根)의 지(知)가 생기고, 육근이 있기 때문에 육진(六塵)의 모습인 상(相)이 생기니, 경지(境智)가 상대(相待)상종(相從)한다는 이야기다. 교로(交蘆)는 갈대의 일종으로서, 두 줄기가 서로 꼬여서 상호(相互)의지(依支)해야만 버틸 수 있다고 한다. 인식(認識)에서 경지(境智)가 상대(相待)하는 것을 비유한 이야기다. 근진(根塵)이 상호간에 의지해야만 식(識)작용이 일어나므로, 주(主)나 객(客)이 혼자서는 존립할 수가 없다는 뜻이다. 우리의 근진(根塵)도 교로(交蘆)처럼, 동시(同時)에, 동처(同處)에서, 상호간에 의지(依支)하여 일어나고 소멸하므로, 독자성(獨自性)이 없어 허망(虛妄)하다는 설명이다. 즉 견분(見分)인 육근(六根)과 상분(相分)인 육진(六塵)이 동시(同時)에 출몰(出沒)한다는 이야기이기도 하다.

[경(經)] 그러므로 네가 지금 지견(知見)에서 지(知)를 세우면 곧 무명(無明)의 근본이 되고, 지견(知見)에서 견(見)을 없애면 곧 열반(涅槃)의 새지 않는 무루(無漏)인 진정(眞淨)이다. 어찌 이 가운데 다른 것을 용납하겠느냐."

[是故汝今, 知見立知, 卽無明本 ; 知見無見, 斯卽涅槃, 無漏眞淨。 云何是中, 更容他物]

《풀이》 여기에 등장한, 「지견입지 즉무명본(知見立知 卽無明本), 지견무견 사즉열반 무루진정(知見無見 斯卽涅槃 無漏眞淨)」이라는 구절은, 선가(禪家)에서 공안(公案)으로도 사용하는데, <선문념송>에 제51칙으로 들어 있다.

'지(知)를 세우고' 또는 '견(見)을 없앤다'고 하는 말에서, 지견(知見)이란 과연 무엇을 가리키는가? 이것은 주객(主客)이라는 능소(能所)에 의지하여 대상을 견문각지(見聞覺知)하는 모든 인식(認識)작용을 가리킨다. 애초에 무명(無明)이라는 착각에서 생긴 주객(主客)들이니, 터럭만큼이라도 모습이 있다는 지견(知見)이 있으면 모두 반연심(攀緣心)에 사로잡힌 희론(戲論)에 떨어진다. 주객이 없어야 무루(無漏)인 무연지(無緣知)니, 청정각명(淸淨覺明)을 제대로 알아서 열반에 이를 수 있다는 설명이다. 그래서 "지견(知見)에서 견(見)을 없애면 곧 열반(涅槃)의 새지 않는 무루(無漏)인 진정(眞淨)이다."라고 말씀하셨다.

이 구절은 경박(境縛)에서 탈경(脫境)하는 묘책(妙策)을 설파하신 법문으로, 경계에 결박(結縛)된 우리에게 해탈(解脫)하는 묘책을 설명하는 장면이다. 윤회(輪廻)에서 열반(涅槃)으로 들어가는 방법은 지견(知見)을 없애는 방법밖에 없다고 한다. 어떻게 하여야 모든 지견(知見)을 없앨 수 있을까?

지견은 견문각지에서 생기는데, 그것은 모두 주객(主客)을 중심개념으로 삼고 있다. 즉 반연심(攀緣心)이 원흉(元兇)이다. 지견(知見)에서 견(見)을 없앤다는 말은, 반연심을 쓰지 않는다는 말이다. 즉 무연지(無緣知)를 제대로 사용하면, 반연심의 흐름이 단절된다는 뜻이다. 그렇다면 무연지(無緣知)는 어떤 것인가? 그 정체를 알아서 그것을 활용하면 그것이 열반(涅槃)으로 가는 지름길이라고 한다.

감산대사는 이 구절을 미오(迷悟)가 동원(同源)임을 마무리하는 구절이라고 평한다.

제3절 세존(世尊)의 게송(偈頌)

[경(經)] 이때에 세존(世尊)께서 이 이치(理致)를 거듭하여 밝히
시고자 게송(偈頌)으로 말씀하셨다.

[爾時, 世尊, 欲重宣此義, 而說偈言]

《풀이》 부처님의 게송(偈頌)은 이것이 처음이다. 아공(我空)
과 법공(法空)을 다 설명하시고, 삼라만상의 진상(眞相)을 모두
가르치셨으니, 이제 마무리를 지을 시점(時點)이다. 이 게송들은
<능엄경> 법문의 핵심을 정리하여 금과옥조(金科玉條)를 만든
것이다. 이른바 사구게(四句偈)에 해당하는 구절만 있다.

[경(經)]

"진성(眞性)에서 보면, 유위(有爲)가 공(空)하니,

인연(因緣)으로 생기므로 허환(虛幻)과 같네.

함이 없고 기멸(起滅)이 없으니,

부실(不實)한 것이 허공 꽃과 같다네.

眞性有爲空,　　緣生故如幻;

無爲無起滅,　　不實如空花。

《풀이》 진성(眞性)에서 관찰(觀察)하면, 유위(有爲)는 인연(因

緣)으로 만들어진 것이니 공(空)이다. 연기법(緣起法)은 모두 의타기성(依他起性)으로 공(空)하여 허환(虛幻)이라고 하는 것을, 조법사(肇法師)가 <조론>(肇論) 종본의(宗本義)에서 분명하게 설명하였다. "인연이 모이면 생기니, 생기기 전에는 없다. 인연이 흩어지면 사라진다. 만약 진짜로 유(有)라면 유(有)는 사라지지 않는다."[21]

무위(無爲)는 인연이 없는 부분이니 허공(虛空)처럼 무기(無起)무멸(無滅)이므로, 부실(不實)한 것이 허공꽃과 같다. 불교에는 무위(無爲)에 삼(三)무위나 육(六)무위가 있다고 설명한다. 감산(憨山)은 이 게송을 천태(天台)삼관(三觀)에 배대하여 공가중(空假中)으로 설명하고 있다. 첫 구(句)는 공관(空觀)이고, 둘째는 가관(假觀)이고, 나머지 두 구절(句節)은 중관(中觀)이라고 본다. 즉 무위무기멸(無爲無起滅)을 유위공(有爲空)에 대한 중관으로 보았다.

[경(經)]

허망(虛妄)을 설명하여 진실(眞實)을 밝히지만,
허망과 진실이 둘 다 허망(虛妄)이네.
원래 진(眞)도 아니고 비진(非眞)도 아닌데,
어찌 보는 견(見)과 보이는 소견(所見)이 있으랴.

言妄顯諸眞, 妄眞同二妄 ;
猶非眞非眞, 云何見所見。

---

21)　緣會而生, 則未生無有, 緣離則滅, 如其眞有, 有則無滅。

《풀이》 진(眞)을 밝히려면 반대되는 개념인 망(妄)을 가지고 비교(比較)하여 설명하는 것이 가장 쉽고 분명(分明)하다. 망(妄)과 진(眞)을 이렇게 언어문자(言語文字)로 비교(比較)설명(說明)하다 보면, 허망(虛妄)과 진실(眞實)이 상대(相待)하게 되면서 둘 다 허망(虛妄)한 개념이 되고 만다. 진심(眞心)과 망심(妄心)도 그와 같아서, 학인(學人)은 진(眞)을 구(求)하고 망(妄)을 제거(除去)하려는 공부를 지향(指向)하게 된다. 청정(淸淨)이 본래 무성(無性)임을 망각(忘却)한 것이다. 본래면목이라는 각명(覺明)인 청정(淸淨)은 무성(無性)인지라, 그것은 진망(眞妄)이 본래 없으며, 인연 따라 진망(眞妄)이 일어나고 사라지는 줄 알아야만 비로소 정견(正見)이다. 청정(淸淨)과 각명(覺明)이란 이중성(二重性)이 무이(無二)임을 알아서, 진망(眞妄)불이(不二)를 안다면, 무명(無明)조차 없으니 비로소 능견(能見)과 소견(所見)이라는 주객개념(主客槪念)을 벗어나게 된다. 즉 <대승기신론>에서 각(覺)과 불각(不覺)을 생멸문(生滅門)에서 비교 설명하지만, 진여문(眞如門)에는 말길과 뜻길이 모두 끊어지는 것과 같은 취지다.

[경(經)]

　　중간에 실다운 성품(性品)이란 것은 없으니,
　　교로(交蘆)라는 갈대와 같다네.
　　맺히고 푸는 것이 그 원인은 같으니,
　　성인과 범부가 다른 길이 없다네.

中間無實性,　　是故若交蘆 ;
結解同所因,　　聖凡無二路。

　　　　　　　　　　불교와 여래장

《풀이》 인식(認識)작용의 주인공인 주객개념(主客概念)은 본래 무명(無明)에서 나왔으니, 실성(實性)이 없는 것이 마치 서로 의지(依支)하고 있는 교로(交蘆)와 같다고 했다. 주객(主客)은 항상 상대(相待)하는 것인 줄 알면, 경계에 결박(結縛)당한 원인이 육근(六根)이나 육진(六塵)에 있음을 안다. 그 공통된 원인(原因)인 근진(根塵)이 무명(無明)에서 나왔으니, 성인(聖人)과 범부(凡夫)가 같이 다른 길이 없음을 알 수 있다.

[경(經)]

　　서로 의지하고 있는 근진(根塵)의 성품을 보면,
　　공(空)도 유(有)도 둘 다 아니네.
　　미회(迷晦)하면 곧 무명(無明)이오,
　　발명(發明)하면 곧 해탈(解脫)이라.

　　汝觀交中性，　　空有二俱非；
　　迷晦卽無明，　　發明便解脫。

《풀이》 인식(認識)에서 상대(相待)한 근진(根塵)을 살펴보면 실성(實性)이 없어서, 마치 허깨비에 홀린 것 같다. 교로(交蘆) 같은 근진(根塵)을 범부(凡夫)처럼 근진(根塵)을 유(有)라고 하거나, 이승(二乘)처럼 공(空)이라고 고집하면, 실은 경계라는 허상(虛像)에 결박(結縛)당한 것이다. 계속하여 착각(錯覺)하면 무명(無明)이지만, 모두 알아차리면 즉시 해탈(解脫)이다.

[경(經)]

매듭을 푸는 데는 순서가 있으며,

여섯이 풀리면 하나마저 없다.

육근(六根)에서 원통(圓通)을 선택하면

입류(入流)하여 정각(正覺)을 이룬다네.

해결인차제　　　　　육해일역망
解結因次第,　　**六解一亦亡 ;**
근선택원통　　　　　입류성정각
根選擇圓通,　　**入流成正覺。**

《풀이》 앞에 나온 두 구절은 육해일망(六解一亡)을 설명하는
데, 육해(六解)하면 각명(覺明)도 없다는 말이냐? 이 다음에 천화
건 비유(譬喩)에서 자세한 설명이 나온다. 뒤에 나온 두 구절은
원통공부가 장차 정각을 이룬다는 이야기다.

[경(經)]

아타나(阿陀那)의 미세한 식(識)은

습기(習氣)가 폭류(暴流)를 이룬다.

진(眞)과 비진(非眞)을 혼동할까 염려되어

내가 항상 대중에게 설법하지 않았노라.

타나미세식　　　　　습기성폭류
陀那微細識,　　**習氣成暴流 ;**
진비진공미　　　　　아상불개연
眞非眞恐迷,　　**我常不開演。**

《풀이》 이 게송은 여러 대승(大乘)경전에 자주 등장하는 유명
한 구절이다. 아타나(阿陀那)는 제8식(識)의 이칭(異稱)이다. 제
8식에 대한 법문을 평소에 제자들에게 설(說)하지 않은 이유(理
由)를 설명하고 있다. 즉 제8식(識)은 상식적(常識的)으로 그 성

격이 진(眞)인지 망(妄)인지, 이해하기가 극히 어렵기 때문에 제자들이 듣고 오해(誤解)하기 쉽다고 아예 설법하지 않았다는 이야기다. 실제로 이 경(經)에는 제8식(識)인 아타나(阿陀那)에 대한 구체적인 설명이 전혀 없다. 제8식(識)은 <해심밀경>(解深密經)과 <능가경>에서 그 맹아(萌芽)를 찾을 수 있으나, <대승기신론>은 "여래장(如來藏)을 의지하여 생멸심(生滅心)이 전변한다. 불생멸(不生滅)과 생멸(生滅)이 더불어 화합(和合)하여, 같은 것도 아니고 다른 것도 아닌 것을 아뢰야식(阿賴耶識)이라고 부른다"고 설명하고 있다.22) 그리고 제8식인 아뢰야식(阿賴耶識)에서 각(覺)인 진심(眞心)과 불각(不覺)인 망심(妄心)이 나타난다고 설명한다. <유식>(唯識)사상은 인도(印度)에서 가장 뒤에 나타난 불교이론이다. 4~5세기경에 미륵(彌勒)보살을 받드는 무착(無着)보살과 세친(世親: 天親)보살이 그 이론을 정리하였다. 자세한 내용은 세친(世親)보살의 <유식삼십송>(唯識三十頌)에서 정리가 되었다고 할 수 있다. 그것을 후대에 호법(護法) 등 열 명의 논사(論師)들이 해설하였고, 중국(中國) 현장(玄奘)법사의 손을 거쳐 <성유식론>(成唯識論)으로 편찬되었다. 이 유식학(唯識學)은 인도(印度)에서 발생한 마지막 불교(佛敎)이론으로 삼계유심(三界唯心) 만법유식(萬法唯識)을 기조(基調)로 하여 유식무경(唯識無境)을 설명하는데, 대승불교에서는 당연한 이야기라고 수용하는 학설이다.

　　문제(問題)는, 이렇게 후대에 인도(印度)에서 나타난 대승불

---

22)　　依如來藏 有生滅心轉 不生滅與生滅和合 非一非異。名阿賴耶識

교사상들이 "부처님이 친히 설(說)하신 법문이 아니다" 그래서, "정법(正法)이 아니다" 하는 등등의 대승비불설(大乘非佛說)에 대한 논쟁을 일으킨 것이다. 시비(是非)가 끊이지 않는 무정성불(無情成佛)에 대한 이설(異說)과 함께 아직도 동아시아 불교계의 논쟁거리로 계속 남아 있다. 그런데, 불교에는 정법(正法)의 진위(眞僞)를 판단하는 기준(基準)이 예부터 확립되어 있었다. 연기설(緣起說)과 삼법인(三法印) 등이 그것이다. 불가(佛家)에서는 연기(緣起)와 삼법인(三法印)과 사성제(四聖諦)나 십이연기(十二緣起)에 부합하면 그것이 설사 불설(佛說)이 아니라도 정법(正法)으로 인정하고 있다.

[경(經)]

자기마음이 자기마음을 취(取)하면,

원래 환(幻)이 아닌 것이 환법(幻法)이 된다.

불취(不取)하면 비환(非幻)도 없으니,

비환(非幻)도 생기지 않았는데

환법(幻法)이 어찌 있으랴.

自心取自心, 非幻成幻法.

不取無非幻, 非幻尙不生, 幻法云何立。

《풀이》 이 게송은, 여러 가지 의미를 내포(內包)한다. 우선 부루나장(富樓那章)에 나온 '망위명각(妄爲明覺)'법문에서 주객(主客)이 나뉘면서 무명(無明)망심(妄心)이 처음 일어나는 장면을 재연(再演)하고 있다. 하나인 제 마음이 능(能)과 소(所)로 양분(兩分)되면서 능소(能所)라는 주객(主客)이 성립하면 이것이 바로 무명(無明)이고, 그로부터 파생되는 삼세(三細)와 육추(六麤)가 모두 환법(幻法)이 된다는 뜻이다. 그리고 다른 한편으로는, 수심(修心)하는 사람들이 '이뭣고' 하면서 저지르는 실수(失手)를 구체적으로 지적하는 의미도 있다. 영지(靈知)인 각명(覺明)이 제 자신을 찾아서 확인하려고 한다면, 벌써 각명(覺明)은 무연지(無緣知)가 아니고 반연심(攀緣心)이라는 지적이다. 학인들이 진심(眞心)을 알아보려고 반조(返照)하거나 대오(大悟)하려고 정진할 적에 범하는 실수를 지적하고 있다.

"불취(不取)하면 비환(非幻)도 없다"라는 이 구절은 만법(萬法)이 원래 자심(自心)의 나툼인데, 만법에 집착하는 것은 자심(自心)이 자심(自心)에 집착하는 어리석은 짓이라는 뜻이다. <대승기신론>에서 "일체(一切) 제법(諸法)이 마음으로 위주(爲主)하니, 망념(妄念)에서 일어난 것이다. 무릇 분별(分別)이란 모두 자심(自心)을 분별하는 것이다. 마음은 마음을 볼 수 없다."라고 한 것과 같은 내용이다.[23] 만약 만법이 유식(唯識)인 줄 알아서 취사(取捨)간택(揀擇)할 가치가 없는 줄 알면, 그것이 바로 탈경(脫境)하는 묘리(妙理)이다. 자심(自心)이 분별(分別)하여 나툰 명상(名相)이 허환이라면, 취착(取著)하여 취사(取捨)할 가치가 전혀 없다. 이렇게 나타난 망상(妄相)을 알아보고 무구(無求)하면 시환(是幻)과 비환(非幻)이 없고, 나아가서 진(眞)도 망(妄)도 없다. 유(有)와 무(無)라는 것도 없는데, 어찌 능(能)과 소(所)가 있겠는가!

---

[23]   一切諸法 以心爲主 從妄念起 凡所分別 皆分別自心 心不見心

[경(經)]

　이 이름이 묘련화(妙蓮花)요,

　금강왕보각(金剛王寶覺)이며,

　여환(如幻) 삼마제(三摩提)이니,

　손가락 한 번 튕기는 순간에 무학(無學)을 초월한다네.

　이 비교할 수 없는 불법(佛法)은

　시방(十方)의 여래(如來)께서

　열반에 도달하신 외길이라네.

시 명 묘 련 화　　　금 강 왕 보 각
是名妙蓮華,　　金剛王寶覺,
여 환 삼 마 제　　　탄 지 초 무 학
如幻三摩提,　　彈指超無學。
차 아 비 달 마　　　시 방　　바가범　　　일 로 열 반 문
此阿毘達磨,　　十方薄伽梵,　　一路涅槃門。

《풀이》 시방(十方)의 여래(如來)가 모두 이 법문으로 열반에
도달한 외길이라고 말하면서, 묘련화(妙蓮花)·금강왕보각(金剛
王寶覺)·여환삼마제(如幻三摩提)라는 명칭을 붙이고 있다.

[경(經)] 이때에 아난(阿難)과 대중들이 불여래(佛如來)의 위없
는 자비로운 가르침과 게송(偈頌)들이, 어지럽게 섞였으나 정영
(精瑩)하고, 묘리(妙理)가 청철(淸徹)함을 듣고서, 마음눈인 심
목(心目)이 열리고 밝아져서, 일찍이 없었던 미증유(未曾有)함을
찬탄하였다.

어 시 아 난 급 제 대 중　　문 불 여 래 무 상 자 회　　기 야　　가 타
[於是阿難,及諸大衆,　聞佛如來無上慈誨,　祇夜,　伽陀,
잡 유 정 형　　묘 리 청 철　　심 목 개 명　　탄 미 증 유
雜糅精瑩,　妙理淸徹,　心目開明,　歎未曾有]

《풀이》 세존께서 지금까지 승의제(勝義諦)를 설명하신 <능엄경>의 요지(要旨)를 간단하게 게송(偈頌)으로 정리(整理)하셨다. 그래서 '대중(大衆)들의 심목(心目)이 개명(開明)하여 미증유(未曾有)를 얻었다.'고 한다. 안목(眼目)이 아니고 심목(心目)이란다.

<능엄경> 제삼권 말미(末尾)에서 무가애(無罣礙)를 얻어서 처음으로 '한 소식'한 대중들이, 나아가 무명(無明)과 광성(狂性)의 정체(正體)를 알고는 미증유(未曾有)을 얻어 초견성(初見性)하더니, 여기에서는 부처님의 게송(偈頌)을 듣고는 다시 '심목(心目)이 개명(開明)하였다'고 한다. 이렇게 공부하는 과정에 느낌이 있는 성과(成果)가 하나씩 나타나니, 정말 보람있는 공부다! 처음 지견(知見)이 나면서 한 소식하고, 다시 미증유(未曾有)를 얻어 한 소식하더니, 다시 심목(心目)이 개명(開明)하였으니 또 한 소식한 셈이다. 이렇게 한 소식, 또 한 소식하면서 점진(漸進)하는 것이 불교공부에서 볼 수있는 수증(修證)의 특성이다.

근래에 언하(言下)에 대오(大悟)하여 돈오돈수(頓悟頓修)하는 간화선(看話禪)을 주장하는 무리가 있었다. 그렇게만 된다면 얼마나 좋을까! 만약 자기자신도 언하(言下)에 대오(大悟)할 상상(上上)근기라고 자부하는 학인이 있다면, 여기서 한번 살펴볼 필요가 있다. "육조(六祖) 같은 무지렁이도 <금강경> 한 구절 듣고서 언하(言下)에 대오(大悟)했다고 하던데," 유식한 나는 그까짓 것을 한꺼번에! 만일 자기가 정말 상상(上上)근기라면, 이미 <능엄경>을 반쯤 읽었고, 지금 세존의 게송(偈頌)으로 총정리까지 마쳤으니, 지금쯤 심목(心目)이 개명(開明)하여야 할 것이다.

일찍이 전생(前生)에 불법을 열심히 공부한 기억(記憶)이라도 있는가? 금생에 수십(數十)년 동안 불교공부를 했는데도 한 소식하지 못했다면, 그 이유는 도대체 무엇일까? 학인(學人)이면 한번쯤 반성(反省)할 필요가 있다.

만약에 스스로 상근기(上根機)가 아님을 자인한다면, 바른 스승을 찾아 문사(聞思)공부를 시작하는 것이 급선무(急先務)다. 그런데 지금은 말법시대(末法時代)라, '한 소식했다'는 자칭(自稱) 도사(道士)들이 판을 치고 있다. 특히 인터넷바람에 '자칭(自稱) 선지식(善知識)'들의 대망어(大妄語)가 기승을 부리고 있다. 정말 옥석(玉石)을 가리기가 어렵다. 인물 좋고 입심만 세면 다 선지식이냐? 일반인이, 선지식(善知識)을 어떻게 알아보지? 좋은 방법이 없다면, 부득불(不得不) 불경(佛經)공부를 열심히 하여 스스로 알아보는 눈을 얻어야 한다. 심목(心目)이 개명(開明)해야 한다. 부디! 조심조심하길! "어두운 학인(學人)이, 나름대로 열심히 정진(精進)만 한다면, 오직 무명(無明)만 자란다"는 고덕(古德)의 경고(警告)를 상기(想起)하도록!

제4절 육해일망(六解一亡)과 무아(無我)

[경(經)] 아난(阿難)이 합장하고 엎드려 절하고 부처님께 사뢰었다.

"제가 이제 부처님께서 큰 자비로 말씀하신, 「성품이 청정하고 미묘하며 항상(恒常)하다.」는 성정묘상(性淨妙常)의 진실한 법문을 들었으나, 아직도「여섯이 풀리면, 하나마저 없다」고 하신 매듭을 푸는 순서를 모르겠습니다. 원컨대 대자비로 이 모임의 무리들과 장래의 중생들을 위하여 다시 법음(法音)을 베푸시어 깊이 찌든 때를 깨끗이 씻어 주십시오."

[阿難合掌, 頂禮白佛：「我今聞佛無遮大悲, 性淨妙常, 眞實法句。心猶未達, 六解一亡, 舒結倫次。惟垂大慈, 再愍斯會及與將來, 施以法音, 洗滌沈垢」]

《풀이》 부처님의 게송(偈頌)에서 나온, "매듭을 푸는 데는 순서(順序)가 있으며, 여섯이 풀리면 하나마저 없다"는 구절에서, 의심(疑心)이 풀리지 않는 아난(阿難)이 그 뜻을 묻고 있다. 수건의 매듭을 모두 풀어도, 그 수건은 남아 있는데, 어째서 "여섯이 풀리면 하나마저 없다"고 하시는지 궁금한 모양이다.

[경(經)] 그 때 여래께서 사자좌(師子座)에서 옷매무새를 가지런하게 여미시고는, 칠보(七寶)로 된 법상(法床)을 끌어 당겨서 그 위에 놓인 겁바라(劫波羅) 천인(天人)이 올린 첩화건(疊華巾)을 들고서, 대중 앞에서 한 매듭을 묶으셨다.24)

그리고 아난(阿難)에게 보이시면서 물으셨다. "이것을 무엇이라고 하느냐?"

아난(阿難)과 대중들이 함께 대답했다. "그것은 매듭이라고 합니다."

---

24) '겁바라(劫波羅)'는 욕계(欲界) 제3천인 야마천(夜摩天)의 이명(異名)이고, 첩화건(疊華巾)은 꽃을 수(繡)놓은 긴 목도리다.

부처님께서 첩화건(疊華巾)으로 또 한 매듭을 만드시고, 다시 아
난(阿難)에게 물으셨다.

"이것이 무엇이냐?"

아난(阿難)과 대중들이 또 대답했다. "그것도 역시 매듭입니다."

부처님께서 이렇게 차례차례 첩화건(疊華巾)을 묶어서 여섯 매
듭을 만드시면서, 한 매듭을 만드실 때 마다 손으로 맺은 매듭을
들고 아난(阿難)에게 '이것이 무엇이냐?'고 질문하셨고, 아난(阿
難)과 대중들은 그럴 때마다 '그것은 매듭입니다.'라고 대답을 되
풀이 하였다.

[卽時如來, 於師子座, 整涅槃僧, 斂僧伽梨, 攬七
寶几, 引手於几, 取劫波羅天所奉花巾, 於大衆前,
縮成一結, 示阿難言:「此名何等?」阿難大衆,俱白
佛言:「此名爲結。」於是如來, 縮疊花巾, 又成一
結, 重問阿難:「此名何等?」阿難大衆,又白佛言:
「此亦名結。」如是倫次縮疊花巾, 總成六結, 一一
結成, 皆取手中所成之結, 持問阿難,「此名何等?」
阿難大衆, 亦復如是, 次第酬佛,「此名爲結」]

《풀이》 세존이 육해일망(六解一亡)을 설명하시려고, 꽃을 수
(繡)놓은 첩화건(疊華巾)을 여섯 번 묶어서 차례로 여섯 개의 매
듭을 지어 보이신다.

[경(經)] 부처님께서 아난(阿難)에게 말씀하셨다.

"이 보배로운 첩화건(疊華巾)은 원래 하나지만, 내가 여섯 번

묶었으므로 여섯 매듭이라는 이름이 있게 되었다. 네가 자세히 보아라. 첩화건(疊華巾)은 같지만 묶음으로 인하여 다르게 된 것이다. 어떻게 생각하느냐. 첫 번에 묶은 것을 첫 매듭이라 하여, 이렇게 여섯 매듭이 생겼는데, 네가 이제 이 여섯째 매듭을 가지고 첫째 매듭이라고 할 수 있겠느냐?"

"아닙니다, 세존(世尊)이시여. 여섯 매듭을 그냥 두는 한 여섯째 매듭이라고 해야 옳고, 그것을 첫째 매듭이라고 할 수는 없습니다. 제가 여러 생(生)을 두고 아무리 궁리를 해 본들, 어떻게 이 여섯 매듭의 이름을 혼란스럽게 바꿀 수가 있겠습니까!"

부처님께서 말씀하셨다.

"그렇다. 여섯 매듭이 서로 같지 않다. 원래 한 개의 첩화건(疊華巾)으로 묶은 매듭이지만, 그 매듭을 혼란스럽게 뒤섞을 수는 없다. 네 육근(六根)도 이와 같아서 필경 같은 것 가운데서 필경 다른 것이 생겨났다."

[佛告阿難:「此寶花巾, 汝知此巾, 元止一條, 我六縮時, 名有六結, 汝審觀察, 巾體是同, 因結有異。於意云何, 初縮結成名爲第一, 如是乃至, 第六結生, 吾今欲將, 第六結名, 成第一不?」「不也, 世尊！六結若存, 斯第六名, 終非第一, 縱我歷生, 盡其明辯, 如何令是六結亂名!」 佛言:「如是, 六結不同, 循顧本因, 一巾所造, 令其雜亂, 終不得成, 則汝六根, 亦復如是, 畢竟同中生畢竟異」]

《풀이》 한 개의 첩화건(疊華巾)으로 여섯 개의 매듭을 짓듯이,

우리도 하나인 각명(覺明)이 여섯 단계(段階)로 전변(轉變)하여
여섯 종류의 감각기관(感覺器官)을 갖춘 몸을 갖추게 되었다는
설명이다. 즉 무명업식이 삼세(三細)와 삼추(三麤)를 거쳐서 유근
신(有根身)을 받는 과정을 육결(六結)이라 말하고 있다. 그런데
지금 "네 육근(六根)도 이와 같아서 필경 같은 것 가운데서 필경
다른 것이 생겨났다"는 구절이 오해(誤解)를 일으킨다. 육결(六
結)을 육근(六根)의 결박(結縛)이라 하면서 육해(六解)를 육근(六
根)의 해체(解體)라고 잘못 해설하는 사람이 많다는 이야기다. 육
근(六根)은 동시(同時)에 성립하기도 하므로, 묶음과 풀림에 차례
가 분명한 여섯 매듭인 육결(六結)과는 전혀 다른 이야기다.

[경(經)] 부처님께서 아난(阿難)에게 말씀하셨다.
 "네가 이것을 싫어하여, 여섯 매듭이 없는 하나가 되기를 원한
다면, 어떻게 해야 하겠느냐?"
아난(阿難)이 사뢰었다. "이 매듭들을 그냥 두면 시비(是非)가
일어나서, '이 매듭은 저 매듭이 아니고, 저 매듭은 이 매듭이 아
닙니다.' 그러나, 여래께서 이제 만약 맺은 것을 모두 풀어서 매듭
을 없애버리면, '이것', '저것'이 없어져서 '하나'라고 할 것도 없
을 것이니, '여섯' 매듭이 어떻게 성립되겠습니까?"
부처님께서 말씀하셨다. "여섯을 풀면 하나마저 없어진다는 육
해일망(六解一亡)도 이와 같다. 네가 시작이 없는 과거부터 심성
(心性)이 광란(狂亂)하여 지견(知見)이 허망(虛妄)하게 발(發)하
고, 그 발망(發妄)을 계속하여 견(見)이 피로해져서 육진(六塵)
이 생긴다. 마치 눈이 피로하면 맑고 깨끗한 허공에서 광화(狂

불교와 여래장

華)가 까닭 없이 어지럽게 일어나는 것과 같다. 일체 세간의 산하대지(山河大地)와 생사열반(生死涅槃)이 모두 광로(狂勞)하여 생긴 전도(顚倒)된 허공꽃의 모습이다.”

[佛告阿難:「汝必嫌此六結不成, 願樂一成, 復云何得?」阿難言:「此結若存, 是非鋒起, 於中自生, 此結非彼, 彼結非此. 如來今日, 若總解除, 結若不生, 則無彼此, 尙不名一, 六云何成」佛言:「六解一亡, 亦復如是. 由汝無始, 心性狂亂, 知見妄發. 發妄不息, 勞見發塵. 如勞目睛, 則有狂華. 於湛精明, 無因亂起. 一切世間, 山河大地, 生死涅槃, 皆卽狂勞, 顚倒華相」]

《풀이》 육해일망(六解一亡)의 구체적인 내용이 나온다. “여섯을 풀면 하나마저 없어진다는 육해일망(六解一亡)도 이와 같다. 네가 시작이 없는 과거부터 심성(心性)이 광란(狂亂)하여 지견(知見)이 허망(虛妄)하게 발(發)하고, 그 발망(發妄)을 계속하여 견(見)이 피로해져서 육진(六塵)이 생긴다”는 설명은, 각명(覺明)이 무명(無明) 때문에 망위명각(妄爲明覺)하면서 주객(主客)인 견분(見分)과 상분(相分)으로 분화하여 <대승기신론>에서 설명하는 육종(六種) 염심(染心)인 삼세(三細) 삼추(三麤)를 거치면서 육근(六根)과 육진(六塵)을 나투게 되는 변천과정을 설명하고 있다. 이렇게 삼세(三細)인 무명업상(無明業相)·전상(轉相)·현상(現相)과 삼추(三麤)인 지상(智相)·상속상(相續相)·집착상(執着相)을 육결(六結)이라 할 수도 있다. “마치 눈이 피로하면 맑고 깨끗한 허공에서 광화(狂華)가 까닭 없이 어지럽게 일어나는 것과 같다. 일체 세간의 산하대지(山河大地)와 생사열반(生死涅槃)이 모두 광로(狂勞)하여 생긴 전도(顛倒)된 허공꽃의 모습이다"는 구절은 육결(六結)로 세상(世上)이 나타남을 구체적으로 설명한 것이다. 이 육결(六結)을 해결하는 공부를 육해(六解)라고 부르고 있다. 그런데 여섯을 풀면, "하나마저 없어진다"는 구절에서 '하나'는 무엇일까? 제법무아에 나오는 아(我)가 그것인가? 각명(覺明)이 그것인가? 영지(靈知)가 그것인가? 망위명각(妄爲明覺)의 주범(主犯)인 무명(無明)이 없어지면 무엇이 있는가? 영지(靈知)인 각명(覺明)뿐인데, 그것은 청정(淸淨)하여 공적(空寂)하니 '있다'고 말할 수가 없다. 그래서 자성(自性)은 '있다' '없다'로 말할 수 없어서 언어도단(言語道斷) 심행처멸(心行處滅)하므로 일망(一亡)이라 했다.

[경(經)] 아난(阿難)이 사뢰었다.

"이 광로(狂勞)가 매듭과 같다면 어떻게 하면 풀리겠습니까?"

여래께서 매듭진 수건(手巾)을 손에 드시고 왼쪽으로 당기시면서 아난(阿難)에게 물으셨다.

"이렇게 하면 풀리겠느냐?"

"아닙니다, 세존이시여."

여래께서 다시 오른쪽으로 당기시면서 또 아난(阿難)에게 물으셨다.

"아난아! 이렇게 하면 풀리겠느냐?"

"아닙니다, 세존이시여."

부처님께서 아난(阿難)에게 말씀하셨다.

"아난(阿難)아! 내가 이제 좌우(左右)로 각각 당겨 보았지만 결국 풀 수 없었다. 네가 푸는 방법(方法)을 찾아보아라. 어떻게 하면 풀리겠느냐?"

아난(阿難)이 사뢰었다.

"세존이시여, 마땅히 매듭을 묶은 중심(中心)에서 풀어야 풀리겠습니다."

부처님께서 아난(阿難)에게 말씀하셨다.

"그렇다. 그렇다. 매듭을 풀려면 마땅히 매듭을 묶은 중심(中心)에서 풀어야 한다.

[阿難言:「此勞同結, 云何解除?」如來以手, 將所結巾, 偏掣其左, 問阿難言:「如是解不?」「不也, 世尊!」旋復以手, 偏牽右邊, 又問阿難:「如是解不?」「不也, 世尊!」佛告阿難:「吾今以手, 左右各牽, 竟不能解, 汝設方便, 云何成解?」

阿難白佛言:「世尊!當於結心, 解卽分散。」

佛告阿難:「如是如是!若欲除結, 當於結心」]

《풀이》 노(勞)는 전도되어 착오로 생긴 노(勞)이니 광로(狂勞)라고 부른다. 이 광로(狂勞)는 무명(無明)에서 시작하므로, 삼라만상이 벌어진 과정이 모두 광로(狂勞)이다. 지금 해결(解結)하면서, "매듭은 묶은 중심(中心)에서 풀어야 한다"는 말은, 삼라만상의 그 중심에서 해결하여야 한다는 말이다. 무엇이 중심(中心)이냐? 삼라만상의 출처는 영지(靈知)인 각명(覺明)이니, 당연히 청정각명(淸淨覺明)에서 풀어나가야 한다는 말이다. 원래 각명(覺

明)에서 생긴 무명(無明)인 줄 알면, 근진(根塵)의 중심(中心)이 무엇인지 알고 있는 셈이다. 즉 "육근(六根)과 육진(六塵)을 중심 (中心)에서 풀어버린다"는 것은, 근진(根塵)은 동원(同源)이니 동시(同時)에 같이 풀어야만 하고, 만약 주객(主客)을 만든 근본원인인 무명(無明)이 각명(覺明)과 불이(不二)임을 알면 육결(六結)을 해결(解結)하기가 쉽다고 했다.

[경(經)] 아난(阿難)아! 내가 말한 '불법(佛法)은 인연(因緣)을 따라서 난다.'는 연기법(緣起法)은 세간(世間)의 화합(和合)된 추상(麤相)인 물질현상(物質現象)을 가지고 말한 것과는 다르다. 여래(如來)는 세간법(世間法)과 출세간법(出世間法)에 모두 통달하여, 그 본인(本因)이 반연(攀緣)하는 바를 따라서 범부(凡夫)와 성인(聖人)들이 나오는 까닭을 안다.

나아가서 항하사(恒河沙) 세계(世界) 밖의 한 방울의 빗물까지도 그 수효를 다 알고, 또 소나무는 곧고 가시나무는 굽으며, 따오기는 희고 까마귀는 검은 그 원유(元由)도 모두 다 알고 있다.

[阿難！我說佛法 從因緣生, 非取世間和合麤相。如來發明世出世法, 知其本因, 隨所緣出。如是乃至, 恒沙界外, 一滴之雨, 亦知頭數。現前種種, 松直, 棘曲, 鵠白, 烏玄, 皆了元由]

《풀이》 앞에서 아난(阿難)이 "이것을 보면 인연(因緣)인 것이 환하게 명백한데, 어찌하여 여래께서는 인연법(因緣法)이 아니라고 하십니까?"라고 세존(世尊)께 반박했는데, 그 대답(對答)이 이제야 등장한다. 세존께서 설명하는 인연법(因緣法)에는 얕고 깊은 두 가지가 있다고 한다. 세간(世間)의 추상(麤相)인 물질(物質)현상에서 화합(和合)을 설명하는 인연(因緣)은, 인과응보(因果應報)나 화학반응(化學反應)이라는 과학(科學)으로 설명이 된다. 예컨대 액체인 물이 수소와 산소를 인연(因緣)하여 나타나는 현상을 설명하는 이것은 세속제(世俗諦)인 연기법(緣起法)이다. 지금 세존이 참으로 가르치고 싶은 연기법(緣起法)은 세상(細相)인 심식(心識)현상에 대한 본인(本因)과 원유(元由)를 설명하는 승의제(勝義諦)이다. 승의제(勝義諦)는 상식적(常識的)인 주객(主客)을 떠난 논리라서, 언어(言語)와 사유(思惟)로 이해하기 어렵다. 이른바 모습만을 위주로 하고 성상법문을 모르는 과학(科學)으로는 끝내 해결(解決)할 수가 없는 분야다. 그래서 지금 세존(世尊)께서 "불교의 연기법문(緣起法門)에는 세속제(世俗諦)와 승의제(勝義諦)가 있으니, 잘 구별하여야 한다"고 새삼 강조하시고 있다. 그리고 <능엄경> 법문 중에는 승의(勝義)중의 진짜 승의제(勝義諦)가 있음을 거듭하여 상기(想起)시키고 계신다.

[경(經)] 이러므로, 아난(阿難)아! 네 마음대로 육근(六根)에서 선택(選擇)하여라. 육근(六根)의 매듭이 만약 풀리면 육진(六塵)의 모습들이 저절로 없어질 것이다. 모든 허망(虛妄)이 다 없어지면, 진(眞)아닌 것을 어찌 기대(期待)하리오.

[是故, 阿難! 隨汝心中, 選擇六根。根結若除, 塵相自滅, 諸妄銷亡, 不眞何待]

《풀이》 우리가 <능엄경>에서 세존께서 설하신 승의제(勝義諦)법문을 제대로 이해(理解)하려면 어떻게 공부해야 하는가? 근진동원(根塵同源)이니 먼저 육근(六根)이라는 매듭을 풀어야 한다고 한다. 육근(六根)이 풀리면 상대(相待)하는 육진(六塵)도 동시에 저절로 사라지니, 현전(現前)하는 경계(境界)를 벗어나서 육결(六結)에서 해방된다고 한다. 즉 삼법인(三法印)에서 시작하여 삼삼매(三三昧)를 거쳐서 유식무경(唯識無境)공부를 마치면, 공리(空理)를 요달하고 상주(常住)하는 진심(眞心)이 청정(淸淨)함을 요해(了解)하게 된다. 그러면 육해일망(六解一亡)이 저절로 된다고 한다. 즉 일망(一亡)은 육근원통(六根圓通)공부를 통하여 육근(六根)이라는 매듭을 풀기만 하면 저절로 된다.

끝에 '부진하대(不眞何待)'라는 구절은 직역(直譯)하면 "진(眞)아닌 것을 어찌 대(待)하리오"이지만, 의역(意譯)하면 "어찌 참되지 않겠느냐"라는 의미다.

[경(經)] 아난(阿難)아! 내가 이제 네게 묻겠다. 이 겁바라(劫波羅)의 첩화건(疊華巾)에 여섯 매듭이 있는데, 이 매듭을 동시(同時)에 풀 수가 있겠느냐?"

"아닙니다, 세존이시여. 이 매듭이 본래 차례(次例)대로 맺은 것이므로, 이제 푸는 것도 마땅히 차례(次例)대로 풀어야 할 것입니다. 여섯 매듭이 바탕은 같지만 맺히던 때가 동시(同時)가 아니었으니, 풀 적에도 어떻게 동시(同時)에 풀리겠습니까?"

부처님께서 말씀하셨다. "육근(六根)을 푸는 방법(方法)도 이와 같이 차례(次例)로 풀어야 한다. 이 육근(六根)이 처음 풀리면 먼

불교와 여래장

저 인공(人空)을 얻고, 공성(空性)이 두렷하게 밝아지면 법해탈(法解脫)을 이룬다. 만법(萬法)에서 해탈하고 나서 구공(俱空)까지 생기지 않으면, 이것을 「보살(菩薩)이 삼마지(三摩地)로부터 무생법인(無生法忍)을 얻는다.」고 말한다.”

[「阿難！吾今問汝，此劫波羅巾，六結現前，同時解縈，得同除不？」「不也，世尊！是結本以次第綰生，今日當須次第而解，六結同體，結不同時，則結解時，云何同除」佛言：「六根解除，亦復如是。此根初解，先得人空。空性圓明，成法解脫。解脫法已，俱空不生，是名菩薩, 從三摩地, 得無生忍」]

《풀이》 지금 첩화건(疊華巾) 비유에서 다시 ‘매듭을 차례대로 풀어야 한다’는 말씀은, 육결(六結)인 삼세(三細)와 삼추(三麤)는 하나씩 풀어야지 한꺼번에 풀 수는 없다는 설명이다.

　　불교에서 말하는 공(空)에는 세 종류가 있는데, 아공(我空)·법공(法空)·구공(俱空)이 그것이다. 아공(我空)은 육근의 주인공인 본주(本住)가 빈 것인 줄 안다는 것이니, 몸과 마음이 모두 비었다는 뜻으로 인공(人空)이라고도 한다. 육근(六根)이 풀리면 먼저 “「나」라는 본주(本住)는 없다.”는 아공(我空)을 체득한다. 다시 나아가서 공리(空理)를 요달하면 만법(萬法)이 비었다는 법공(法空)도 증득하게 된다. 원래 근진(根塵)은 동원(同源)이고 지경(智境)은 서로가 상대(相待)하니, 육근(六根)을 떠나서 육진(六塵)이 따로 있는 것이 아니다. 그래서 “아공(我空)의 공성(空性)이 두렷하게 밝아지면, 저절로 법공(法空)을 얻어서 법해

탈(法解脫)을 이룬다"고 간단하게 설명한다. "만법(萬法)에서 해
탈하고 나서 구공(俱空)까지 생기지 않으면, 보살이 삼마지(三摩
地)로부터 무생법인(無生法忍)을 증득(證得)한다"는 구절에서
구공(俱空)은 이공(二空)의 공리(空理)도 역시 공(空)이라는 뜻
이니, 주객(主客)이 모두 비었다면 본래 불생불멸(不生不滅)하여
사실은 무생(無生)이다. 그러므로 상주하는 진심(眞心)은 청정각
명이고, 여래장(如來藏)은 묘진여성이다. 이것들이 바로 승의 중
의 진짜 승의제(勝義諦)의 내용이다.

　부루나장(章)에서 세존께서 '승의 중에 진짜 승의제'를 가르
친다고 하셨는데, 증득(證得)할 수 없는 이치(理致)가 도대체 무
엇인지 궁금했다. 생각하건대, 이것은 앞에서 나온 칠상주과(七
常住果)인 보리(菩提)·열반(涅槃)·진여(眞如)·불성(佛性)·암마
라식(菴摩羅識)·공여래장(空如來藏)·대원경지(大圓鏡智)로 보
였다. 그렇다면 왜 세존께서는 "지혜로운 자는 비유(譬喩)를 통
하여 스스로 알아차린다"고 하셨을까?

　이 육해(六解)하면 일망(一亡)하는 비유가 바로 그 비유가 아
닐른지! 그렇다면 없어지는 '하나'는 무엇이지? 청정(淸淨)한 공
적(空寂)이라 아무 모습도 없어서 유(有)가 아니라고 하지만, 영
지(靈知)가 각명(覺明)하여 능히 견문각지(見聞覺知)하니 또한
무(無)도 아니지!그래서 설법은 모두 방편(方便)이라고 했던가!

　　　　　　　　　　　　　　　　　　　　　불교와 여래장